LA LOCATION MEUBLÉE

LITEC

devient

LexisNexis®

LexisNexis SA regroupe l'intégralité de son catalogue de livres autour de sa marque principale : les Codes bleus, les ouvrages universitaires et les ouvrages professionnels passent ainsi sous marque LexisNexis.

En France, LexisNexis SA est reconnue par les professionnels et les universitaires comme une référence juridique depuis plus de 100 ans grâce à ses marques (JurisClasseur, D.O, Bottin Administratif…) et à sa vaste gamme de produits et services réputés (Encyclopédies, revues, services en ligne, logiciels et solutions de gestion de l'activité...).

Valéry Barbaglia-Resal
Ingénieur patrimonial

Emmanuel Laporte
Avocat au barreau de Paris

Pierre Cenac
Notaire associé

LA LOCATION MEUBLÉE

Optimiser son patrimoine immobilier et ses revenus par la location meublée

LexisNexis®

LexisNexis SA
141, rue de Javel – 75015 Paris

Avertissement de l'Éditeur

Toute utilisation ou traitement automatisé, par des tiers, de données personnelles pouvant figurer dans cet ouvrage sont formellement interdits.

DANGER LE PHOTOCOPILLAGE TUE LE LIVRE

Le logo qui figure sur la couverture de ce livre mérite une explication. Son objet est d'alerter le lecteur sur la menace que représente pour l'avenir de l'écrit, tout particulièrement dans les domaines du droit, de l'économie et de la gestion, le développement massif du photocopillage.

Le Code de la propriété intellectuelle du 1er juillet 1992 interdit en effet expressément la photocopie à usage collectif sans autorisation des ayants droit. Or, cette pratique s'est généralisée dans les établissements d'enseignement supérieur, provoquant une baisse brutale des achats de livres au point que la possibilité même pour les auteurs de créer des œuvres nouvelles et de les faire éditer correctement soit aujourd'hui menacée.

Siège social : 141, rue de Javel - 75015 Paris

ISBN 978-2-7110-1593-1
ISSN 2119-3169

Liste des abréviations

A.	Arrêté
art.	article
BOI	*Bulletin officiel des impôts*
Bull. civ.	*Bulletin des arrêts de la Cour de cassation*
CA	Cour d'appel
CAA	Cour administrative d'appel
C. action soc. et fam.	Code de l'action sociale et des familles
Cass. 1re, 2e, 3e civ.	Cour de cassation (1re, 2e ou 3e chambre civile)
Cass. ass. plén.	Cour de cassation, assemblée plénière
Cass. com.	Cour de cassation, chambre commerciale
C. assur.	Code des assurances
CCH	Code de la construction et de l'habitation
C. civ.	Code civil
C. com.	Code de commerce
CE	Conseil d'État
C. env.	Code de l'environnement
CGCT	Code général des collectivités territoriales
CGI	Code général des impôts
Circ.	Circulaire
C. mut.	Code de la mutualité
C. pén.	Code pénal
C. rur. pêche marit.	Code rural et de la pêche maritime
C. santé publ.	Code de la santé publique
CSS	Code de la sécurité sociale
C. tourisme	Code du tourisme
C. trav.	Code du travail
C. urb.	Code de l'urbanisme
D.	Décret
Doc. adm. DGI	Documentation administrative de base de la DGI (auj. DGFP)
Dr. fisc.	*Droit fiscal*
Gaz. Pal.	*Gazette du Palais*

Infra	Ci-dessous
Instr.	Instruction
JCP G	*JurisClasseur périodique, édition générale*
JCP N	*JurisClasseur périodique, édition notariale et immobilière*
JOAN Q	*Journal officiel de l'Assemblée nationale* (Réponses ministérielles à questions écrites)
L.	Loi
L. fin. rect.	Loi de finances rectificative
PCG	Plan comptable général
Rép. min.	Réponse ministérielle
RJDA	*Revue de jurisprudence de droit des affaires*
RJF	*Revue de jurisprudence fiscale*
RO	*Recueil officiel de jurisprudence fiscale (DGI)*
Supra	Ci-dessus
V.	Voir

Préface

Victor Hugo voyait déjà un progrès dans cette « *petite architecture intérieure* » qu'on appelle l'ameublement... Ce souvenir resterait quelque peu anodin, s'il n'était pas vrai qu'associé à un bien immeuble puis donné en location, cet ensemble devient une prestation répondant à de multiples besoins : durant le XIXe siècle, avec les « *garnis* » parisiens à destination des populations modestes (pratique ayant, récemment encore, dégénéré en habitations permanentes insalubres) ; après 1936, pour le logement de vacances, ayant fait suite à l'apparition des congés payés ; tout au long du XXe siècle, la location meublée sera aussi un moyen de logement pour les étudiants. Et dans les années 1970-1980, la location meublée prendra la forme des résidences de tourisme, et commencera à s'adresser à un public plus aisé. De nos jours, la location meublée répond encore à ces besoins, et son recours est aussi remarqué en cas d'événement affectant le foyer familial (divorce, décès du conjoint). Témoin des évolutions d'une société influencée par la mondialisation, les loisirs et le vieillissement de la population, la location meublée est actuellement surtout caractérisée par le logement provisoire d'affaires (salariés d'entreprises étrangères, fonctionnaires internationaux, etc), par une offre variée de logements touristiques, et par l'accueil des personnes âgées.

Corollaires de ces besoins, des secteurs entiers de l'économie française sont soutenus par la location en meublé : de grandes enseignes sont ainsi régulièrement apparues sur ces différents marchés depuis les années 1970, à l'instar des industries de la promotion immobilière (Nexity, Bouygues Immobilier, etc) et de la gestion immobilière, du tourisme (Pierre et Vacances, groupe Lagrange, Odalys, Center Parcs, etc), des résidences d'affaires (Groupe Réside Etudes, Citéa, etc), des résidences étudiantes (Lamy Résidences, Estudines, Icade, etc), des conseillers en gestion de patrimoine (certaines banques privées, conseillers indépendants, etc), des services aux personnes dépendantes (Orpea, Korian, Medica, etc)...

Le succès de ces modes de logement s'explique également par le cadre juridique du bail. Contrairement à une idée reçue, pour de nombreux bailleurs et locataires, la souplesse du bail en meublé est un facteur d'attraction plus puissant que la stabilité supposée de la location nue d'habitation de la loi du 6 juillet 1989.

Par ailleurs, dans un contexte fiscal et social de plus en plus restrictif, la location en meublé demeure un instrument d'épargne non négligeable pour certains bailleurs. Les revenus de cette activité sont, sous certaines conditions, délivrés avec une rentabilité fiscale de nature à stimuler l'acquisition de biens immobiliers, à anticiper la cessation d'une activité professionnelle et à préparer une retraite.

En raison de ces différents enjeux, les auteurs proposent une vision transversale et pratique de la location meublée, sous les angles juridique, fiscal et social.

Bernard BEIGNIER
Doyen honoraire de la Faculté de droit et science politique de l'Université de Toulouse-Capitole

Sommaire

Liste des abréviations VII

Préface IX

Première partie
PROPOS INTRODUCTIFS

Chapitre 1 : L'opportunité d'un investissement immobilier 3

Chapitre 2 : L'opportunité d'un investissement en location meublée 9

Deuxième partie
CARACTÉRISTIQUES JURIDIQUES DE LA LOCATION MEUBLÉE

Chapitre 1 : L'organisation de la détention du bien immobilier 27

Chapitre 2 : L'acte d'acquisition et les facteurs juridiques de la valeur 45

Chapitre 3 : Conditions juridiques du régime de la location en meublé 67

Chapitre 4 : Le contrat de bail en matière de location meublée 75

Troisième partie
CARACTÉRISTIQUES FISCALES DE LA LOCATION MEUBLÉE

Chapitre 1 : Règles communes à tous les loueurs en meublé 87

Chapitre 2 : Règles spécifiques à la location en meublé professionnelle (LMP) 111

Chapitre 3 : Règles spécifiques à la location en meublé non professionnelle (LMNP) 121

Chapitre 4 : Les autres taxes applicables aux loueurs en meublé 129

Quatrième partie

RÉGIME SOCIAL DU LOUEUR EN MEUBLÉ

Chapitre 1 : Les conditions d'affiliation au régime social des indépendants (RSI) 151

Chapitre 2 : Le prélèvement forfaitaire libératoire des charges sociales 161

Chapitre 3 : Contributions sociales 163

Chapitre 4 : Prévoyance et couverture complémentaire 165

Annexes 169

Adresses utiles 223

Première partie

PROPOS INTRODUCTIFS

Chapitre 1

L'OPPORTUNITÉ D'UN INVESTISSEMENT IMMOBILIER

1. – L'immobilier locatif meublé constitue l'une des multiples possibilités offertes à l'investisseur désireux de réaliser un placement intéressant. Cependant, la « location meublée » reste avant tout un investissement immobilier, lequel profite incidemment, et sous réserve du respect d'un cadre juridique strict, d'un régime fiscal favorable.

L'investisseur devra donc structurer son projet successivement autour de trois points :

1° l'opportunité patrimoniale d'un investissement dans l'immobilier de rapport ;

2° les critères de sélection de l'actif au regard de ses facteurs de valorisation ;

3° la possibilité pour lui de respecter le régime particulier afférent à la location en meublé.

Il importe de souligner que la réflexion sera utilement menée dans cet ordre précis, sans que jamais ne prime l'avantage fiscal espéré sur l'opportunité et la qualité de l'investissement réalisé, sous peine de sérieuses déconvenues ultérieures. L'acquisition d'un bien immobilier et le régime juridique particulier à la location meublée entraînent en effet des conséquences trop importantes pour être sacrifiées au profit de la recherche d'une économie.

§ 1. – La question de l'opportunité d'un investissement dans l'immobilier de rapport

2. – La période des Trente Glorieuses d'après-guerre, conjuguant à la fois croissance économique soutenue et demande forte des ménages et des entreprises dans l'immobilier, a installé un environnement favorable aux investisseurs.

De 1986 à 1990, les prix de l'immobilier ont considérablement augmenté en région parisienne et sur la Côte d'Azur, avec une spéculation importante sur la plus-value de la part des marchands de biens, sans lien de cause avec l'augmentation du coût de la vie ou les indicateurs de croissance économique.

Cette forte augmentation des prix observée dès 1986 fut suivie par un renversement de tendance singulier de 1991 à 1998. L'arrivée de cette volatilité importante des prix de l'immobilier, jusqu'alors inconnue, se rapproche fortement de celle qui existe sur les marchés financiers.

À cette époque, en France, l'immobilier n'avait toutefois que marginalement été reconnu comme un levier d'investissement, à l'inverse des autres actifs financiers, du fait de son caractère peu liquide et d'un environnement juridique complexe. Les pays anglo-saxons, quant à eux, ont largement financiarisé et titrisé cette classe d'actifs.

L'année 2007 marqua, quant à elle, le début de la crise des *subprimes*, découlant d'une politique économique américaine voulant combattre la récession par des taux d'intérêt très faibles, favorisant l'acquisition de logement par des ménages présentant une solvabilité très modeste.

Conséquences d'un rehaussement des taux d'intérêt, les défaillances et saisies hypothécaires suivirent, entraînant dans la tourmente bon nombre d'établissements bancaires et financiers du monde entier, souscripteurs de créances risquées préalablement titrisées.

Néanmoins, tout cela ne doit pas exclure l'immobilier des classes d'actifs d'investissements, bien au contraire, tant sur le plan des perspectives de plus-value que pour diversifier son patrimoine.

Sur le plan financier, l'immobilier envisagé en tant qu'outil d'investissement se caractérise par :

– un cycle d'investissement souvent supérieur à dix ans ;

– la forte prévisibilité des flux de trésorerie futurs (loyers) ;

– l'indexation des loyers à un indice des prix à la consommation hors tabac et hors loyers (IRL) ;

– une hausse structurelle des prix liée à la croissance démographique et l'inflation du coût de la main-d'œuvre et des matières premières ;

– une liquidité aléatoire ;

– une transparence assez faible entraînant des coûts de transactions élevés ;

– une réglementation juridique coûteuse et contraignante.

Parce qu'elle constitue un actif physique et concret, la pierre apparaît séduisante dans une économie en crise confrontée à un risque inflationniste en raison notamment des *cash-flows* revalorisés qu'elle génère sur une longue période.

Une fois l'opportunité de l'investissement établie pour l'investisseur, il convient alors de mener une véritable étude de marché, tant économique que juridique, afin de réaliser un investissement à la fois sécurisé et intéressant.

§ 2. – Les critères de sélection de l'investissement immobilier

3. – La réussite d'un investissement immobilier dépend pour une large part des facteurs de détermination du prix et de la rentabilité. Il ne faut cependant pas négliger une analyse juridique du bien dont l'acquisition est envisagée, afin de s'assurer de la pertinence de l'investissement réalisé.

A. – La situation géographique du bien

4. – Une des clés de réussite de l'investissement locatif réside dans le choix de l'emplacement du bien acquis.

Cette localisation dépendra principalement du mode de location meublée retenu. Ainsi, autant par exemple les loueurs de gîtes ou chambres d'hôtes privilégieront le charme de l'emplacement et le calme de l'environnement, autant les loueurs de chambres d'étudiants se devront d'être attentifs à la proximité des facultés ou écoles et des transports.

L'analyse d'un immeuble conduit donc à examiner son environnement en partant du plus général au particulier :

– la ville : appréhension de ses perspectives économiques, de son attractivité démographique et de sa qualité de vie ;

– le quartier : appréciation de la qualité des équipements et services collectifs et des caractéristiques du tissu urbain (âge dominant des constructions, style architectural, densité, affection prédominante des immeubles résidentiels, activités ou bureaux, éléments structurants tels des places ou monuments et projets d'urbanisme) ;

– le voisinage : étude de l'environnement immédiat du bien au titre notamment des nuisances visuelles et sonores, de l'aspect et de la nature du bâti immédiat et de la voirie, ou encore de la sociologie dominante du voisinage.

Il conviendra également de prendre en compte, dans le calcul de la rentabilité de l'opération, les coûts supplémentaires d'entretien et de réparations des locaux situés en bord de mer ou en altitude, plus enclins aux fortes variations climatiques.

B. – Les facteurs physiques de la valeur

5. – L'investisseur doit se consacrer à l'examen technique des deux composants de l'immeuble : le terrain et les constructions.

La valorisation du terrain dépendra de critères physiques tels sa configuration, le relief et la qualité de son sous-sol (au titre notamment de sa capacité à accueillir des constructions et de son éventuelle pollution), sa viabilité et ses éléments d'équipements, ou encore son encombrement.

L'investisseur se doit par ailleurs de procéder à une analyse de l'état des constructions. Il pourra parfois être recommandé de faire appel à un technicien spécialisé, ou à un architecte, afin de contrôler le respect des règles et normes régissant l'art de construire. L'expert pourra alors opportunément détecter les principaux défauts de construction et les sinistres qu'ils génèrent.

Seront généralement examinés :

– les désordres liés à la solidité de l'édifice et ceux résultant de défauts d'étanchéité ;

– l'état de vétusté de l'immeuble et son niveau d'obsolescence.

L'expert pourra par ailleurs rechercher le coût des travaux permettant une remise à niveau qualitative. Des diagnostics termites, plomb, amiante, de performance énergétique, de l'état de l'installation intérieure de gaz naturel et des risques naturels et technologiques sont, dans la plupart des cas, produits dans le cadre du processus d'acquisition immobilière.

La qualité des matériaux employés doit également être étudiée avec attention lors des visites de l'investisseur, y compris en amont avec le promoteur si l'acquisition est réalisée sur plan. Dans ce dernier cas, il s'agira de veiller lors de la livraison du bien au respect du cahier des charges initial.

C. – Les facteurs juridiques de la valeur

6. – La transaction ayant pour objet un bien immobilier peut présenter de nombreux risques techniques et financiers à court, moyen et long terme. La connaissance de l'état juridique et technique du bien concerné (ses qualités et particularités techniques, sa conformité aux règlementations juridiques, ses dysfonctionnements éventuels, les travaux à effectuer, etc.) constituent des étapes essentielles dans l'optique de la valorisation d'un actif et afin d'arbitrer une décision d'achat, de vente, de location ou de réhabilitation.

Un audit juridique permet en effet d'identifier les risques et les opportunités liés à toute décision technique, commerciale ou financière. Il doit être réalisé en amont de l'analyse financière, laquelle ne saurait être optimale si elle ne tient pas compte de la situation juridique de l'immobilier, d'autant que certains paramètres financiers dépendent de ces considérations juridiques.

Afin de procéder à une analyse juridique complète d'un actif de nature immobilière et d'identifier les risques éventuels dont il faudra tenir compte afin de pondérer, le cas échéant, une évaluation, il y a lieu d'explorer les quatre champs d'investigation suivants :

– **la propriété de l'actif :** l'objectif est de vérifier la réalité et l'étendue du pouvoir dont dispose le propriétaire du bien et de s'assurer qu'il n'existe aucun élément de nature à menacer la propriété et l'exploitation de l'actif ;

– **la situation administrative de l'actif :** ceci permet de contrôler que le propriétaire et/ou l'exploitant du site dispose de l'ensemble des autorisations administratives nécessaires à la construction et à l'affectation actuelle ou future des biens. Il conviendra notamment d'opérer un audit approfondi du Plan local d'urbanisme (PLU). Ce règlement, disponible auprès du service urbanisme de la mairie du lieu de situation du bien immobilier et régi par l'article R. 123-9 du Code de l'urbanisme, décrit, pour des zones définies dans un document graphique, les dispositions réglementaires applicables, comme par exemple la hauteur maximale des constructions, l'emprise au sol, la caractéristique des terrains, les implantations des constructions par rapport aux limites séparatives ou les unes par rapport aux autres sur une même propriété, le coefficient d'occupation des sols, etc. ;

– **la situation technique et sanitaire de l'immeuble :** il convient de s'assurer qu'aucun élément du bâtiment ne présente une menace pour les occupants et que l'immeuble n'est pas concerné par d'éventuels risques, notamment en raison de sa situation ;

– **la situation locative :** seul un examen complet de la documentation relative à l'exploitation des biens permet de sécuriser l'équilibre financier de l'exploitation de l'actif.

Ces quatre éléments constituent les axes cardinaux de l'analyse juridique d'un actif immobilier et de son exploitation future.

Nous étudierons plus en détail ces différents points dans la deuxième partie de cet ouvrage (caractéristiques juridiques de la location meublée).

D. – Les facteurs économiques et sociologiques de la valeur

7. – L'investisseur immobilier doit naturellement intégrer dans sa réflexion l'influence des paramètres macro et microéconomiques sur les marchés immobiliers et le comportement des acteurs.

D'un point de vue macroéconomique, il conviendra d'analyser l'impact de la situation économique sur le marché immobilier, et notamment l'influence de la politique monétaire menée, des taux d'intérêt et du niveau d'inflation.

D'un point de vue microéconomique, il convient notamment d'intégrer dans l'analyse le comportement des acteurs du marché :

– celui des utilisateurs confrontés notamment au choix acquisition/location ;

– celui des investisseurs arbitrant leurs placements en fonction de leur rentabilité, de leur sécurité et de leur liquidité ;

– et celui des pouvoirs publics qui orientent notamment l'investissement par la mise en œuvre d'une fiscalité plus ou moins incitative.

§ 3. – Le choix du cadre fiscal

8. – La recherche d'un avantage fiscal ne doit pas faire oublier les critères fondamentaux qui président à la sélection du bien immobilier. La pertinence économique de l'investissement doit naturellement prévaloir sur la recherche d'une économie fiscale.

Une fois le choix de la typologie d'investissement déterminé (localisation, neuf ou ancien, habitation ou professionnel, etc.), il convient alors de s'interroger sur le cadre fiscal le plus approprié.

Investissement dans le marché libre ou règlementé, soumission à l'impôt sur le revenu ou à l'impôt sur les sociétés, acquisition en pleine propriété ou en démembrement de propriété, le champ des possibilités est étendu, et les niches fiscales encore pléthoriques.

Le choix du cadre fiscal devra être adapté compte tenu de la situation patrimoniale de l'investisseur et de la nature de l'investissement qu'il entend réaliser.

À chaque typologie d'investissement sera attaché un certain nombre de conditions et de contraintes juridiques, fiscales et financières.

Le présent ouvrage a pour objectif de présenter les principales caractéristiques du régime de la location meublée, dont il convient d'abord d'étudier l'opportunité.

Chapitre 2

L'OPPORTUNITÉ D'UN INVESTISSEMENT EN LOCATION MEUBLÉE

§ 1. – Définition

9. – Non expressément définie par la loi (1) mais encadrée par la doctrine administrative et la jurisprudence, la location meublée, qui est une activité civile sur le plan juridique, consiste en la mise en location d'un logement garni de meubles, conférant à ce dernier un « minimum d'habitabilité » (2).

La location meublée se caractérise ainsi par la commune volonté d'un bailleur et d'un locataire de louer un local garni d'un ensemble d'éléments mobiliers de nature à permettre au locataire d'user immédiatement de la chose louée et d'y vivre convenablement, c'est-à-dire avec un niveau de confort et de commodités suffisant.

Le locataire doit pouvoir disposer d'un minimum d'équipements pour pouvoir vivre normalement avec ses effets personnels.

À la différence d'autres types d'investissements immobiliers (loi Scellier notamment), l'activité de location meublée peut être exercée dans un local qui n'est pas neuf (3).

La location meublée, considérée juridiquement comme une activité civile, est régie à ce titre :

– par les articles 1714 à 1752 du Code civil en ce qui concerne le droit commun (réparations locatives, sous-location, obligations des parties, etc.) et le droit particulier aux locations en meublé (C. civ., art. 1752 à 1762) ;

– par la loi n° 89-462 du 6 juillet 1989 tendant à améliorer les rapports locatifs entre bailleurs et locataires s'agissant des diagnostics obligatoires (notamment plomb et amiante) et des critères de décence à respecter.

---

(1) Hormis indirectement en définissant le loueur en meublé (L. n° 49-458, 2 avr. 1949) et le loueur en meublé professionnel (CGI, art. 155, IV, 2e)

(2) Rép. min. M. Desanlis : *JOAN* 28 janv. 1980, p. 279, n° 01. – V. également sur ce point *BOI* 4 F-3-09, 30 juill. 2009.

(3) Sous conditions, notamment de fournir un logement décent.

Précisons que ces dispositions s'appliquent aux locaux meublés, y compris pour les locations à caractère saisonnier.

§ 2. – Les principaux avantages de la location meublée

10. – La location en meublé présente de nombreux avantages pour le bailleur, au nombre desquels notamment :

– l'obtention de revenus complémentaires peu fiscalisés en vue de la retraite (V. *infra*, nos 141 à 162 ; nos 183 à 186 ; nos 189 à 194) ;

– l'anticipation d'une éventuelle plus-value à venir (V. *infra*, nos 179 à 182 ; nos 189 à 191) ;

– la transmission fiscalement optimisée de l'immobilier aux générations futures (V. infra, nos 163 à 167) ;

– l'obtention d'une couverture sociale ou encore la possibilité de compléter ses trimestres de retraite (V. *infra*, 4e partie) ;

– la détention d'un patrimoine non soumis à l'ISF (V. *infra*, nos 195 à 200).

§ 3. – L'offre de location en meublé

A. – Des offres variées

11. – Nous assistons, jour après jour, à une augmentation de la demande locative pour des logements pouvant fournir une habitabilité immédiate avec un certain degré de confort.

Souvent proposée pour de courtes périodes, la location de ce type de logement peut ou non être accompagnée de services. Les plus courants sont l'accueil, la préparation du petit déjeuner, le nettoyage du logement, le nettoyage et repassage du linge, etc.

La demande est elle-même variée, mais provient en grande partie de touristes, d'étudiants, de personnes âgées, de couples en instance de divorce, de cadres en déplacement, d'expatriés, etc.

Cette demande soutenue offre ainsi des possibilités d'investissement très diverses, géographiquement intéressantes et quasiment illimitées.

Les cadres juridique, fiscal et social sont, par ailleurs, suffisamment précis pour sécuriser l'opération et particulièrement souples pour permettre de répondre aux différentes demandes et de réaliser des investissements diversifiés et attractifs.

Parmi les formes les plus courantes de locations meublées, nous pouvons citer :

– les chambres étudiantes ;

– une partie de la résidence principale du loueur ;

– les résidences de tourisme classées ;

– les chambres en Établissement d'hébergement pour personnes âgées dépendantes (EHPAD) ;

– les résidences seniors ;

– les activités de locations saisonnières exercées en direct : les meublés de tourisme, les chambres d'hôtes, les gîtes ruraux, les locations de caravanes, de *mobil-homes*, et autres habitations légères de loisirs sous conditions.

Certaines de ces catégories de locations en meublé appellent des précisions, que le lecteur trouvera ci-après.

B. – Spécificités des résidences de tourisme classées

12. – La résidence de tourisme classée, généralement située sur le littoral et en montagne, est un concept hybride situé entre l'hôtellerie et la location d'appartements classiques. Elle se définit par le Code du tourisme (4) comme un établissement commercial d'hébergement classé faisant l'objet d'une exploitation permanente ou saisonnière.

Elle est constituée d'un ensemble homogène de chambres ou d'appartements meublés, disposés en unités collectives ou pavillonnaires, offerts en location pour une occupation à la nuitée, à la semaine ou au mois, à une clientèle touristique qui n'y élit pas domicile. Elle est dotée d'un minimum d'équipements et de services communs. Elle est gérée dans tous les cas par une seule personne physique ou morale.

La résidence de tourisme peut être placée sous le statut de copropriété des immeubles bâtis (5), sous réserve que le règlement de copropriété (6) prévoit expressément :

1° une destination et des conditions de jouissance des parties tant privatives que communes conformes au mode d'utilisation défini par la loi et comportant une obligation durable de location d'au moins 70 % des chambres ou appartements meublés qui ne saurait être inférieure à neuf ans, les copropriétaires ou les associés des sociétés d'attribution pouvant bénéficier d'une réservation prioritaire ;

2° une gestion assurée pour l'ensemble de la résidence de tourisme par une seule personne physique ou morale, liée par un contrat de louage ou mandat aux copropriétaires ou associés des sociétés d'attribution.

Les résidences de tourisme sont notées par un nombre d'étoiles croissant, en fonction de critères fixés par le groupement d'intérêt économique « Atout France, agence de développement touristique de la France », placé sous la tutelle du ministre chargé du tourisme. Le classement est prononcé pour une durée de cinq ans (7).

Les classements ainsi faits s'imposent aux éditeurs des guides et annuaires de tourisme et des indicateurs de publicité. Aucun document de publicité touristique ne doit contenir d'indication de nature à créer une équivoque à cet égard.

Pour aller plus loin

13. – Possibilité de se substituer à l'exploitant en cas de défaillance de sa part. La loi de finances pour 2010 a autorisé sous certaines conditions les propriétaires confrontés à la défaillance du gestionnaire de la résidence à se regrouper au sein d'une structure adaptée et en partenariat avec une ou plusieurs entreprises locales, pour se substituer au gestionnaire défaillant et préserver l'exploitation normale de la résidence.

Cette possibilité permettrait aux investisseurs d'échapper à la reprise de la réduction d'impôt dont ils ont bénéficié, ainsi qu'à la remise en cause du régime spécifique de TVA qui leur est applicable.

Il est à noter que le propriétaire dispose, normalement, d'un mois pour trouver un nouvel exploitant. Passé ce délai, l'engagement de location est rompu et la réduction d'impôt pratiquée fait l'objet d'une reprise au titre de l'année en question. La loi de finances pour 2010 a cependant étendu ce délai à un an dans les situations suivantes de rupture de l'engagement de location due

(4) C. tourisme, art. D. 321-1.

(5) Fixé par la loi n° 65-557 du 10 juillet 1965 modifiée ou sous le régime des sociétés d'attribution d'immeubles en jouissance à temps partagé défini par la loi n° 86-18 du 6 janvier 1986 relative aux sociétés d'attribution d'immeubles en jouissance à temps partagé (cf. C. tourisme, art. D. 321-2).

(6) Ou les documents prévus par l'article 8 de la loi n° 86-18 du 6 janvier 1986.

(7) C. tourisme, art. L. 321-1 et D. 321-6.

à la défaillance de l'exploitant : liquidation judiciaire de l'exploitant, résiliation ou cession du bail commercial par l'exploitant, mise en œuvre par le propriétaire du bénéfice de la clause contractuelle prévoyant la résiliation du contrat à défaut de paiement du loyer par l'exploitant.

Par ailleurs, la loi de finances 2010 a introduit une autre mesure visant à étaler la reprise d'impôt à laquelle les contribuables risquent d'avoir à faire face dans ce type de situation de défaillance du gestionnaire.

En effet, s'ils ne remplissent plus pour cette raison l'engagement de location du logement, la réduction d'impôt dont ils ont bénéficié fait l'objet d'une reprise, passé le délai maximal de douze mois de vacance du logement autorisé.

Cette loi a prévu un étalement de la reprise d'impôt par tiers sur trois ans dans ce type de situation (8).

C. – Spécificités des Établissements d'hébergement pour personnes âgées dépendantes (EHPAD)

14. – Sont regroupés sous cette appellation les établissements accueillant des personnes âgées dépendantes, antérieurement dénommés « maison de retraite », « logement foyer » ou « MAPAD », soumis à une obligation de conventionnement avec la DDASS (Direction départementale des affaires sanitaires et sociales) et le conseil général.

Une convention tripartite signée entre l'État, le conseil général et le gestionnaire précise les moyens alloués à l'établissement au regard des objectifs qualités retenus. Ces derniers sont déclinés en fonction des orientations fixées dans le projet d'établissement.

L'investisseur devra être attentif à l'équilibre financier de l'exploitant ainsi qu'au taux de remplissage de la structure qu'il souhaite retenir. Pour optimiser ce dernier point, il sera opportun de privilégier les résidences situées géographiquement en centre-ville ou à proximité d'une gare ou d'une sortie d'autoroute. En effet, il est important que la famille et les proches puissent aisément rendre visite à la personne âgée dans sa nouvelle résidence. Ce sera donc un critère de choix non négligeable pour eux.

L'étendue et la qualité des services proposés, qui peuvent varier fortement d'un établissement à l'autre, seront également à prendre en compte dans le choix de la résidence et de l'exploitant.

Enfin, il sera conseillé de veiller à la répartition des charges entre le propriétaire et le gestionnaire dans le bail commercial, notamment celles afférentes aux dépenses de grosses réparations (C. civ., art. 605 et 606).

D. – Spécificités des activités de location saisonnière

1° Définition de la location meublée saisonnière

15. – D'une manière générale, l'activité de location saisonnière peut être définie comme une location meublée d'une durée déterminée, assez courte en général, exercée pendant une saison touristique. Selon le type de location meublée, le bailleur peut louer en direct son bien ou le confier à un exploitant.

Sur le plan réglementaire, la location saisonnière ne possède pas de définition légale au sens strict. Néanmoins, la loi n° 70-9 du 2 janvier 1970 (9) régissant les conditions d'exercice des activités relatives à certaines opérations

(8) Applicable à compter de l'imposition des revenus de 2009.
(9) Dite loi Hoguet, régissant l'activité d'agent immobilier.

portant sur les immeubles et les fonds de commerce a défini la location saisonnière comme « la location d'un immeuble conclue pour une durée maximale et non renouvelable de quatre-vingt-dix jours consécutifs ».

L'article L. 211-4 du Code du tourisme fait également référence à cette loi du 2 janvier 1970 pour l'encadrement des agents de voyage et autres opérateurs de la vente de séjours.

Ainsi, selon cette loi, une location saisonnière est définie comme la location temporaire d'un logement, d'une durée de un jour à trois mois au maximum.

La jurisprudence a, quant à elle, tenu compte des réalités touristiques lors des périodes de locations de vacances. Ainsi, les propriétaires de logements loués en périodes touristiques « creuses » ne pourraient pas se prévaloir d'une activité de location saisonnière (10).

2° Les règles fiscales de la location saisonnière et taxe de séjour

16. – Sur le plan fiscal (aspect qui sera développé plus loin), l'activité de location saisonnière suit, en général, des règles identiques aux locations meublées non saisonnières (règles des bénéfices industriels et commerciaux), sauf sur certains points spécifiques que nous aborderons plus en détail dans la suite de cet ouvrage.

En revanche, contrairement à une location meublée non saisonnière, le conseil municipal de certaines communes touristiques (11) (notamment stations classées, communes littorales et de montagne) peut instituer, pour chaque nature d'hébergement à titre onéreux, soit une taxe de séjour au réel, soit une taxe de séjour forfaitaire, afin de financer des infrastructures et équipements généraux, ainsi que les syndicats d'initiative (12).

Il incombera alors aux propriétaires bailleurs de collecter cette taxe auprès de leurs locataires et de la reverser à la commune. Le tarif pour une taxe de séjour au réel ou forfaitaire varie de 0,20 € à 1,5 € par personne et par nuit en fonction du confort et du standing du logement.

Les redevables de la taxe de séjour sont les personnes qui ne sont pas domiciliées dans la commune et qui n'y possèdent pas une résidence pour laquelle elles sont passibles de la taxe d'habitation.

Le nombre de personnes ayant logé dans l'établissement, le nombre de jours passés, le montant de la taxe perçue ainsi que, le cas échéant, les motifs d'exonération ou de réduction de cette taxe sont inscrits par le propriétaire sur un état à la date et dans l'ordre des perceptions effectuées.

La loi précise que la taxe est perçue avant le départ des assujettis alors même que, du consentement du propriétaire ou du principal locataire, le paiement du loyer est différé (13).

Certaines personnes sont cependant exonérées de taxe de séjour (14), et notamment :

– les enfants de moins de treize ans ;

– les mineurs en vacances dans un centre de vacances collectif d'enfants homologué ;

– les fonctionnaires et agents de l'État appelés temporairement dans une station ;

---

(10) Notamment Cass. 3e civ., 22 juill. 1987, n° 86-12.858.
(11) CGCT, art. L. 2333-26.
(12) Cf. notamment CGCT, art. L. 2333-27 à L. 2333-30.
(13) CGCT, art. R. 2333-50.
(14) CGCT, art. L. 2333-31, L. 2333-32, L. 2333-34 et D. 2333-48.

– les bénéficiaires des aides sociales (notamment personnes âgées bénéficiant d'une aide à domicile ou personnes handicapées) ;

– les personnes qui séjournent dans des stations hydrominérales, climatiques et fluviales et qui sont exclusivement attachées aux malades ou ont été mutilés, blessés ou sont malades du fait de la guerre ;

– par délibération du conseil municipal, les personnes qui travaillent dans la station touristique ou qui paient un loyer inférieur à un montant déterminé.

3° Cas des meublés de tourisme

17. – Les meublés de tourisme sont des villas, appartements, ou studios meublés, à l'usage exclusif du locataire, offerts en location à une clientèle de passage qui y effectue un séjour caractérisé par une location à la journée, à la semaine ou au mois, et qui n'y élit pas domicile (15).

NB : les gîtes de France entrent dans la catégorie des meublés de tourisme situés en zones rurales.

Aspects déclaratifs : une déclaration précisant l'identité et l'adresse du déclarant, l'adresse du meublé de tourisme, le nombre de pièces composant le meublé, le nombre de lits et la ou les périodes prévisionnelles de la future location doit préalablement être adressée en mairie (16).

Tout changement concernant les éléments d'information que comporte la déclaration doit également faire l'objet d'une nouvelle déclaration en mairie.

Le non-respect de ces aspects déclaratifs est passible d'une amende maximale de 450 € (17).

Une liste des différents meublés de tourisme situés sur la commune est consultable en mairie, à l'office du tourisme ou au syndicat d'initiative.

Actualité : depuis l'entrée en vigueur de la loi relative à la simplification du droit et à l'allègement des démarches administratives n° 2012-387 du 22 mars 2012, la déclaration en mairie est désormais étendue aux **meublés de tourisme non classés**.

NB : le lecteur pourra trouver un exemple de déclaration type (imprimé Cerfa) dans la partie « Location saisonnière » des annexes (V. *infra*, Annexe 5).

Classement : les meublés de tourisme sont répartis dans l'une des catégories désignées par un nombre d'étoiles croissant, en fonction de critères fixés par un tableau de classement élaboré par le groupement d'intérêt économique « Atout France, agence de développement touristique de la France », et homologué par arrêté du ministre chargé du tourisme (18).

Informations sur le site Internet *http://www.classement.atout-france.fr*.

Actualité : depuis l'entrée en vigueur de la loi n° 2012-387 du 22 mars 2012 relative à la simplification du droit et à l'allègement des démarches administratives, Atout France continuera à concevoir et tenir à jour les tableaux de classement des hébergements touristiques à l'exception de ceux touchant aux chambres d'hôtes. Elle ne sera en revanche plus chargée de diffuser les listes des meublés de tourisme classés. Par ailleurs, la décision de classement du meublé de tourisme est prononcée par l'organisme qui a effectué la visite de classement. Cette décision est ensuite transmise au comité départemental du tourisme. Les classements des meublés de tourisme délivrés antérieurement au 24 juillet 2009 continuent à produire leurs effets après le 24 juillet 2012.

---

(15) C. tourisme, art. D. 324-1.

(16) C. tourisme, art. D. 324-1-1.

(17) Contravention de troisième classe, cf C. tourisme, art. R. 324-1-2 et C. pén., art. 131-13.

(18) L'arrêté du 2 août 2010 fixant les normes et la procédure de classement des meublés de tourisme est disponible sur *http://www.legifrance.gouv.fr*.

Évaluation : il existe 112 critères différents (obligatoires et « à la carte ») pour évaluer le meublé de tourisme. Ceux-ci sont classés en trois parties :

– « Équipements et aménagements » : surface de l'habitation, équipement électrique, téléphonie et communication, télévision et équipement hi-fi, équipements pour le confort du client, mobiliers, literie, équipements et mobiliers dont électriques, équipement et aménagement des sanitaires, équipements et aménagement de la cuisine, environnement et extérieurs dont ascenseur et parking, état et propreté des installations et des équipements ;

– « Services aux clients » : qualité et fiabilité de l'information client, dont mise à disposition de documents d'informations touristiques, services proposés dont accueil personnalisé et fourniture de drap et linge de toilette, accessibilité ;

– « Accessibilité et développement durable » : mise en œuvre d'une mesure de réduction de consommation d'énergie et d'eau, tri sélectif, etc.

Le loueur du meublé ou son mandataire qui souhaite obtenir le classement adresse à la préfecture du département où est situé le meublé, en deux exemplaires dont un exemplaire sous forme numérique, un dossier de demande de classement constitué des documents suivants (19) :

a) le formulaire de demande de classement ;

b) le certificat de visite délivré par un organisme évaluateur de type A ou C accrédité pour le contrôle des meublés par le Comité français d'accréditation (COFRAC) ou tout organisme européen équivalent.

Ce certificat de visite doit comprendre :

a) un rapport de contrôle attestant la conformité au tableau de classement dans la catégorie demandée et portant mention de l'avis de l'organisme évaluateur pour la catégorie demandée ; ce rapport de contrôle est établi sur la base d'une visite réalisée dans les trois mois précédant la transmission à la préfecture du département du dossier complet de demande de classement ;

b) une grille de contrôle en format homologué par arrêté du ministre chargé du tourisme renseignée par l'organisme évaluateur.

L'organisme évaluateur dispose d'un délai de quinze jours à compter de la date à laquelle s'est achevée la visite de l'établissement pour remettre à l'exploitant, en deux exemplaires, dont un exemplaire sous forme numérique, le certificat de visite.

Le préfet prend sa décision de classement dans le mois qui suit la réception du dossier complet de demande et la communique à « Atout France ».

Ce classement est prononcé pour une durée de cinq ans.

Le loueur du meublé ou son mandataire peut signaler le classement de son meublé par l'affichage d'un panonceau selon un modèle établi par « Atout France ». Il doit afficher, de manière visible à l'intérieur du meublé, l'arrêté de classement (20).

Sanctions : le préfet peut prononcer la radiation de la liste des meublés classés meublés de tourisme pour défaut ou insuffisance grave d'entretien du meublé et de ses installations. Il informe alors de sa décision « Atout France ». Néanmoins, cette radiation ne peut être prononcée sans que l'exploitant en ait été préalablement avisé et invité à se faire entendre personnellement ou par mandataire (21).

---

(19) C. tourisme, art. D. 324-3.

(20) C. tourisme, art. D. 324-5 et D. 324-6.

(21) Art. R. 324-7 et R. 324-8 créé par le décret n° 2009-1650 du 23 décembre 2009, art. 8.

4° Les chambres d'hôtes

18. – Les chambres d'hôtes sont des chambres meublées situées chez l'habitant en vue d'accueillir des touristes, à titre onéreux, pour une ou plusieurs nuitées, assorties de prestations (22).

Toute personne qui offre à la location une ou plusieurs chambres d'hôtes doit en avoir préalablement fait la déclaration auprès du maire de la commune du lieu de l'habitation concernée.

Conditions de location : l'activité de location de chambres d'hôtes est la fourniture groupée de la nuitée et du petit déjeuner. Elle est limitée à un nombre maximal de cinq chambres pour une capacité maximale d'accueil de quinze personnes. L'accueil est assuré par l'habitant.

Chaque chambre d'hôtes donne accès à une salle d'eau et à un WC. Elle est en conformité avec les réglementations en vigueur dans les domaines de l'hygiène, de la sécurité et de la salubrité. La location est assortie, au minimum, de la fourniture du linge de maison.

Aspects déclaratifs : la déclaration de location d'une ou plusieurs chambres d'hôtes est adressée au maire de la commune du lieu de l'habitation concernée par voie électronique, lettre recommandée ou dépôt en mairie et doit faire l'objet d'un accusé de réception.

La déclaration précise l'identité du déclarant, l'identification du domicile de l'habitant, le nombre de chambres mises en location, le nombre maximal de personnes susceptibles d'être accueillies et la ou les périodes prévisionnelles de location.

Tout changement concernant les éléments d'information que comporte la déclaration fait l'objet d'une nouvelle déclaration en mairie. La liste des chambres d'hôtes est consultable en mairie.

Le non-respect de ces aspects déclaratifs est passible d'une amende maximale de 450 € (23).

NB : le lecteur pourra trouver un exemple de déclaration type (imprimé Cerfa) dans la partie « Location saisonnière » des annexes (V. *infra*, Annexe 5).

Classement : il n'existe pas de classement officiel par l'État des chambres d'hôtes, contrairement à ce qui se pratique pour les hôtels et meublés de tourisme. L'adhésion à un réseau labellisé est cependant conseillée pour plus de visibilité.

5° L'activité de location de gîtes ruraux

19. – Comme le rappelle une réponse ministérielle récente (24), le gîte rural n'est pas défini sur le plan réglementaire. Il relève d'une appellation d'usage donnée à tout hébergement, à caractère indépendant et situé en zone rurale, proposé à la location touristique par des particuliers (gîtes privés), voire parfois par des collectivités locales (gîtes communaux). Les gîtes ruraux contribuent de manière significative à l'offre d'hébergement touristique ainsi qu'à la sauvegarde du patrimoine rural. Ils sont classables dans la catégorie des meublés de tourisme définis à l'article D. 324-1 du Code du tourisme. L'appellation « gîte rural » est souvent associée au réseau des Gîtes de France, qui regroupe historiquement une part importante des gîtes ruraux.

(22) C. tourisme, art. L. 324-3.
(23) C. tourisme, art. R. 324-16.
(24) Rép. min. Morel-A-L'Huissier, n° 113576 : *JO* 13 sept. 2011, p. 9787.

6° L'activité de location de *mobil-homes*, caravanes et autres habitations légères de loisirs

20. – Les logements meublés ou garnis à usage d'habitation, précise l'administration, sont des locaux qui sont destinés à l'habitation et qui comportent les éléments mobiliers ayant pour effet de leur conférer un minimum d'habitabilité. À cet égard, il est précisé que doivent notamment être considérés comme des locaux à usage d'habitation les caravanes, les tentes, les *mobil-homes* et les habitations légères de loisirs **constituant de véritables installations fixes**, spécialement aménagés et exclusivement réservés à l'habitation (25).

Il est, par conséquent, essentiel d'étudier en amont les particularités de chaque installation de ce type d'habitation légère (fixation au sol de manière permanente ou non, etc.) afin d'apprécier l'éligibilité du loueur au régime fiscal de la location meublée. Il conviendra également, sur le plan juridique, de veiller au respect des règles d'urbanisme en vigueur.

§ 4. – Louer « en direct » ou à un exploitant de résidence

21. – L'activité de location meublée peut être exercée directement ou confiée à un exploitant.

Dans le premier cas, le bailleur sera soumis à la législation en matière de baux meublés et devra alors assumer toutes les contraintes légales existantes et l'éventuelle vacation du logement.

Le propriétaire devra respecter certaines conditions légales, notamment fournir un logement décent, effectuer un état des lieux d'entrée et de sortie, entretenir le logement si certains composants viennent à être défectueux par vétusté, etc.

Il pourra donner mandat à un professionnel spécialisé dans l'administration de biens (agence immobilière notamment) afin de déléguer la recherche de locataire ainsi que la gestion, ce qui allègera les contraintes pour lui, mais rendra naturellement l'investissement un peu moins attractif.

La seconde possibilité qui s'offre au bailleur est de louer son bien à un exploitant, lequel le sous-louera ensuite en meublé.

Sur le plan juridique, le propriétaire sera, dans ce cas, soumis à la législation applicable en matière de baux commerciaux, d'une durée plus longue que les baux meublés classiques et n'aura pas à assumer la vacance locative le cas échéant.

Nous verrons plus loin que, sur le plan fiscal, les deux types de loueurs déclarent le même revenu catégoriel, à savoir des bénéfices industriels et commerciaux. L'activité de location meublée est en effet civile d'un point de vue juridique, mais commerciale d'un point de vue fiscal. Le bailleur n'est donc pas soumis aux règles d'imposition des revenus fonciers.

Comparatif entre location en direct et location à un exploitant

	LOCATION EN DIRECT	LOCATION À UN EXPLOITANT
Type de bail	Bail de location meublée	Bail commercial
Régime d'imposition	Bénéfices industriels et commerciaux (BIC)	

(25) Doc. adm. DGI, 3 A-1152 et 3 A-317.

	LOCATION EN DIRECT	LOCATION À UN EXPLOITANT
Durée du bail	1 an au minimum (9 mois sous conditions)	De 9 à 11 ans en général
Risque de vacance locative (perte de revenus) pour le loueur en meublé	Oui (sauf si souscription d'une assurance perte des revenus locatifs)	Non (risque pris en charge par l'exploitant)
Régime meublé professionnel / non professionnel	Oui	
Assujettissement possible à la TVA	Oui (sous conditions)	
Remise en état du logement lors du changement du locataire	À la charge du bailleur	À la charge de l'exploitant (attention cependant aux clauses prévues dans le contrat de bail commercial)

A. – L'investissement « en direct »

1° Bien sélectionner son locataire

22. – Dans un premier temps, les dossiers de candidature doivent être analysés avec la plus grande vigilance, en essayant, au maximum, de repérer les documents falsifiés, de plus en plus monnaie courante. Il sera donc nécessaire de réclamer les documents originaux. L'authenticité de chaque pièce de solvabilité devra être examinée en détail, en confrontant les données entre elles notamment (par ex., niveau de revenus et dernier impôt sur le revenu).

Les pièces qui sont usuellement réclamées sont les suivantes :

– une pièce d'identité ;
– les derniers bulletins de salaire ;
– le contrat de travail ;
– une attestation de l'employeur, mais seulement si le locataire ne peut fournir que l'un des deux documents précédents ;
– le dernier avis d'imposition ;
– un relevé d'identité bancaire ;
– les dernières quittances de loyer du logement qu'il a occupé.

Les loueurs en meublé ne sont pas soumis à l'article 22-2 de la loi n° 89-462 du 6 juillet 1989 interdisant aux bailleurs de locaux loués nus de demander aux candidats locataires certains documents. Cette réglementation vise, en effet, à proscrire « toute demande de pièces pouvant être utilisées à d'autres fins que l'appréciation de la solvabilité du candidat locataire, notamment discriminatoire ».

Néanmoins, il est conseillé de se conformer à cette liste afin de respecter la vie privée du candidat.

Les documents visés par l'article 22-2 de la loi du 6 juillet 1989 sont les suivants :

– photographie d'identité, hormis celle de la pièce justificative d'identité ;
– carte d'assuré social ;
– copie de relevé de compte bancaire ou postal ;

– attestation de bonne tenue de compte bancaire ou postal ;
– attestation d'absence de crédit en cours ;
– autorisation de prélèvement automatique ;
– jugement de divorce, à l'exception du paragraphe commençant par l'énoncé : « Par ces motifs » ;
– attestation du précédent bailleur indiquant que le locataire est à jour de ses loyers et charges, dès lors que le locataire peut présenter d'autres justificatifs ;
– attestation de l'employeur dès lors que peuvent être fournis le contrat de travail et les derniers bulletins de salaire ;
– contrat de mariage ;
– certificat de concubinage ;
– chèque de réservation de logement ;
– dossier médical personnel ;
– extrait de casier judiciaire ;
– remise sur un compte bloqué de biens, d'effets, de valeurs ou d'une somme d'argent correspondant à plus d'un mois de loyer en principal en l'absence du dépôt de garantie ou de la souscription de la garantie autonome prévue à l'article 2321 du Code civil ;
– production de plus de deux bilans pour les travailleurs indépendants ;
– une copie des informations contenues dans le fichier national des incidents de remboursement des crédits aux particuliers ou de l'information de la non-inscription à ce fichier.

Dans un second temps, il conviendra de calculer la solvabilité du locataire. À cet égard, la règle la plus couramment utilisée consiste à vérifier si le montant du loyer ne dépasse pas le tiers du montant total des revenus du foyer, déduction faite des crédits en cours.

2° Les assurances loyers impayés

23. – Une sélection attentive du dossier de candidature est un préalable lorsqu'un bailleur souhaite éviter les risques d'impayés locatifs.

Cela n'est cependant pas suffisant. En effet, même en l'absence de malveillance ou de mauvaise gestion de ses revenus, les aléas de la vie (séparation, décès du conjoint, chômage, etc.) peuvent modifier sensiblement la situation financière d'un locataire, au point de le contraindre à suspendre le paiement de ses loyers.

Pour se prémunir contre ce risque, il existe deux dispositifs :
– la garantie universelle des risques locatifs, appelée aussi GRL, auprès d'un assureur qui a adhéré au dispositif mis en place par l'État et Action logement ;
– l'assurance privée loyers impayés, souscrite selon les conditions proposées par les assureurs spécialisés.

Précisons par ailleurs que la prime d'assurance, constituant une charge pour le propriétaire bailleur, est déductible de ses revenus locatifs (régime du micro exclu).

a) Le contrat « GRL » garantie des risques locatifs

24. – Afin de faciliter l'accès au logement des ménages, un dispositif de Garantie des risques locatifs (GRL) a été créé en partenariat étroit avec les partenaires sociaux gestionnaires du 1 % Logement (devenu depuis Action Logement).

Ainsi, la GRL prend en charge, sans franchise ni délai de carence, dans la limite d'un plafond différent suivant la nature du sinistre, à la fois les impayés de loyers et charges pendant toute la durée du bail (jusqu'à un plafond de 70 000 €), mais également les dégradations locatives éventuelles constatées au départ du locataire et dont ce dernier pourrait être tenu responsable (après déduction d'une franchise égale au dépôt de garantie et dans la limite de 3 500 € pour les locaux loués en meublés).

La GRL est accordée au propriétaire bailleur sous réserve que le montant du loyer et des charges ne dépasse pas 2 000 € par mois et qu'il représente au maximum 50 % des revenus du locataire. Le choix du locataire n'est pas imposé par le dispositif de GRL, dès lors que les conditions précitées sont remplies.

En contrepartie, le bailleur paie une prime d'assurance dont le montant est fixé par l'assureur et qui varie en général entre 2 et 3 % du montant annuel des loyers (charges comprises), selon les garanties optionnelles proposées. Ce coût ne peut, en aucun cas, être lié à la situation du locataire.

Pour plus d'informations sur le dispositif : *www.grl.fr*.

b) L'assurance garantie de loyers impayés

25. – Il est possible de se protéger contre le risque d'impayé de loyer en souscrivant une assurance spécifique pour un coût en général de 2 à 4 % du montant des loyers annuels.

À l'inverse de la GRL, les conditions générales de souscription et du locataire et les conditions de base et complémentaires pourront différer selon les assureurs.

Il conviendra donc d'analyser certaines questions, et notamment les suivantes :

– Le contrat prévoit-il d'assurer les locations meublées (et saisonnières le cas échéant) ?

– Existe-t-il des exclusions concernant la solvabilité du locataire ?

– Le loyer ne doit-il pas dépasser un certain pourcentage des revenus ?

– La caution d'un tiers est-elle obligatoire (notamment pour les étudiants) ?

– Quels sont les risques couverts (loyers et charges, trêve hivernale couverte, prise en charge des frais de contentieux…) ?

– Quels sont les plafonds d'indemnités ?

– Quelle est la durée de prise en charge (dix-huit, vingt-quatre mois…) et existe-t-il une franchise ?

– Existe-t-il par ailleurs un délai de carence ?

Pour aller plus loin

26. – Les assurances « loyers impayés » proposées par les administrateurs de biens aux propriétaires qui leur confient la gestion de leur logement peuvent se révéler moins onéreuses que celles souscrites directement par les propriétaires qui gèrent eux-mêmes leur bien.

Pour ces dernières, il faut savoir que le contrat impose normalement de suivre des procédures précises, depuis le dossier à rassembler sur le locataire jusqu'aux premières démarches à effectuer dès les premiers jours de retard de paiement.

Si la compagnie d'assurances s'aperçoit, au moment de prendre en charge un litige, que ces conditions n'ont pas été remplies, elle n'hésitera pas à refuser ou à diminuer son indemnisation. Le propriétaire doit par conséquent, lorsqu'il souscrit en direct une assurance loyers impayés, suivre le contrat à la lettre.

Certains assureurs proposent également, moyennant surprime, une garantie indemnisant le propriétaire en cas de vacation de locataire. Cette option reste assez onéreuse en règle générale.

3° La caution

27. – L'article 2288 du Code civil prévoit que « celui qui se rend caution d'une obligation, se soumet envers le créancier à satisfaire à cette obligation, si le débiteur n'y satisfait pas lui-même ».

Ainsi, une personne qui se porte caution pour un locataire s'engage à se substituer à lui en cas de défaut de paiement. L'article 2298 du Code civil précise également que le cautionnement peut être simple ou solidaire.

S'il s'agit d'une caution simple, cette dernière peut demander au propriétaire bailleur de poursuivre d'abord le locataire, par une procédure de saisie mobilière ou sur salaire. Ce n'est que si les poursuites n'aboutissent pas que la caution est alors poursuivie.

Si la mention « caution solidaire » figure sur l'acte, le créancier est dans ce cas libre de poursuivre d'abord le débiteur, ou seulement la caution, ou les deux à la fois.

Le cautionnement peut être à durée indéterminée ou à durée déterminée. Dans le premier cas, celle-ci prendra fin lors de l'arrêt de la période locative. Dans tous les cas, la personne s'étant portée caution devra continuer à se substituer au locataire en cas de défaillance pour des dettes nées à l'époque où elle était caution.

Il conviendra d'être suffisamment précis sur le montant et la nature des dettes cautionnées (26). Par conséquent, il est nécessaire d'indiquer clairement ce que devra assumer la caution : le montant du loyer avec ou sans les charges, les travaux de réparations en cas de dégradation, les frais de procédure, etc.

B. – Opter pour un investissement « clés en main » en louant à un exploitant de résidence

1° Les caractéristiques de l'investissement

28. – Les investissements immobiliers locatifs « clés en main » ou « packagés » sont de plus en plus proposés par les conseillers en gestion de patrimoine, conseils financiers dans les réseaux bancaires, et autres promoteurs immobiliers.

Ce type d'hébergement, ouvert à la multipropriété à la fin des années 1960, a connu un essor considérable dès la fin des années 1970 avec les résidences de stations de sports d'hiver.

Ont suivi, bien des années plus tard, les résidences de tourisme sur le littoral méditerranéen, puis sur la côte atlantique. Le développement dans les campagnes et les villes ne date seulement que des quinze dernières années.

Ces résidences « services » répondent en réalité à une demande de plus en plus soutenue, laquelle a dépassé depuis longtemps le seul cadre du tourisme.

Pour preuve, l'augmentation importante des résidences d'affaires pour cadres souhaitant jouir d'une autre forme de logement que la solution hôtelière classique, de résidences étudiantes prenant en charge le nettoyage des locaux et du linge, ou tout simplement l'hébergement de personnes âgées, avec assistance médicalisée ou non.

L'ensemble de ces résidences a pour point commun l'intervention d'un exploitant pour la gestion quotidienne des biens immobiliers, tant des parties privées que des parties communes.

Le schéma est simple : les copropriétaires bailleurs acquièrent des lots privatifs, en général des appartements ou des chambres (médicalisées ou non pour les résidences seniors), mais également une partie des communs de

(26) C. civ., art. 2292.

l'immeuble, puis les louent par bail de longue durée (de neuf à onze ans en général) au preneur exploitant. Ce dernier les sous-loue ensuite à ses clients en y ajoutant différents services.

Dans un certain nombre de programmes, l'investisseur bénéficie d'un droit de jouissance exclusif de son bien de quelques semaines durant l'année. Il peut même, lorsque la société d'exploitation propose des bourses d'échange, occuper le bien d'un autre propriétaire, sous réserve de rester dans un standing identique. Le rendement versé par la société d'exploitation à l'investisseur baisse alors en conséquence.

Le tableau ci-après résume certaines différences entre un investissement en direct et un investissement « clés en main » géré par un exploitant :

	INVESTISSEMENT CLÉS EN MAIN	**INVESTISSEMENT EN DIRECT**
Type et durée du bail	Bail commercial d'une durée variant en général de 9 à 12 ans	Bail de location meublée ; durée variable : 9 mois ou un an pour une résidence principale, ou plus courte durée pour une location saisonnière.
Type de biens immobiliers	Résidences étudiantes, résidences de tourisme, EHPAD, résidences d'affaires, etc.	Appartement, chambre étudiante, maison, gîte, etc.
Gestion locative	Assurée totalement par l'exploitant preneur	Assurée par le propriétaire ou, le cas échéant, par une agence de gestion locative
Vacation locataire	Prise en charge par l'exploitant ; l'investisseur a la garantie du loyer annuel pendant toute la durée du bail, sauf défaillance de l'exploitant	Vacation locative à la charge de l'investisseur
Rendement locatif	Le rendement servi par bail commercial est quasiment net de toutes charges d'exploitation	Les frais de gestion locative, d'entretien, de travaux et les vacations peuvent réduire sensiblement le rendement annuel.
Facilité de revente à terme	Marché secondaire pouvant être étroit ; niveau de charges pouvant repousser d'éventuels acheteurs	Durée des baux locatifs facilitant la revente
Perspectives de plus-value	En général, perspectives moins élevées qu'un investissement en direct	Oui, mais comme tout investissement immobilier, la plus-value future dépendra notamment des qualités intrinsèques du bien (emplacement notamment)

	INVESTISSEMENT CLÉS EN MAIN	INVESTISSEMENT EN DIRECT
Commission des intermédiaires	Frais d'ingénierie et de commercialisation pouvant être onéreux	Pas de commission d'intermédiaire, hormis, le cas échéant, frais d'agence classique lors de l'achat du bien immobilier et de la recherche du locataire
Prise en charge des travaux	Le bail commercial initial prévoit en général la prise en charge intégrale des travaux et des matériaux par l'exploitant. ce qui n'est pas forcément le cas des baux suivants	En totalité par le propriétaire
Montant des charges de copropriété	Prise en charge par l'exploitant	Prise en charge par le propriétaire ainsi qu'une partie par le locataire sous conditions. Charges pouvant être limitées (si absence d'ascenseur, de gardien, etc.)
Éligibilité à la réduction d'impôt sur le revenu Censi-Bouvard	Oui pour certaines résidences avec services	Exclusion
Occupation du bien dans l'année pour le propriétaire	Sous conditions pour certains types de résidences (tourisme…)	Possible si absence de locataire

Comme l'indique ce tableau et contrairement à une location nue ou à une location meublée gérée en direct par le propriétaire, le rendement servi par bail commercial pour une résidence avec services est à la fois garanti (sauf défaillance financière de l'exploitant) et net de frais de gestion et d'entretien courant, le gestionnaire endossant les charges liées à l'exploitation et à l'entretien des locaux.

Le loyer servi par la société de gestion peut être fixe ou comporter une part de variable, qui sera fonction du chiffre d'affaires de la résidence.

Une analyse méticuleuse du contenu du bail sera à effectuer au préalable afin d'éviter toute mauvaise surprise ultérieure, notamment en ce qui concerne les travaux mis à la charge du propriétaire.

À la différence d'une location en direct, certaines résidences avec services peuvent procurer une réduction d'impôt sur le revenu, laquelle est subordonnée à l'engagement du propriétaire de louer le logement meublé pour une durée minimale de neuf ans à l'exploitant de l'établissement ou de la résidence. Seule une résidence avec services est éligible et notamment les résidences étudiantes, les résidences de tourisme classées, un établissement délivrant des soins de longue durée, un établissement social ou médico-social qui accueille des personnes âgées ou adultes handicapés (EHPAD, logement-foyer…).

Ce type d'investissement intéresse en général les contribuables ne souhaitant pas s'impliquer personnellement dans les projets. Ils peuvent ainsi trouver chez des conseillers financiers, conseillers en gestion de patrimoine indépendants ou directement auprès d'exploitants spécialisés des « packages » avec financement associé.

2° L'appréciation du rapport risque-rentabilité

29. – Il est certes rationnel, pour tout investisseur, de rechercher le contrat de bail qui servira le taux de rentabilité le plus élevé du marché.

Néanmoins, privilégier ce paramètre avant tout autre peut se révéler dangereux. En effet, un rendement trop supérieur à la moyenne peut être suspect pour l'investisseur, qui doit dès lors s'interroger sur la pérennité à long terme de l'exploitation. L'attractivité de ces taux ne cacherait-elle pas en réalité des difficultés à commercialiser le programme en question ? Les nombreuses défaillances d'exploitants ayant fait les gros titres des journaux depuis 2007 en sont une bonne illustration. En cause également, des programmes vendus trop cher et des emplacements peu attractifs, la plupart des problèmes se posant notamment en zone de revitalisation rurale.

De nombreux contentieux sont ainsi apparus ces dernières années.

C'est la raison pour laquelle le législateur a récemment introduit plusieurs mesures visant à protéger les investisseurs.

En conséquence, en sus des dispositions fiscales prévues par la loi de finances 2010 et permettant d'assouplir les incidences fiscales pénalisant les investisseurs en présence d'une vacation locative due à l'exploitant, la loi du 22 juillet 2009 (27) dispose que l'exploitant d'une résidence de tourisme classée doit tenir des comptes d'exploitation distincts pour chaque résidence et a l'obligation de les communiquer aux propriétaires qui en font la demande.

L'exploitant est également tenu d'adresser, une fois par an, à l'ensemble des propriétaires, un bilan de l'année écoulée, précisant les taux de remplissage obtenus, les évènements significatifs de l'année, ainsi que le montant et l'évolution des principaux postes de dépenses et de recettes de la résidence.

Enfin, les documents de commercialisation diffusés aux acquéreurs de logements situés dans des résidences de tourisme mentionnées à l'article L. 321-1 du Code de tourisme doivent :

– mentionner explicitement l'existence du droit à l'indemnité d'éviction en cas de refus de renouvellement du bail, ainsi que les modalités générales de son calcul ;

– et comprendre l'identité du gestionnaire retenu pour gérer la résidence et répondre à des critères fixés par arrêté du ministre chargé du tourisme.

(27) L. n° 2009-888, 22 juill. 2009 de développement et de modernisation des services touristiques.

Deuxième partie

CARACTÉRISTIQUES JURIDIQUES DE LA LOCATION MEUBLÉE

30. – Une fois établie l'opportunité de l'acquisition pour l'investisseur, la structuration du projet nécessite une connaissance approfondie des caractéristiques juridiques afférentes au régime de la location meublée.

Cette structuration s'effectuera principalement autour de quatre axes :
- l'organisation des modalités de détention du bien immobilier ;
- l'acte d'acquisition ;
- le respect des conditions juridiques du régime de la location meublée ;
- le contrat de bail.

Chapitre 1

L'ORGANISATION DE LA DÉTENTION DU BIEN IMMOBILIER

31. – L'acquisition à plusieurs ou l'anticipation de sa transmission du bien immobilier acquis suppose de se poser la question des modalités de sa détention. À cet égard, différentes possibilités sont offertes par la loi (indivision, démembrement de propriété, société, etc.), complétées par des aménagements conventionnels, fruits de la pratique.

§ 1. – Les différents modes légaux d'appropriation collective des biens

32. – Comme évoqué précédemment, la loi prévoit différents modes d'appropriation et de gestion collective, susceptibles de concurrencer l'acquisition d'un bien à plusieurs par l'entremise d'une société, comme par exemple l'acquisition en indivision, l'acquisition démembrée ou le droit des régimes matrimoniaux.

Ces régimes légaux d'acquisition pourront toujours être aménagés conventionnellement afin de les adapter au mieux aux particularités de l'investissement envisagé.

A. – Le régime légal de l'indivision

33. – L'indivision peut être définie comme une situation juridique qui existe entre ceux qui ont sur une chose ou un ensemble de choses, un droit de même nature (*propriété, nue-propriété, usufruit*), chacun pour une quote-part (*égale ou inégale*), aucun n'ayant de droit privatif cantonné sur une partie déterminée et tous ayant des pouvoirs concurrents sur le tout (*usage, jouissance, disposition*) (1).

(1) Définition donnée par le Doyen Cornu dans son vocabulaire juridique – (Cornu, *Vocabulaire juridique*, PUF, *V° Indivision*).

Le régime légal de l'indivision (2) recouvre, par exemple, les cas :

– des héritiers avant qu'ils n'aient procédé au partage des biens de la succession ;

– l'indivision entre époux créée à la suite du mariage dans le cadre du régime de la séparation de biens ou de la participation aux acquêts ;

– l'indivision entre concubins ou entre partenaires soumis à un pacte civil de solidarité.

L'indivision constitue un mode d'investissement collectif susceptible de concurrencer, dans certaines circonstances, l'acquisition réalisée par une société préalablement constituée.

Le premier avantage de l'indivision est d'offrir un mode de gestion des biens plus flexible que celui proposé par la structure sociétaire. Les investisseurs ne sont pas liés au-delà de leur volonté car « nul ne peut être contraint à demeurer dans l'indivision (...) » (3) et peuvent donc quitter l'indivision plus facilement qu'une société, plus rigide dans son organisation.

« Le partage [pouvant] toujours être provoqué » (4), l'indivision reste une situation facilement réversible car tout indivisaire peut, à tout moment et quel que soit le motif, demander à récupérer sa part même si cela doit provoquer le partage et la mise en vente du bien.

Ensuite, le régime légal de l'indivision, tel qu'il résulte de la loi du 23 juin 2006, modifiant l'article 815-3 du Code civil, va considérablement simplifier le fonctionnement de l'indivision en remplaçant la règle de l'unanimité par celle de la majorité des deux tiers pour les actes d'administration de l'indivision. De plus, tout indivisaire peut prendre les mesures nécessaires à la conservation des biens indivis. Rappelons que chaque indivisaire est tenu de participer aux dépenses de conservation du bien indivis.

La règle de l'unanimité reste maintenue pour toute autre décision, notamment les actes de disposition.

Le deuxième avantage de l'indivision est de présenter une « fiscalité de sortie » plus attrayante que la forme sociétaire lorsque le partage est réalisé au profit d'un membre de l'indivision.

En effet, les droits d'enregistrement se limitent à 2,5 % (5) de l'actif net partagé (actif brut diminué des charges).

Étant ici précisé que les partages qui portent sur des biens dépendant d'une succession, d'une communauté conjugale, d'une donation-partage et des partages portant sur des biens indivis entre époux ou partenaires d'un PACS, acquis avant ou pendant le mariage ou le pacte, donnent ouverture au seul droit de partage sur la valeur nette de l'actif partagé y compris les soultes ou plus-values (qui dans ce cas, échappent aux droits de mutation à titre onéreux).

Les partages avec soulte ou plus-value qui ne relèvent pas du régime de faveur donnent ouverture :

– sur la soulte ou plus-value, répartie proportionnellement à la valeur respective des biens compris dans le lot grevé de la soulte ou comportant une plus-value : au droit de vente selon la nature des biens (ou à la TVA s'il y a lieu) ;

– sur l'actif net partagé, déduction faite du passif et des soultes ou plus-values : au droit de partage.

---

(2) C. civ., art. 815 et s.
(3) C. civ., art. 815.
(4) C. civ., art. 815.
(5) CGI, art. 750.

Aucune fiscalité n'est en principe exigée en matière de plus-values. Seules sont imposables les plus-values réalisées dans la limite des soultes. Ne constituent pas néanmoins des mutations à titre onéreux dans la limite des soultes les partages de biens reçus par succession (ou donation-partage), de biens acquis par des époux ou acquis par des partenaires d'un PACS (auxquels l'administration assimile les concubins). Ces partages ne sont pas imposables dès lors qu'ils interviennent entre les membres originaires de l'indivision, leur conjoint, des ascendants, des enfants ou des ayants droit à titre universel de l'un ou plusieurs d'entre eux.

Notons enfin que l'indivision est un mécanisme juridique qui ne présente pas de personnalité juridique (6) et donc qui n'implique aucune solidarité entre les coïndivisaires, sauf effet de la loi contraire.

Bien que le régime légal de l'indivision ait été assoupli par la loi de 2006, ce régime peut être source de blocages en termes de gestion et cet argument est souvent avancé pour privilégier le recours à une société pour la gestion d'un bien collectif.

Il semble cependant que, dans un cadre familial paisible et consensuel, l'indivision pourrait se révéler être une bonne alternative de gestion du patrimoine familial à la fois souple et dynamique.

B. – Le régime du démembrement de propriété

34. – Le droit de propriété (7) peut faire l'objet d'un démembrement par dissociation de l'usufruit et de la nue-propriété. L'usufruit (8), droit d'usage du bien et des fruits, est un droit de nature précaire au terme duquel le nu-propriétaire retrouve la propriété pleine et entière.

Le démembrement peut être subi. Il en va ainsi lorsque le conjoint survivant opte, en présence d'enfants tous issus des deux époux et à défaut de disposition contraire, de recueillir toute la succession en usufruit et non pas le quart en pleine propriété (9).

Il peut également être établi volontairement dans le cadre, par exemple, d'une acquisition démembrée (acquisition de l'usufruit par un investisseur et de la nue-propriété par un autre) ou d'une donation en nue-propriété consentie par l'investisseur à ses enfants.

L'usufruit dispose de la jouissance et des revenus du bien (10) mais il n'a, cependant, pas droit aux produits qui, eux, appartiennent au propriétaire. L'usufruitier a l'obligation de conserver la substance du bien objet de son usufruit (11) et n'a donc pas droit de le vendre sans l'accord du nu-propriétaire. Cependant, l'usufruit fait partie du patrimoine de l'usufruitier et il peut être donné, vendu ou cédé indépendamment de la nue-propriété.

En effet, les droits démembrés sont indépendants et la seule limite réside dans le fait de ne pas porter atteinte aux droits de l'autre partie. En conséquence, ni l'usufruitier, ni le nu-propriétaire ne peuvent exiger le partage du bien démembré ou la vente de la pleine propriété, tout comme en matière d'indivision.

---

(6) Cass. 1re civ., 25 oct. 2005.
(7) C. civ., art. 544.
(8) L'article 578 du Code civil définit l'usufruit comme étant « le droit de jouir des choses dont un autre a la propriété, comme le propriétaire lui-même, mais à charge d'en conserver la substance ».
(9) C. civ., art. 757.
(10) C. civ., art. 582.
(11) C. civ., art. 578.

La loi tend à organiser les rapports entre le nu-propriétaire et l'usufruitier. Ainsi, les charges usufruitières (12) et les dépenses d'entretien ou de réparation demeurent à la charge de l'usufruitier. À l'inverse, le nu-propriétaire devrait supporter la charge des « grosses réparations » mais aucun moyen juridique ne peut le contraindre (13) à s'exécuter et il reste donc libre d'assumer ou non ses obligations financières. Cette solution, préjudiciable à une bonne conservation du bien, s'explique par le fait que le nu-propriétaire qui ne perçoit pas de revenu peut se trouver dans l'impossibilité de financer ses travaux.

Enfin, l'avantage majeur offert par le démembrement se révèle en matière fiscale, car « la réunion de l'usufruit à la nue-propriété ne donne ouverture à aucun impôt ou taxe » (14).

Le démembrement de propriété peut s'avérer être un mode de gestion d'un bien collectif dans le cadre d'un contexte familial stable et consensuel.

C. – Acquisition/détention de l'immeuble par un couple marié ou pacsé

1° Propriété et gestion du couple pacsé et séparé de biens

35. – Pour des partenaires pacsés ou des époux mariés sous le régime de la séparation de biens ou la participation aux acquêts, l'acquisition interviendra sous forme d'indivision par application des principes légaux exposés ci-dessus.

Notons que les partenaires d'un *Pacte civil de solidarité* (PACS) sont également soumis à la présomption de communauté lorsqu'ils ont opté dans leur convention de PACS ou convention modificative pour le régime de l'indivision des biens qu'ils acquièrent ensemble ou séparément à compter de l'enregistrement de l'acte. Les biens sont alors réputés indivis par moitié (15).

Concernant la gestion des biens et sauf disposition contraire dans la convention, chaque partenaire est gérant de l'indivision et dispose des mêmes pouvoirs que ceux reconnus aux époux sur les biens communs (16). Chaque partenaire peut agir seul pour gérer les biens indivis. La vente des biens immobiliers indivis, excédant les pouvoirs du gérant, nécessite, cependant, toujours l'accord des deux partenaires (17).

2° Propriété et gestion du couple marié en communauté

36. – Pour des époux communs en biens (séparation de biens avec société d'acquêts, régime légal ou conventionnel de la communauté d'acquêts ou communauté universelle), l'investisseur pourra se trouver confronté à différentes situations.

Si l'investissement a été réalisé avant le mariage ou si l'investisseur a reçu l'actif immobilier par voie de donation ou de succession, ce dernier constituera pour lui un bien propre (18).

S'il dispose de deniers propres (détenus antérieurement au mariage, reçus par donation ou succession, ou résultant de la vente d'un bien propre),

(12) C. civ., art. 608. Par ex. : taxe foncière.
(13) Cass. 3e civ., 28 nov. 2006, n° 05-15.750.
(14) CGI, art. 1133.
(15) C. civ., art. 505-5-1 issu de la loi n° 2006-728 du 23 juin 2006.
(16) C. civ., art. 505-5-3 issu de la loi n° 2006-728 du 23 juin 2006.
(17) C. civ., art. 1873-8.
(18) C. civ., art. 1405.

l'investisseur pourra envisager le remploi de ces fonds dans l'achat d'un actif immobilier, lequel sera lui-même propre, à la condition de respecter les conditions posées à l'article 1434 du Code civil (19) (part contributive de la masse propre supérieure à la masse commune (20) et double déclaration d'emploi et de remploi).

Reprenant l'article 225 du Code civil, issu du régime primaire impératif, l'article 1428 du Code civil pose le principe de gestion exclusive pour les biens propres. Tous les actes sont alors concernés : acte d'administration, de jouissance et de disposition. À titre d'exemple, seul l'époux propriétaire d'un immeuble qui lui appartient en propre pourra mettre ce bien en location.

À l'inverse, si l'actif immobilier est commun, chacun des époux a le pouvoir d'administrer seul ce bien (C. civ., art. 1421, al. 1), ce principe de gestion concurrente permet d'assurer l'indépendance des époux et consacre leur égalité.

Le législateur fait cependant parfois prévaloir l'association des époux sur leur indépendance.

Certains actes requièrent ainsi l'accord des deux époux, soit parce qu'ils sont dépourvus de contrepartie, soit parce qu'ils portent sur des biens dont la valeur financière est importante. L'article 1422 du Code civil vise les actes de disposition à titre gratuit, entre vifs, sur les biens communs (donations).

L'ordonnance du 23 mars 2006 a ajouté un alinéa à l'article 1422 : le double consentement des époux est désormais exigé pour l'affectation d'un bien commun en garantie de la dette d'un tiers (cautionnement réel). L'ensemble des mécanismes permettant de garantir la dette d'autrui est ainsi appréhendé par les régimes matrimoniaux (C. civ., art. 1415 pour les sûretés personnelles, art. 1422, al. 2 pour le cautionnement réel).

L'article 1424 vise quant à lui les actes de disposition (aliénation ou constitution de droits réels) portant sur certains biens communs énumérés limitativement : immeubles, fonds de commerce, exploitations, droits sociaux non négociables, meubles corporels dont l'aliénation est soumise à publicité. L'article 1425 exige par ailleurs le consentement des deux époux pour conclure des baux ruraux et commerciaux.

§ 2. – Les aménagements conventionnels

37. – Si les régimes matrimoniaux légaux succinctement présentés ci-dessus ne conviennent pas aux co-investisseurs, et avant d'évoquer l'opportunité de la mise en société du patrimoine immobilier de rapport, il convient de s'interroger sur la possibilité d'aménager conventionnellement ces régimes légaux, afin de mieux les adapter aux réalités pratiques de l'investissement considéré et d'en combler certaines lacunes.

---

(19) L'actif immobilier acquis à titre onéreux au cours du mariage par un époux commun en bien est en principe commun à l'exception des cas visés aux articles 1434 (« double déclaration »), 1406 (construction sur un terrain propre ou agrandissement d'un bien immobilier propre), 1407 (échange d'un bien propre sauf si la soulte mise à la charge de la communauté est supérieure à la valeur du bien cédé) ou 1408 (licitation d'un bien dont l'un des époux était propriétaire par indivis).

(20) Il doit être ici précisé que les revenus des biens propres sont en principe communs ; de sorte que si le prêt ayant servi au financement de l'acquisition est financé par les loyers, la partie de l'investissement financé par crédit sera considéré comme financé par la communauté.

A. – L'indivision conventionnelle

38. – La société a longtemps et fréquemment été employée pour pallier les inconvénients résultant de l'absence d'organisation de l'indivision résultant du Code civil et pour éviter notamment les blocages de gestion engendrés par ce manque de précision.

Cependant, le fonctionnement de l'indivision s'est considérablement rapproché de celui de la société et il est désormais possible de conclure une « convention d'indivision » (21) afin d'organiser la gestion, la prise de décision, la répartition des fruits et tous autres aspects de l'indivision.

Les co-indivisaires s'engagent alors à demeurer dans l'indivision, soit pour une durée indéterminée (le partage pouvant alors être provoqué à tout moment), soit pour une durée maximale de cinq ans (renouvelable par décision expresse ou par tacite reconduction, le partage ne pouvant alors intervenir avant le terme convenu).

L'intérêt premier de cette convention est de pallier la précarité de l'indivision légale en empêchant tout indivisaire de demander le partage pendant la période quinquennale. La convention d'indivision peut en outre permettre de faciliter la gestion de l'indivision en désignant un ou plusieurs gérants choisis ou non parmi les indivisaires. Les modalités de sa désignation et de sa révocation doivent cependant être déterminées par une décision unanime des indivisaires (22).

La convention d'indivision pourrait alors pallier la précarité du régime légal de l'indivision en lui apportant plus de stabilité. Pour ce faire, la convention doit cependant être limitée à une période maximale de cinq ans, ce qui est très peu en pratique.

B. – La convention de démembrement

39. – Nous avons relevé précédemment que les règles légales relatives au démembrement ne sont pas toujours satisfaisantes et peuvent être sources de conflits.

Le recours à une convention de démembrement pourrait conventionnellement définir et optimiser la répartition des charges entre les titulaires de droits démembrés. Il serait opportun, tant pour l'usufruitier que pour le nu-propriétaire, de prévoir certains aménagements contractuels destinés à encadrer notamment la répartition et l'indemnisation des grosses réparations. Il est par exemple envisageable de prévoir une clause imposant l'obligation, soit au nu-propriétaire, soit à l'usufruitier, soit à charge commune, de faire les grosses réparations, moyennant contrepartie.

En cas de vente de l'immeuble objet d'un démembrement de propriété, le prix de vente est en principe réparti. Usufruitier et nu-propriétaire peuvent toutefois se mettre d'accord avant la vente et convenir :

– de reporter le prix de vente sur d'autres actifs eux-mêmes démembrés ;

– ou de reporter le démembrement de propriété existant sur l'immeuble vendu sur le prix de vente sous la forme d'un quasi usufruit.

Si la liberté en la matière est très importante, il n'en demeure pas moins que l'usufruitier ne pourrait se voir conférer le pouvoir de vendre la pleine propriété du bien objet du démembrement sans l'accord du ou des nus-propriétaires.

---

(21) C. civ., art. 1873-1.
(22) C. civ., art. 1873-1 et s.

C. – L'adaptation de la convention matrimoniale

40. – Lorsqu'un couple se lance dans l'acquisition d'un bien immobilier, leur statut juridique (mariage, PACS, ou union libre) entraîne des conséquences juridiques et patrimoniales propres à chacun d'eux.

Les dispositions légales ne sont toutefois pas intangibles et les couples ont toujours la possibilité d'aménager, au gré de clauses spécifiques insérées dans leur contrat de mariage, la convention de PACS ou d'indivision (23), ou encore dans l'acte d'acquisition du bien.

La solution consisterait par exemple pour les époux à changer de régime matrimonial afin d'aménager tant la propriété (en prévoyant par exemple que par exception les revenus de tel ou tel bien propre resteront propres à l'époux propriétaire) que la répartition des pouvoirs (gestion conjointe ou exclusive sur le bien immobilier) sur certains des biens déjà acquis ou à acquérir, ou sur les modalités de liquidation en cas de rupture du lien (attribution à l'un ou l'autre des époux en cas de divorce ou de décès par exemple).

Une convention d'indivision entre partenaires d'un PACS pourrait reconnaître la propriété indivise du bien tout en aménageant un pouvoir inégal sur ce bien. La seule particularité de la convention est qu'elle est normalement conclue pour la durée du PACS, mais que les partenaires peuvent décider à la dissolution du pacte qu'elle continuera à produire ses effets. La convention pourrait également prévoir qu'en cas de décès de l'un des partenaires, le survivant pourrait recevoir la quote-part du défunt dans les biens indivis.

§ 3. – Le recours à une société

41. – Le recours à une société dans le cadre de la location en meublé doit répondre à une attente particulière de l'investisseur. En effet, le simple désir d'acquérir des immeubles en vue de bénéficier du régime des loueurs professionnels ne nécessite pas le recours à la forme sociétaire.

Dans la plupart des cas, les investisseurs souhaitent recourir à la forme sociétaire pour effectuer leur acquisition, afin de pallier le risque de précarité lié à l'achat en indivision.

La société évoque en effet une forme de pérennité de l'engagement des associés dans le but de réaliser en commun un objectif en partageant les gains mais également les pertes.

Le choix de la forme de société la plus adaptée dépendra alors notamment du régime fiscal applicable.

En effet, un des avantages de la location en meublé est le report des déficits sur le revenu global. Pour ce faire, il est nécessaire que la société soit soumise au régime fiscal des sociétés de personnes, la taxation étant alors réalisée entre les mains de chacun des associés.

Cette remarque nous permet d'écarter la société fiscalement opaque telles la société anonyme ou la société par actions simplifiée, soumises à l'impôt sur les sociétés.

---

(23) Indivision du PACS, C. civ., art. 515-5-3, al. 2 et 3 et convention d'indivision aux articles 1873-1 à 1887-15.

A. – L'exclusion de la société civile

42. – Le régime des loueurs en meublé constitue une activité commerciale, ce qui conduit tout naturellement à exclure le recours à la société civile, excepté lorsque l'activité principale est civile et que les activités commerciales ne sont qu'accessoires.

L'activité de la société civile doit être civile. De nombreux contribuables se sont vu rappeler durement par l'administration fiscale les dispositions de l'article 206-2 du Code général des impôts, un article peu conciliant (24).

Les conséquences fiscales sont sévères et cumulatives.

En effet, sont considérés comme commerciaux :

– les opérations d'achat et de revente d'immeubles (25) ;
– les locations en meublé ;
– les locations de locaux industriels ou commerciaux munis du mobilier ou du matériel nécessaires à leur exploitation ;
– les locations de locaux commerciaux en contrepartie d'un loyer comprenant une part fixe et une partie variable en fonction du chiffre d'affaires réalisé ;
– le cautionnement conféré de façon habituelle si la société en tire un avantage.

Si ces activités représentent plus de 10 % des recettes de la société civile, elles entraînent une imposition d'office à l'impôt sur les sociétés. Cela n'est malheureusement que la première des conséquences tirées par l'administration fiscale…

Conséquences d'une activité dite « commerciale »
par une société civile à l'IR (26)

DOMAINE	PRINCIPE	TEXTE
Opérations visées	Ces opérations sont réputées commerciales : – achat-vente d'immeubles et de titres ; – location meublée ; – bail à l'américaine (clause recette) ; – cautionnement donné à titre habituel ; – contrôle : holding (sous réserves).	CGI, art. 206-2. CGI, art. 34 et 35. Doc. adm. DGI. Arrêt *Fontgalland* sur le contrôle.
Juridique	La société prend fin par la réalisation de son objet (si l'activité est principalement commerciale) et encourt la dissolution de plein droit. La société devient société créée de fait (c'est-à-dire sans contrat écrit).	C. civ., art. 1844-7.
	Les associés sont tenus indéfiniment et solidairement des dettes sociales (si l'activité est principalement commerciale).	Application du droit commun des sociétés commerciales à cette société créée de fait.

(24) M. Cozian, *Le charme discret des sociétés civiles immobilières*, Dalloz, 1995, chron. p. 199.

(25) V. P. Fernoux, *Gestion de l'investissement immobilier privé et activité de marchand de biens* : *JCP* N 1993, n° 23, p. 232.

(26) Abréviations IR : Impôt sur le Revenu ; IS : Impôt sur les Sociétés.

DOMAINE	PRINCIPE		TEXTE
Fiscale	**Impôt sur les sociétés : taxation d'office** *(sans pouvoir bénéficier rétroactivement de ses avantages, comme les amortissements et déductions).*	*La société n'a pas d'autres revenus :* – location exceptionnelle : non assujettissement[1] ; – saisonnière : assujettissement ; – habituelle : assujettissement.	CE, 19 juill. 1983[2]. Doc. adm. DGI, 4 F-1113, n° 6, 7 juill. 1998 et CE, 10 juill. 1925[3]. CE, 30 oct. 1968[4].
		La société a des revenus : IS sauf, **tolérance** si les revenus de cette activité « accessoire » ne dépassent pas **10 %** des recettes totales hors taxes de la société[5].	Doc. adm. DGI, 4 H-1132, n°s 1 et s., 1er mars 1995.
	Contribution économique territoriale (ancienne taxe professionnelle) : non-assujettissement sauf si activité à titre habituel.		CGI, art. 1447. CAA Nantes, 2e ch., 14 nov. 2001, n° 98-1870.
	Taxe sur la valeur ajoutée : pour les livraisons de biens et prestations de service entrant dans le champ de la TVA (TVA sur la marge en cas les simples locations meublées à usage d'habitation sans service.		CGI, art. 256-I.
Comptable	Obligation de tenir une comptabilité commerciale.		Code de commerce.

[1] « Attendu que ne peut être regardée comme ayant effectué une opération commerciale une SCI ayant loué pendant une période de trois mois un appartement dont elle réserve la jouissance gratuite à son gérant et principal associé, dès lors qu'en raison de sa courte durée et de la circonstance que la société y recourait pour la première fois (...) ».

[2] N° 31906 : *RJF* 3/1983, n° 382.
[3] N° 84803 : *RE* 5047.
[4] N° 70952 : *Dupont* 1969, p. 27.
[5] L'administration fiscale admet même que le franchissement occasionnel de ce seuil de 10 % n'entraîne pas assujettissement à l'IS, si la moyenne des recettes hors taxes de nature commerciale réalisées au cours de l'année en cause et des trois années antérieures n'excède pas 10 % du montant moyen des recettes totales hors taxes réalisées au cours de la même période.

Il incombe à l'administration fiscale de prouver que le contribuable a consenti des locations meublées (27). Une fois la preuve rapportée, les revenus sont présumés constituer des bénéfices industriels et commerciaux.

Pour renverser la présomption, le contribuable peut établir :

(27) CE, 9e et 8e ss-sect., 10 juill. 1985.

– soit que les meubles n'étant pas en nombre suffisant, l'immeuble en cause ne peut être considéré comme loué meublé (28) ;

– soit que les meubles n'appartiennent pas au propriétaire des murs et qu'il ne tire de leur présence aucun profit spécifique (29).

1° La possibilité de louer en meublé en superposant les structures

43. – Un arrêt de la cour d'appel de Nantes du 14 novembre 2001 est riche d'enseignements. Il précise en effet les précautions à prendre, et, lu *a contrario*, ouvre certaines portes.

Si la société loue des logements nus selon un bail, mais garnis de meubles appartenant à un tiers et mis à disposition par l'effet de conventions distinctes des baux, l'activité demeure civile. Les loyers sont par conséquent taxables à l'impôt sur le revenu, au nom des associés, dans la catégorie des revenus fonciers. Malgré un faisceau d'indices dont la cour a tenu compte (30), le critère déterminant est celui de la dissociation entre le bail de l'immeuble et celui des meubles. On peut dès lors étudier l'opportunité que le locataire signe un bail en meublé avec une société en participation ayant pour associés la SCI propriétaire des murs et une EURL propriétaire des meubles.

L'absence de clauses au sein du bail établissant la participation du bailleur à l'exploitation ou aux résultats de l'entreprise exploitée par le preneur paraît, *a contrario*, un critère souvent décisif pour écarter le rattachement des loyers aux bénéfices industriels et commerciaux :

– ainsi, il a été jugé qu'un exploitant de fonds de commerce, qui a fait apport à une SARL de l'ensemble des éléments du fonds, à l'exception de l'immeuble à usage commercial qu'il donne en location à cette société est imposable dans la catégorie des revenus fonciers. La location présente un caractère civil dès lors que le local est dépourvu de tout moyen d'exploitation, agencement ou équipement spécifique et que le bail ne comporte pas de clauses d'intéressement au chiffre d'affaires ou au résultat, même si la SARL est sous la dépendance juridique du bailleur du fait de la situation d'associé majoritaire et même si la société a opté pour le régime des sociétés de personnes (31) ;

– de même, dans une espèce où un particulier avait acquis en montagne un logement nu qu'il avait donné en location à une société de gestion, laquelle l'avait meublé et loué pour son compte et qui obtenait en contrepartie une indemnité fixe et un droit de jouissance exclusif pendant quelques semaines, la cour administrative d'appel de Nantes déduit notamment des clauses du contrat de bail que le bailleur n'est pas associé à la gestion et aux résultats de l'activité commerciale de la société d'exploitation (32) ;

– de même, alors que le caractère commercial de la location ne résulte pas des clauses du bail, le seul fait que la société civile bailleresse supporte certaines charges de personnel afférentes au fonctionnement de la société preneuse ne suffit pas pour établir qu'elle participe aux résultats et à la gestion de ladite société preneuse (33).

---

(28) Le mobilier garnissant une villa se composait seulement d'une cuisinière, d'un buffet, de deux divans, de deux fauteuils, d'un sommier, d'une table et de six chaises de jardin, CE, 8e ss-sect., 5 mars 1958.

(29) CE, 9e et 8e ss-sect., 10 juill. 1985.

(30) Tout d'abord, les annonces publicitaires parues dans la presse locale mentionnaient que les locations étaient proposées par la SCI vides ou meublées. Ensuite, les meubles appartenaient à la sœur du gérant majoritaire de la SCI qui les laissait en dépôt gratuitement chez les locataires intéressés. Enfin, le loyer des logements meublés était le même que celui des locaux proposés non garnis de meubles.

(31) CAA Bordeaux, 1re ch., 29 juin 1994, req. n° 92-669 : *Dr. fisc.* 1995, n° 13, comm. 626.

(32) CAA Nantes, 1re ch., 25 mars 1992, req. n° 90-162 : *Dr. fisc.* 1992, n° 28, comm. 1352.

(33) CAA Paris, 2e ch., 22 nov. 1994, req. n° 93-187 : *Dr. fisc.* 1995, n° 30, comm. 1583.

2° Passage d'une activité de location nue exercée par une SCI à une activité de location meublée exercée par une SARL de famille ayant opté pour le régime des sociétés de personnes

44. – Lorsqu'une société soumise au régime des sociétés de personnes défini aux articles 8 à 8 *ter* du même code cesse d'être soumise à ce régime (34) (c'est-à-dire passage d'un régime fiscal de translucidité au régime fiscal des sociétés de capitaux), les conséquences fiscales de la cessation d'entreprise lui sont applicables. À cet égard, il convient de préciser que la transformation d'une société en une forme différente de celle sous laquelle elle avait été constituée n'emporte aucune conséquence fiscale dès lors qu'elle n'entraîne pas la création d'une personne morale nouvelle et ne se traduit pas par un changement de régime fiscal. En effet, la transformation régulière d'une société en société d'une autre forme, qu'elle soit civile ou commerciale, n'emporte pas création d'une personne morale nouvelle (35).

En l'occurrence, la transformation d'une SARL de famille soumise à l'IR en une SCI soumise au même régime n'entraîne pas la création d'une personne morale nouvelle et n'emporte pas les conséquences fiscales de la cessation d'entreprise. Il en va de même de la transformation d'une SCI soumise à l'IR en une SARL de famille soumise au même régime.

Par ailleurs, le passage d'une activité de location meublée et aménagée à une activité de location nue n'emporte les conséquences de la cessation d'entreprise que si ce passage est assimilé à un changement d'activité réelle au sens du I de l'article 202 *ter* du Code général des impôts. Cette assimilation repose sur l'analyse d'éléments de fait, permettant de déterminer l'importance des changements apportés. Il n'est par conséquent pas possible d'apporter une réponse d'ordre général sur les conséquences fiscales d'un tel changement d'activité.

Il est en revanche précisé que le passage d'une activité de location nue exercée par une SCI à une activité de location meublée et aménagée exercée par une SARL de famille ayant opté pour le régime des sociétés de personnes n'emporte pas en tant que tel les conséquences de la cessation d'entreprise. Ces conséquences ne sont en effet encourues par une société exerçant une activité de nature civile et patrimoniale que dans les cas visés au II de l'article 202 *ter* du Code général des impôts, qui n'incluent pas la notion de changement d'activité réelle (36).

Obligation aux dettes : il est à noter qu'en cas de transformation d'une société civile en société à responsabilité limitée ou en société par actions, les associés restent tenus conjointement et indéfiniment au paiement de toutes les dettes contractées par la société avant sa transformation.

Ainsi jugé que le titulaire d'une créance née avant la transformation d'une SCI en SARL avait pu valablement en réclamer le remboursement aux associés d'origine, après la mise en redressement judiciaire de la SARL, au motif que la transformation « ne pouvait avoir eu pour effet de préjudicier aux droits, nés antérieurement, des créanciers qui continuaient à bénéficier de l'engagement de la société et, à titre subsidiaire, de celui des associés » (37). Toutefois, il n'y a pas lieu, sauf clause ou convention contraire, d'exiger des associés qu'ils versent à la société une somme correspondant au montant de leur part dans les pertes d'exploitation existant au moment de la transformation (38).

---

(34) CGI, art. 202 *ter*.
(35) C. civ., art. 1844-3.
(36) Rép. min. n° 12096 à Chr. Kert : *JOAN* Q 3 juin 2008, p. 4679.
(37) Cass. 1re civ., 13 mars 1990 : *Bull. civ.* 1990, I, p. 439, note M. Jeantin.
(38) Cass. com., 3 mars 1975 : *Gaz. Pal.* 1976, I, p. 153.

3° Opportunité de transformer préalablement une SCI translucide en SNC à l'IR

45. – Lorsque l'on souhaite exercer une activité de location meublée avec des biens inscrits à l'actif du bilan d'une SCI translucide, et que la SARL de famille est à écarter, en raison par exemple de la présence d'un associé non parent, il peut être étudié l'opportunité d'une transformation en société en nom collectif à l'IR. En effet, cette dernière n'est pas incompatible avec l'exercice d'une activité commerciale, à la différence d'une SCI à l'IR.

Cette transformation n'entraîne pas création d'un être moral nouveau, mais constitue une simple modification des statuts (39).

Cette transformation est subordonnée à l'accord unanime des associés. En effet, l'obligation aux dettes sociales de chaque associé reste indéfinie mais devient solidaire du fait de la transformation, alors qu'elle était seulement proportionnelle à la part de l'intéressé dans le capital social. La transformation constitue donc une augmentation des engagements des associés, laquelle est subordonnée au consentement de chacun d'eux (40).

Pour opérer cette transformation, les associés de la société civile doivent néanmoins avoir la capacité d'effectuer des actes de commerce puisque les associés d'une SNC ont tous la qualité de commerçant.

Les mineurs en sont donc exclus, sauf émancipation sous conditions (41), car même s'ils peuvent être commerçants depuis la loi n° 2010-658 du 15 juin 2010, ils doivent obligatoirement se faire représenter jusqu'à leur majorité. Or le représentant ne peut pas exercer d'acte de commerce au nom du mineur.

Ainsi, en présence d'un mineur parmi les associés d'une SCI, il conviendra de préalablement céder les parts appartenant à ce mineur, sous peine de nullité de la transformation pour violation des règles relatives à l'incapacité.

Pour aller plus loin

46. – Publicité de la transformation d'une société civile en SARL ou en SNC. La décision de transformation est soumise aux formalités de publicité reproduites ci-après :

1° insertion dans un journal d'annonces légales du lieu du siège social (42) ;

2° dépôt du dossier d'inscription modificative au centre de formalités des entreprises (CFE) dont dépend la société, qui le transmettra au greffe du tribunal de commerce où la société est immatriculée pour que celui-ci inscrive la transformation au registre du commerce et des sociétés ;

3° insertion au *Bulletin officiel des annonces civiles et commerciales (BODACC)*, cette insertion étant publiée à la diligence du greffier du tribunal.

Néanmoins, il est toujours possible de présenter directement la demande d'inscription modificative au greffe du tribunal sans passer par le CFE (43).

Effets de la transformation

– Documents sociaux : si la transformation survient en cours d'exercice, il n'y a pas lieu d'arrêter les comptes au jour de la transformation, sauf décision contraire des associés. Le bilan et les comptes de l'exercice au cours duquel la transformation est intervenue sont arrêtés et approuvés, et les bénéfices répartis conformément aux modalités prévues par le régime applicable à la société sous sa nouvelle forme.

– Maintien des cautionnements en faveur de la société : les cautionnements donnés par le gérant auprès des banques pour garantir les engagements de la société sont maintenus après

---

(39) C. civ., art. 1844-3.

(40) C. civ., art. 1836, al. 2.

(41) Le mineur émancipé peut avoir la qualité de commerçant s'il y a été autorisé par le juge des tutelles au moment de l'émancipation ou par le président du tribunal de grande instance après l'émancipation, C. civ., art. L. 121-2 et art. 413-8 modifiés par la loi n° 2010-658 du 15 juin 2010.

(42) D. n° 78-704, 3 juill. 1978, art. 24.

(43) C. com., art. R. 123-5.

la transformation de celle-ci en l'absence d'indication particulière des parties sur le sort du cautionnement en cas de transformation (44). Il en est ainsi même si la caution a perdu le contrôle et la direction de la société et même si les nouveaux dirigeants ont cautionné les engagements de la société transformée. En effet, on ne peut pas considérer que leur cautionnement s'est substitué à celui de l'ancien gérant, qui serait devenu caduc, sauf à démontrer que la banque a renoncé de façon non équivoque à ce cautionnement (45).

– Effets à l'égard des associés : les nouveaux droits sociaux sont réputés créés dès la date de la décision de transformation (46). Ils sont soumis, dans le patrimoine des associés, au même régime que les droits anciens qu'ils remplacent. Ainsi, si les parts de SCI constituaient préalablement des biens propres pour un associé, les parts attribuées en échange à la suite de la transformation de la société restent également propres (47).

– Effets à l'égard des créanciers : la transformation n'entraîne aucune modification dans le patrimoine social et les créanciers antérieurs à l'opération conservent tous leurs droits à l'égard de la société et des associés. Par conséquent, dans l'hypothèse de la transformation d'une société civile, les créanciers peuvent toujours demander paiement des dettes contractées avant la transformation aux associés de la société transformée.

– Droits d'enregistrement : si la transformation n'entraîne pas la création d'une personne morale nouvelle (cas général) (48), seul le droit fixe des actes innomés de 125 € est exigible.

– Publicité foncière : en principe, les modifications portant sur la dénomination, la forme juridique ou le siège des sociétés propriétaires de biens immobiliers doivent faire l'objet d'une publication à la conservation des hypothèques.

– Conséquence en matière d'impôts directs : si la transformation est régulièrement effectuée, elle n'entraîne par elle-même aucune conséquence fiscale particulière. Il en va cependant différemment si la transformation s'accompagne d'un changement d'objet social ou d'activité réelle d'une société civile non soumise à l'IS et qui exerce une activité professionnelle ou d'une société soumise à l'IS quelle que soit son activité. Dans cette situation, en effet, les conséquences fiscales de la cessation sont normalement applicables (taxation immédiate des bénéfices non encore imposés, des bénéfices en sursis d'imposition et des plus-values latentes).

B. – La SARL de famille, hypothèse de l'investissement familial

47. – Si l'investisseur est animé par le désir d'associer ses héritiers à son projet, afin de préparer la transmission de ses actifs à la nouvelle génération – le plus souvent à moindre coût – tout en conservant la mainmise sur ces biens, le recours à la SARL dite « de famille » semble le plus adapté.

Cet objectif se retrouve dans tous les schémas d'organisation et de gestion patrimoniale et ne recouvre aucune spécificité pour la location en meublé professionnelle.

Cependant, si l'objectif de l'investisseur est bien d'assurer la transmission générationnelle de ses biens en y associant ses enfants, il est nécessaire de prendre certaines précautions afin de maintenir les conditions du statut de loueur professionnel.

1° Les observations générales

48. – Les règles déterminées à l'article L. 223-1 du Code de commerce sont applicables aux SARL de famille, notamment celles liées à la capacité des associés, au capital social ou encore aux régimes des apports.

(44) Cass. com., 29 mars 1994, n° 868 : *RJDA* 6/1994, n° 664. – Cass. com., 9 déc. 1997, n° 2475 : *RJDA* 4/1998, n° 517. – Cass. com., 20 févr. 2001, n° 370 : *RJDA* 6/2001, n° 695.

(45) Cass. com., 3 janv. 1995, n° 39 : *RJDA* 4/1995, n° 404.

(46) CA Paris, 11 juill. 1979 : *Bull. Joly Sociétés* 1979, p. 542.

(47) Transposition de l'arrêt de la Cour de cassation du 27 mai 1968 : *JCP* G 1968, II, n° 15662.

(48) L'article 1844-3 du Code civil dispose que « la transformation régulière d'une société en une société d'une autre forme n'entraîne pas la création d'une personne morale nouvelle ». Ainsi, dès lors qu'elle est « régulière », ce qui implique que soient observées les règles prescrites par la loi et les statuts pour la modification de ceux-ci, la transformation ne se traduit pas par la création d'une personne morale nouvelle, même si elle s'accompagne de modifications statutaires non nécessitées par la forme nouvelle adoptée.

2° Les obligations particulières à la SARL de famille

49. – La société ne doit être constituée qu'entre personnes de la même famille, parents, enfants, frères, sœurs, conjoints et désormais partenaires d'un PACS, conformément à l'article 239 *bis* AA du Code général des impôts.

3° Les règles d'imposition

50. – Par dérogation au droit commun et conformément à l'article 206 du Code général des impôts, les sociétés à responsabilité limitée sont soumises, par principe, à l'IS, mais la loi prévoit la possibilité de créer entre parents, une SARL de famille bénéficiant, sur option, du régime de la translucidité fiscale. Pour cela, la société doit notamment exercer une activité industrielle, commerciale, artisanale ou agricole. En l'espèce l'activité de loueur en meublé étant une activité commerciale, cette première condition semble remplie. Du fait de l'option exercée par les associés, chaque associé de la société sera alors redevable de l'IR, dans la catégorie des bénéfices industriels et commerciaux (BIC).

La taxation à l'IR permet une remontée des déficits fiscaux jusqu'aux associés, en proportion de leurs droits sociaux, permettant ainsi une diminution corrélative de leur revenu imposable, à la condition que le loueur soit considéré comme un loueur en meublé professionnel. En effet, si cette qualification est écartée, les déficits sont imputables sur les bénéfices de même nature et reportables sur les bénéfices des dix années suivantes.

51. – Option des SARL de famille : possibilité d'exercer une activité non éligible de manière accessoire et complémentaire. Il résulte des dispositions de l'article 239 *bis* AA du Code général des impôts que le législateur a entendu réserver la possibilité d'opter pour le régime fiscal des sociétés de personnes (autrement dit le régime de la translucidité fiscale) à des SARL de famille exerçant une activité de la nature de celles qu'il a limitativement énumérées – industrielle, commerciale ou artisanale – et en exclure les SARL de famille exerçant une activité d'une autre nature, à moins, le cas échéant, qu'une telle activité ne présente un caractère accessoire et ne constitue le complément indissociable d'une activité industrielle, commerciale ou artisanale exercée par la société. Une SARL dont l'objet social est l'exploitation directe ou indirecte d'hôtels, de résidences de tourisme et d'établissements d'accueil pour personnes âgées et qui a pour activité la simple gestion d'une participation dans une société exploitant une résidence pour personnes âgées, sans aucune immixtion dans l'activité de celle-ci, exerce une activité de nature civile. Si elle a par ailleurs développé une activité de location de mobilier à cette société, une telle circonstance ne permet pas, alors même que cette activité lui a procuré l'intégralité de ses recettes, de regarder la SARL comme une société dont l'activité principale serait de nature commerciale et dont l'activité civile de gestion de participation ne serait que l'accessoire indissociable de cette activité principale. Elle ne remplit donc pas les conditions de l'option prévue par l'article 239 *bis* AA du Code général des impôts (49).

4° Les précautions conventionnelles

52. – La SARL de famille a pour vocation principale de permettre la transmission du patrimoine familial dans les conditions les plus avantageuses.

(49) CE, 3e et 8e ss-sect., 7 août 2008, n° 283238, *Joly : JurisData* n° 2008-081365.

Encore une fois, nous sommes dans la situation où l'investisseur souhaite effectuer son acquisition avec plusieurs personnes. La SARL permet donc d'associer dans une même structure l'investisseur, son épouse et/ou son conjoint et ses enfants.

La société sera alors essentiellement constituée dans la perspective de la protection du survivant des époux et/ou du partenaire tout en assurant la transmission du patrimoine familial au profit de leurs enfants.

À ce titre, il conviendra la plupart du temps de prendre un certain nombre de précautions favorisant la transmission de l'avoir tout en conservant l'essentiel du pouvoir.

53. – La répartition des pouvoirs entre usufruitier et nu-propriétaire. Dans le cadre d'une transmission du patrimoine familial, la transmission pour cause de décès ou entre vifs de la nue-propriété des parts peut engendrer une situation de dépendance de l'usufruitier réservé ou du survivant des époux à l'égard de ses enfants.

À défaut de précaution conventionnelle contraire, l'usufruitier a seulement le droit de participer aux décisions relatives aux bénéfices sociaux ou aux assemblées générales ordinaires. Les nus-propriétaires se voient attribuer toutes les autres prérogatives de gouvernement.

Les alinéas 1 et 3 de l'article 1844 du Code civil disposent en effet que :

> « Tout associé a le droit de participer aux décisions collectives (...) Si une part est grevée d'un usufruit, le droit de vote appartient au nu-propriétaire, sauf pour les décisions concernant l'affectation des bénéfices, où il est réservé à l'usufruitier. »

En cas de décès du dirigeant, les descendants, parfois mineurs, sont ainsi attributaires de l'essentiel des prérogatives de gouvernement.

L'objectif consistera dès lors le plus souvent à permettre à l'usufruitier des parts de conserver l'essentiel des prérogatives décisionnelles et financières.

54. – Exemple de clause.

Le nu-propriétaire et l'usufruitier ont la qualité d'associé et, à ce titre, le droit de participer aux décisions collectives.

À cette fin, ils sont convoqués et participent aux assemblées dans les mêmes conditions que les associés en toute propriété. Ils exercent dans les mêmes conditions leur droit de communication et reçoivent les mêmes informations, notamment en cas de consultation écrite ou lorsque la décision des associés résulte de leur consentement exprimé dans un acte.

Ils prennent part, s'ils le souhaitent, aux discussions qui précèdent le vote et leurs avis sont, le cas échéant, comme celui des autres associés, mentionnés au procès-verbal.

Le droit de vote appartient à l'usufruitier pour toutes les décisions collectives ordinaires et extraordinaires, exception faite des décisions devant se prononcer sur le changement de nationalité, la prorogation, la transformation de la société, l'augmentation des engagements des associés et sur les opérations de restructuration telles que fusion, apport partiel d'actif, échanges, scission pour lesquelles le droit de vote appartient au nu-propriétaire.

Dans le cas où le droit de vote appartient à l'usufruitier, le nu-propriétaire sera également convoqué ou consulté mais ne pourra que prendre part aux discussions de manière consultative, son avis pouvant être consigné sur le procès-verbal.

Dans le cas où le droit de vote appartient au nu-propriétaire, l'usufruitier sera également convoqué ou consulté mais ne pourra que prendre part aux discussions de manière consultative, son avis pouvant être consigné sur le procès-verbal.

Si en application des dispositions statutaires prévues pour un démembrement des parts, certaines clauses étaient contraires aux dispositions d'ordre public, les dispositions statutaires ne recevraient pas application, les règles impératives se substituant alors pour les articles concernés aux règles conventionnelles susvisées.

55. – La convention de répartition du résultat entre usufruitier et nu-propriétaire. En matière de SARL de famille, le résultat fiscal est déterminé au niveau de la société et réparti entre ses membres à proportion de leurs droits dans la société, qu'il y ait ou non distribution.

Selon l'article 8 du Code général des impôts, en cas de démembrement de la propriété de tout ou partie des parts sociales, l'usufruitier est soumis à l'IR pour la quote-part correspondant aux droits dans les bénéfices que lui confère sa qualité d'usufruitier. Le nu-propriétaire n'est pas soumis à l'IR à raison du résultat imposé au nom de l'usufruitier.

L'usufruitier de parts d'une société soumise au régime fiscal des sociétés de personnes (que leur activité soit civile ou commerciale) est ainsi imposé à hauteur des droits que lui confère sa qualité d'usufruitier. L'imposition est réalisée dans la catégorie des revenus concernés (IR ou IS, selon le régime de l'associé), l'interposition d'une société transparente, rappelons-le, ne modifiant pas la nature du revenu.

Si l'usufruitier est imposable sur les résultats courants, le nu-propriétaire est quant à lui imposé sur le résultat exceptionnel. Celui-ci comprend le résultat net des cessions des éléments composant l'actif immobilisé (résultat sur cession de biens immobiliers, que les plus ou moins-values nettes soient à long terme ou à court terme), à l'exclusion par conséquent du résultat sur cession d'éléments de l'actif circulant (stocks, valeurs mobilières de placement).

Selon la doctrine administrative, la prise en compte des déficits fiscaux de la société revient de droit au nu-propriétaire, qui en tant qu'associé doit répondre des dettes sociales. Afin d'éviter les écueils résultant de cette situation, l'administration fiscale prévoit expressément la possibilité de corriger les inconvénients de cette répartition par l'adoption de conventions spécifiques. La répartition du résultat entre l'usufruitier et le nu-propriétaire peut ainsi être aménagée par une disposition des statuts ou une convention conclue avant la clôture de l'exercice entre le nu-propriétaire et l'usufruitier.

De même, une convention peut déterminer une répartition entre le nu-propriétaire et l'usufruitier de la charge correspondant à la mise en œuvre de l'obligation de comblement des pertes. En conséquence, l'aménagement des statuts ou l'adoption d'une convention avant la clôture de l'exercice permet d'assurer l'équilibre imposition/imputation.

Pour être opposables à l'administration, ces actes ou conventions doivent être régulièrement conclus et enregistrés avant la clôture de l'exercice. L'administration fiscale exige en outre qu'ils soient « conformes aux dispositions du Code civil et notamment à celles relatives aux droits de l'usufruitier ». Une telle rédaction signifie notamment que l'administration pourrait considérer comme ne lui étant pas opposable une convention de répartition prévoyant l'attribution de l'intégralité du résultat courant et exceptionnel au nu-propriétaire. Une telle convention priverait en effet l'usufruitier de son droit fondamental au « fruit » du bien démembré.

56. – Les conséquences fiscales des évolutions de la cellule familiale. Le bénéfice du statut de loueur meublé professionnel est conditionné notamment par la perception de recettes annuelles retirées de cette activité par l'ensemble des membres du foyer fiscal excédant 23 000 €. Le seuil de ces recettes s'apprécie au niveau du foyer fiscal, ce qui ne fait que légaliser la position antérieure de la doctrine administrative. Cependant, la loi n'évoque pas la situation d'une détention indirecte des locaux par le biais d'une société de personnes.

L'administration précise à cet égard dans l'instruction précitée du 28 juillet 2009 que, si cette condition doit, par principe, être appréciée au regard de chaque associé dès lors que la location est le fait d'une société de personnes, cela ne fait pas obstacle à l'appréciation au plan du foyer fiscal. Est visée ici la situation dans laquelle les associés sont membres du même foyer fiscal. On additionne alors les quotes-parts de recettes revenant à chacun des associés.

Lorsque les enfants devenus majeurs quittent le foyer fiscal, ils emportent avec eux la quote-part qui correspond aux droits qu'ils détiennent en pleine propriété ou en usufruit. Les parents peuvent alors se trouver déchus du statut de loueur en meublé professionnel sans même sans apercevoir. Afin d'éviter cet écueil, il apparaît préférable de concéder aux enfants la nue-propriété des parts sociales.

C. – Formes de sociétés retenues en cas de co-investissement non familial

1° La société en nom collectif

57. – Le régime de la SARL de famille peut ne pas être adapté à l'investisseur, le projet étant mis en œuvre par plusieurs investisseurs non unis par des liens de famille, mais désireux de réaliser ensemble une opération immobilière qui leur permettra d'accéder au statut de loueur professionnel, soit à l'occasion d'une opportunité particulière, soit encore parce que l'investissement les conduit à s'associer pour assurer collectivement un financement qu'ils n'auraient pu supporter individuellement.

Il est donc nécessaire de se tourner vers d'autres formes de sociétés dont le régime fiscal reste celui des personnes. L'option juridique qui s'impose dès lors est celle de la société en nom collectif.

Se reporter également *supra*, « Le recours à une société », n°s 41 et s., « Opportunité de transformer préalablement une SCI translucide en SNC à l'IR », n°s 45 et s.

2° La société par actions simplifiée ou la SA

58. – Depuis la loi LME du 4 août 2008, l'article 239 *bis* AB du Code général des impôts permet aux sociétés anonymes (SA), aux sociétés par actions simplifiées (SAS) et aux SARL, **d'opter pour le régime fiscal des sociétés de personnes** (ce régime s'ajoute à celui des « SARL de famille » prévu par l'article 239 *bis* AA du Code général des impôts).

Dans cette situation, ces sociétés ne se trouveraient pas automatiquement imposées à l'IS du seul fait d'avoir une activité meublée, relevant par conséquent des bénéfices industriels et commerciaux.

Après accord de tous les associés de la société, l'option peut être exercée dans les trois premiers mois du premier exercice au titre duquel elle s'applique, sous réserve que (cumulatif) :

– le capital et les droits de vote soient détenus à hauteur de 50 % au moins par des personnes physiques, 34 % au moins devant être détenus par des dirigeants de la société (tout au long des exercices couverts par l'option) ;

– la société exerce **à titre principal** une activité industrielle, commerciale, artisanale, agricole ou libérale, à l'exclusion de la gestion de son propre patrimoine mobilier ou immobilier ;

– la société soit créée depuis moins de cinq ans.

Ce régime comporte néanmoins des **limites,** notamment :

– d'une part, l'option n'est valable que **pour une durée maximale de cinq exercices**. Au-delà de cette période, la société est de nouveau passible de l'IS (avec les conséquences d'une cessation d'entreprise au sens fiscal). La société peut également renoncer de manière anticipée (et définitive) à cette option. Or, un tel changement serait de nature à faire perdre aux associés la faculté d'imputer les déficits sur le revenu global ;

– d'autre part, si le critère relatif à l'exercice d'une activité à titre principal (à l'exclusion de la gestion de son propre patrimoine mobilier ou immobilier) n'était pas respecté en cours de période, la société serait à nouveau imposable à l'IS.

Enfin, dans tous les cas, un retour à l'impôt sur les sociétés serait définitif, et marquerait l'obligation de soumettre l'éventuelle **plus-value** de cession future de l'immeuble à l'impôt sur les sociétés au taux de 33 1/3 %.

En raison des aléas et des risques propres à ce régime, les loueurs veilleront à en examiner les conséquences avec leur conseil fiscal.

Chapitre 2

L'ACTE D'ACQUISITION ET LES FACTEURS JURIDIQUES DE LA VALEUR

59. – Tout investissement immobilier, quel qu'il soit, nécessite, suite à la signature de l'avant-contrat (promesse de vente ou contrat de réservation) de régulariser l'acte de vente définitif, qu'il s'agisse d'une vente d'un bien achevé, ou d'une vente en état futur d'achèvement.

Cet acte de vente sera obligatoirement établi par un notaire. Son rôle, à cette occasion, sera de procéder à une analyse complète de l'actif de nature immobilière et de procéder à l'ensemble des vérifications nécessaires à la sécurité juridique de la vente.

À cet égard, il est effectivement indispensable que l'investisseur soit mis au courant des diligences opérées par le notaire préalablement à la vente.

La connaissance de l'état juridique et technique du bien concerné (par ex. ses qualités et particularités techniques, son niveau de conformité, ses dysfonctionnements éventuels, les travaux à effectuer) constitue même une étape essentielle dans l'optique d'une acquisition à but financier.

Comme nous l'avions évoqué dans les propos introductifs, il y aura lieu d'explorer plusieurs champs d'investigation, afin de procéder à une analyse juridique complète d'un actif de nature immobilière et d'identifier les risques éventuels dont il faudra tenir compte, et notamment :

1° la propriété efficace de l'actif : l'objectif est de vérifier la réalité et l'étendue du pouvoir dont dispose le propriétaire du bien et de s'assurer qu'il n'existe aucun élément de nature à menacer la propriété et l'exploitation de l'actif ;

2° la situation administrative de l'actif : ceci permet de contrôler que le propriétaire et/ou l'exploitant du site dispose de l'ensemble des autorisations administratives nécessaires à la construction et à l'affectation des biens ;

3° la situation technique et sanitaire de l'immeuble : il convient de s'assurer qu'aucun élément du bâtiment ne présente une menace pour les occupants et que l'immeuble, en raison de sa situation, n'est pas menacé par d'éventuels risques.

Vous trouverez ci-après en détail chacune de ces trois composantes.

§ 1. – L'assurance d'une propriété efficace

60. – L'objet de cet axe de recherche est de s'assurer que la propriété de l'actif immobilier, et sa faculté d'exploitation, ne peuvent être menacées par un tiers qui revendiquerait un droit concurrent ou se prévaudrait d'une disposition rendant la jouissance du bien inefficace.

A. – Le mode de détention du bien par le vendeur – l'organisation de l'ensemble immobilier

1° La détermination du régime juridique applicable à l'actif

61. – Il s'agit dans un premier temps de déterminer si l'actif immobilier est détenu directement ou s'il fait partie d'un ensemble immobilier.

Concrètement, il y a lieu de vérifier la nature du mode de détention de l'actif immobilier par le vendeur : propriété pleine et entière, locaux dépendant d'une copropriété horizontale ou verticale, indivision, immeuble détenu par le biais de titres d'une société civile ou commerciale, concession, construction sur terrain d'autrui, location, contrat de crédit-bail, division en volumes...

Ainsi l'immeuble peut-il être soumis notamment aux régimes suivants :

– régime de copropriété : le statut de la copropriété s'applique aux immeubles bâtis dont la propriété est répartie entre plusieurs personnes titulaires à la fois de droits privatifs sur les lots leur appartenant et de droits indivisibles concernant les parties communes (notamment la propriété du sol) ;

– division en volumes : la propriété d'un immeuble peut faire l'objet d'une division différente de celle qui résulte de la copropriété. Il s'agit d'une division en volumes distincts, définis en trois dimensions de manière horizontale et verticale par référence à des cotes « Niveau général de la France » (NGF), définies par l'Institut géographique national (IGN). Le volume immobilier schématiquement est un droit réel de propriété, détaché du sol, portant sur une tranche tridimensionnelle et homogène d'espace (superficie) ou de tréfonds, correspondant à un immeuble construit ou à construire, de forme géométrique ou non, identifié par sa base (dimensions et superficie) et par sa hauteur ;

– l'immeuble peut être possédé par voie de détention de titres de société d'attribution. Ce type de société a pour objet l'acquisition ou la construction d'immeubles en vue de leur division par fractions destinées à être attribuées aux associés en propriété ou en jouissance. Cet objet comprend également la gestion et l'entretien de ces immeubles jusqu'à la mise en place d'une organisation différente.

L'applicabilité de ces régimes impliquera, pour le propriétaire de l'actif, le respect d'un certain nombre de règles contraignantes, mais impératives, qui pourront entraîner un coût annuel en partie prédéterminé sur lequel il est important de se renseigner (charges, travaux de copropriété éventuels, charges de fonctionnement de l'association foncière urbaine libre).

2° La vérification de l'usage du bien et de sa conformité à la destination de l'ensemble immobilier

62. – Lorsque l'actif immobilier dépend d'un ensemble immobilier, il y a lieu de vérifier que son usage, c'est-à-dire la nature de son exploitation actuelle ou projetée, est conforme aux règles de destination établies dans les documents régissant l'organisation de l'ensemble immobilier.

Ainsi, que l'immeuble d'exploitation dépende d'une copropriété, d'une division en volumes, d'un lotissement ou même d'un centre commercial, il est essentiel de procéder aux investigations suivantes pour vérifier que l'usage actuel ou futur de l'immeuble ne pourra être remis en cause.

a) L'ensemble immobilier est soumis au régime de la copropriété :

Tout règlement de copropriété doit, conformément à l'article 8 de la loi du 10 juillet 1965, fixer la destination des parties privatives de l'immeuble. Ainsi, un tel document peut prévoir que les locaux du rez-de-chaussée d'un immeuble pourront accueillir une activité commerciale, en interdisant un type d'activité spécifique du fait des nuisances qu'elle pourrait engendrer.

Les clauses d'affectation des parties privatives du règlement de copropriété, ainsi que la destination générale de l'immeuble, s'imposent à tous les copropriétaires.

C'est pourquoi, en tant qu'investisseur immobilier, il y a lieu de confronter l'usage actuel ou futur de la cible immobilière au règlement de copropriété afin de vérifier qu'aucune clause de ce dernier document ne pourrait le remettre en cause et analyser précisément les clauses de nature à infirmer ou confirmer l'usage actuel ou futur du bien.

Il est ici nécessaire d'insister sur le fait que la violation d'une règle de destination est prescrite au bout de dix ans. Ainsi, un investisseur mal avisé pourrait voir l'équilibre de son acquisition mis en cause par une injonction de cessation de l'activité exercée dans le local acquis, pour non-respect du règlement de copropriété.

Peut-on régulariser ou faire autoriser *a posteriori* une affectation non conforme ?

S'agissant d'une atteinte à la destination de l'immeuble, l'autorisation *a posteriori* d'une activité non conforme à la destination devra être donnée à l'unanimité des copropriétaires, ce qui peut être impossible à obtenir. C'est pourquoi une partie de la doctrine suggère, afin de sécuriser l'utilisation de l'actif, de convoquer une assemblée générale des copropriétaires qui sera amenée à se prononcer non pas sur le changement d'affectation, mais pour constater que l'usage est conforme à la destination de l'immeuble ainsi qu'aux stipulations du règlement de copropriété et qu'il ne porte pas atteinte aux droits des autres copropriétaires, le tout à la majorité des voix exprimées des copropriétaires présents ou représentés. Il suffira d'attendre le délai d'expiration de recours de l'article 42 de la loi du 10 juillet 1965 pour que l'affectation soit définitivement validée.

b) L'ensemble immobilier est soumis à un autre régime :

Dans l'hypothèse d'une division en volume, d'un lotissement ou d'une zone d'aménagement concerté, il est nécessaire de contrôler que le cahier des charges ne contient pas de clauses relatives à l'affectation du bien immobilier, lesquelles constituent alors de véritables servitudes établies du fait de l'homme, c'est-à-dire établies par convention, présentant un caractère imprescriptible.

B. – Le droit de propriété

63. – Aux termes de l'article 544 du Code civil, « La propriété est le droit de jouir et disposer des choses de la manière la plus absolue, pourvu qu'on n'en fasse pas un usage prohibé par les lois ou par les règlements. »

Cette formulation date du début du XIXe siècle mais reflète toujours efficacement l'importance que notre système accorde à la propriété. Concrètement, il s'agit de prendre toutes les garanties pour vérifier que la propriété du bien, et donc la capacité à l'utiliser ou à l'exploiter, ne peut pas être mise en cause.

Les vérifications en la matière à effectuer sont les suivantes :

– réalité et étendue du droit de propriété : le titre de propriété (par ex., un acte de vente ou de fusion-absorption) du propriétaire est-il incontestable ? Ce dernier a-t-il une pleine et entière faculté de disposer de son actif ?

– vérification de la régularité et de la stabilité du droit de propriété : celle-ci se fait par l'analyse des mutations antérieures afin de vérifier que le droit de propriété ne risque aucun anéantissement par suite d'une nullité, d'une résolution, d'une caducité, d'une réduction ou d'une rescision trouvant leur fondement dans la loi ou dans les modalités contractuelles des titres antérieurs. Elle se fera également en vérifiant s'il n'existe pas un droit d'acquisition prioritaire au profit d'un tiers sous forme d'un pacte de préférence ou d'un droit de préemption insérés dans le titre de propriété immédiat et antérieur.

Ainsi, il y a lieu d'analyser non seulement le titre de propriété immédiat, mais aussi la chaîne des mutations précédentes sur une période antérieure de trente ans, cela en raison du jeu des prescriptions qui consolident le droit de propriété. Il s'agit en effet de la prescription extinctive qui éteint les actions réelles et personnelles qui peuvent être exercées contre le propriétaire au terme d'un délai de trente ans (C. civ., art. 2227) et de la prescription acquisitive (l'usucapion) dont le délai le plus long est également fixé à trente ans et qui permet au propriétaire, selon certaines conditions, de se prévaloir de la propriété d'un bien du fait de sa possession malgré la défectuosité de son titre (C. civ., art. 2278 et s.).

Enfin, l'auditeur devra s'assurer que le titre de propriété et ceux antérieurs sur une période de trente ans ont bien été publiés à la conservation des hypothèques compétente. La publicité foncière permet d'informer les tiers et de leur rendre opposables les mutations intervenues sur le bien. La réquisition d'un état hypothécaire permet donc de s'assurer de la bonne publication des mutations et de s'assurer aussi que le propriétaire du bien est bien celui apparaissant en dernier sur la fiche. Ainsi, en cas de droits concurrents sur un bien, le propriétaire sera celui dont le titre aura été publié en premier à la conservation des hypothèques.

C. – Les servitudes de droit privé

64. – Les articles 637 et 638 du Code civil disposent qu'une servitude est une charge imposée sur un héritage pour l'usage et l'utilité d'un héritage appartenant à un autre propriétaire, mais que « la servitude n'établit aucune prééminence d'un héritage sur l'autre ».

Ainsi, ce n'est pas à un propriétaire qu'est imposée la charge, ni au profit d'un propriétaire, mais à un fonds et pour un fonds, qu'il s'agisse d'un droit d'usage sur un fonds, ou de retrait partiel de l'exercice du droit de propriété.

Qu'elle soit envisagée au point de vue du fonds assujetti, dit « fonds servant », comme une charge, ou au point de vue du fonds à qui elle profite, appelé « fonds dominant », c'est-à-dire comme un droit, la servitude présente toujours un caractère réel immobilier, de telle sorte que cette charge et ce droit sont liés, pour ainsi dire, à l'existence des immeubles qu'ils concernent et ne sont pas affectés par les mutations que peut subir la propriété de l'un ou l'autre desdits fonds.

Les servitudes suivent donc les immeubles au profit desquels ou sur lesquels elles sont établies en quelque main qu'ils passent. Elles entraînent généralement une dépréciation du fonds servant au profit du fonds dominant. L'impact économique dépend des nuisances pouvant être générées par la servitude mais aussi des restrictions au droit d'usage.

Il y a donc lieu d'analyser strictement l'étendue des servitudes (servitude de « cour commune », servitude de passage, de vue...) pouvant grever le bien immobilier et étant de nature à restreindre la jouissance des biens et donc à réduire leur potentiel locatif.

D. – La situation hypothécaire

65. – Un des éléments essentiels de l'appréhension d'un actif immobilier est la connaissance de sa situation hypothécaire.

Concrètement, il s'agit d'analyser les renseignements hypothécaires relatifs à l'immeuble, ainsi qu'éventuellement interroger les différents créanciers inscrits.

L'existence d'une hypothèque ou d'un privilège immobilier ne rend pas inaliénable l'immeuble grevé. Il est en revanche indispensable de mettre l'acquéreur à l'abri de toutes poursuites de la part des créanciers du vendeur qui jouissent d'un droit de suite et de préférence, attaché à toute hypothèque ou tout privilège immobilier spécial.

La parfaite maîtrise de cette information hypothécaire permet d'éviter à un candidat à l'acquisition de subir les affres d'une procédure de purge hypothécaire. En effet, une telle situation menace les droits de l'acquéreur qui est exposé d'une part aux risques de surenchère des créanciers inscrits, et d'autre part à l'obligation de verser le prix en l'offrant aux créanciers, et enfin à l'impossibilité de prise de garantie et donc de financement bancaire.

E. – La règlementation d'urbanisme – servitudes d'utilité publique

66. – Dans le cadre de l'audit d'un bien immobilier, il est indispensable de s'enquérir des règles d'urbanisme applicables afin de vérifier qu'aucune règle ne soit de nature à réduire la valeur du bien ou à restreindre le droit de propriété.

Les règles d'occupation et d'utilisation du sol sont fixées par diverses règlementations d'origine locale ou nationale. De nombreuses prescriptions peuvent limiter les possibilités d'utilisation d'un terrain en le rendant totalement ou partiellement inexploitable. À l'examen de ce *corpus* de règles, parfois très stratifié et complexe, le candidat à l'acquisition pourra déterminer si l'utilisation projetée n'est pas menacée.

Dans l'hypothèse où le Règlement national d'urbanisme ne s'applique pas (toutes les fois que les sols ne sont pas couverts par des règles d'urbanisme locales prescrites par la commune ou un établissement public de coopération intercommunale), les pièces à réunir et à analyser sont notamment les suivantes :

– le plan local d'urbanisme (PLU) afférent à la zone dans laquelle se situe le bien ayant pour objet de définir les règles d'urbanisme y applicables et permettant notamment de vérifier si la règle de la reconstruction à l'identique du bien immobilier est admise en cas de destruction de ce dernier par sinistre ou s'il existe une constructibilité résiduelle sur le terrain compte tenu du coefficient d'occupation des sols (COS) ;

– le plan de sauvegarde et de mise en valeur (PSV) si le bien se situe dans un secteur sauvegardé (ce dernier ayant pour objet la protection de tout ou partie d'un immeuble bâti ou non bâti présentant un caractère historique, esthétique ou de nature à en justifier la conservation, la restauration ou la mise en valeur) ;

– l'arrêté d'alignement individuel qui doit être conforme à la situation effective du terrain et qui constate les limites réelles de la voie telles qu'elles se présentent en fait sur le terrain, et ce en cas d'absence de plan général d'alignement. En présence de plan général d'alignement, l'arrêté d'alignement doit y être conforme ;

– le certificat d'urbanisme dit « informatif » ou « neutre », qui indique la situation du terrain au regard des dispositions d'urbanisme, des limitations administratives au droit de propriété et du régime des taxes et participations d'urbanisme ;

– le certificat dit « pré-opérationnel », qui porte sur une opération déterminée dont les caractéristiques sont précisées dans la demande.

Enfin, à l'occasion de l'obtention de ces documents, le propriétaire est informé de certaines dispositions spécifiques, notamment si le bien immobilier est situé dans une zone où notamment un droit de préemption urbain a été institué, auquel cas le bien immobilier devra être, préalablement à sa mutation, offert au titulaire du droit de préemption, ce dernier bénéficiant d'un délai de deux mois pour répondre à compter de la réception de la déclaration d'intention d'aliéner.

Une fois l'analyse du droit de propriété effectuée, il y a lieu de contrôler que le propriétaire et/ou l'exploitant du site dispose de l'ensemble des autorisations administratives nécessaires à la construction et à l'affectation des biens.

§ 2. – La vérification de la conformité administrative de l'immeuble

67. – La vérification de la régularité administrative de l'ensemble immobilier implique de procéder au contrôle de son utilisation et de son affectation actuelles ainsi que de s'assurer que les autorisations de construire ont été régulièrement obtenues.

Par ailleurs, en fonction des particularités du site objet de l'audit immobilier, il conviendra d'élargir le spectre des investigations à certaines règlementations spécifiques.

A. – Les autorisations administratives liées à l'utilisation et à l'affectation de l'immeuble

68. – Comme nous l'avons déjà évoqué précédemment, il est important pour un investisseur immobilier de s'assurer que l'usage existant est bien conforme à la loi, et notamment au regard de l'article L. 631-7 du Code de la construction et de l'habitation, qui vise à maintenir l'intégralité des surfaces habitables (déjà affectées à l'habitation) et d'éviter la transformation des centres-ville importants (communes de plus de 200 000 habitants et dans les départements des Hauts-de-Seine, Seine-Saint-Denis et Val-de-Marne) en quartiers de bureaux.

Est spécialement visé le rachat d'un bien immobilier déjà occupé par un ou plusieurs locataires.

Dans le cas d'espèce, il y aura donc lieu de vérifier que les locaux concernés déjà bâtis au 1er janvier 1970 sont ou non réputés à usage d'habitation, c'est-à-dire affectés à cet usage à cette date.

B. – Les autorisations administratives liées à la construction

69. – Pouvoir justifier de la conformité de son droit à occuper le sol est un élément déterminant pour apprécier la valeur d'un bien immobilier et sa liquidité. Toute construction édifiée irrégulièrement entraînera tout acquéreur potentiel à évaluer le risque encouru et sera un élément décisif dans la fixation du prix. De même, le bien sera d'autant plus difficile à vendre vite si le droit à occuper le sol n'est pas conforme à la législation en vigueur.

Un investisseur potentiel s'appliquera donc à s'assurer que soit validés les points suivants :

– le caractère définitif du permis de construire ou de la déclaration préalable à des travaux afin d'éviter tout risque de remise en cause des autorisations de travaux (1°) ;

– la conformité des constructions au regard des prescriptions du permis ou de la déclaration préalable à des travaux (2°) ;

– les éventuelles sanctions encourues (3°) et si la situation n'est pas régularisable au regard des règles d'urbanisme (4°) ;

– enfin, il conviendra de contrôler que l'assurance dommages-ouvrage a bien été souscrite (5°).

Il s'agit ici d'étudier le régime applicable issu de l'ordonnance n° 2005-1527 du 8 décembre 2005 et du décret n° 2007-18 du 5 janvier 2007, laquelle réforme est entrée en vigueur le 1er octobre 2007.

1° Vérification du caractère définitif du permis de construire ou de la déclaration préalable à des travaux

70. – 1) Vérification de l'absence de retrait administratif du permis de construire. Le retrait du permis de construire par l'autorité administrative compétente (c'est-à-dire celle ayant délivré le permis de construire) n'est possible que si le permis est illégal et il ne peut intervenir que dans un délai de trois mois à compter de la date à laquelle le permis a été délivré.

Le retrait doit non seulement être décidé dans ce délai, mais aussi notifié dans ce même délai.

Une décision de non-opposition à une déclaration de travaux préalable ne peut faire l'objet d'un retrait (C. urb., art. L. 424-5, al. 1).

71. – 2) Vérification de l'absence de déféré préfectoral (contrôle de légalité). Le contrôle de la légalité du permis de construire ou de la déclaration préalable à des travaux, mis en œuvre par le préfet, s'exerce dans le cadre des dispositions de droit commun relatives au contrôle des actes des collectivités locales.

Le préfet peut donc saisir le tribunal administratif dans un délai de deux mois à compter de la réception du permis de construire ou de la déclaration préalable (le défaut de transmission du permis au préfet rendant inexécutoire l'autorisation administrative).

72. – 3) Vérification de l'absence de recours de tiers. Tout tiers ayant un intérêt à agir, personnel et direct, peut, dans le cadre d'une contestation de la légalité de la décision accordant le permis ou la déclaration préalable à des travaux, introduire un recours gracieux, hiérarchique ou contentieux contre cette décision.

Le délai franc de recours contentieux contre le permis de construire (comme contre toute décision administrative) est de deux mois. Le délai court à compter du premier jour d'une période continue de deux mois d'affichage sur le terrain

(C. urb., art. R. 600-2). L'affichage doit être conforme aux prescriptions des articles R. 424-15 et A. 424-1 à A. 424-2 du Code de l'urbanisme. À défaut de respect de ces prescriptions, le délai de recours des tiers ne court pas et l'autorisation administrative peut être attaquée à tout moment.

En cas de recours gracieux (recours auprès de l'auteur de la décision) ou hiérarchique (recours auprès du supérieur hiérarchique de l'auteur de la décision), le délai de recours contentieux est prorogé (à la condition que le recours gracieux ou hiérarchique ait été notifié au bénéficiaire du permis de construire). Un nouveau délai de deux mois court à compter de la notification de la décision expresse de rejet du recours ou, au plus tard, de l'expiration du délai de deux mois au terme duquel le silence gardé par l'autorité saisie vaut rejet implicite. La circonstance que l'administration n'ait pas accusé réception du recours administratif est sans incidence sur le calcul du délai de recours contentieux.

Par suite du cumul des délais, un permis de construire ne devient éventuellement définitif qu'au bout de six mois (délai de recours gracieux ou hiérarchique : deux mois ; délai de réponse ou deux mois en cas de silence ; délai de saisine du tribunal : deux mois). Pour que le bénéficiaire de l'autorisation administrative en ait la certitude, il devra même attendre quinze jours en plus (correspondant au délai offert au plaignant pour informer le bénéficiaire de l'autorisation du recours contentieux).

Pour s'assurer du caractère définitif de l'autorisation administrative, il y a lieu de se faire produire :

– une attestation de chacune des autorités compétentes confirmant l'absence de retrait, l'absence de déféré préfectoral et l'absence de recours gracieux, hiérarchique et contentieux ;

– les constats d'affichage par exploit d'huissier du permis de construire sur le terrain (la pratique recommande que trois constats soient effectués afin de justifier de la continuité de l'affichage de l'autorisation administrative) ;

– et la déclaration d'achèvement des travaux et de conformité : en effet, en cas d'absence d'affichage du permis ou même de justificatifs, le nouvel article R. 600-3 du Code de l'urbanisme précise que sont désormais irrecevables les recours contre les permis de construire et les décisions de non-opposition aux déclarations préalables présentés plus d'un an après l'achèvement des travaux.

2° Contrôle de la conformité des constructions aux prescriptions du permis de construire

73. – Depuis la réforme des autorisations administratives, la procédure de contrôle de la conformité des constructions au regard du permis de construire délivré a été modifiée. Cependant, pour toutes les constructions réalisées avant cette date, l'ancien régime du certificat de conformité demeure.

Concernant les certificats de non-contestation de conformité des constructions ayant fait l'objet d'un permis de construire postérieur au 1er octobre 2007 :

La conformité d'une construction au regard du permis de construire est désormais attestée par le constructeur par le biais de la déclaration d'achèvement et de conformité. Elle peut et, dans certains cas, doit être vérifiée par l'administration dans le cadre d'un récolement de travaux qui doit intervenir dans un délai de trois ou cinq mois à compter de la date de réception en mairie de la déclaration d'achèvement.

Le bénéficiaire du permis doit être informé au préalable par la mairie de son intention de procéder au récolement (C. urb., art. R. 462-8).

Dans l'hypothèse où l'administration constate que les constructions ne sont pas conformes aux autorisations, le maître de l'ouvrage sera mis en demeure de déposer un permis modificatif ou de mettre les travaux en conformité (C. urb., art. R. 462-8), et ce par lettre recommandée avec demande d'avis de réception ou par courrier électronique si le maître de l'ouvrage a accepté ce mode de transmission (C. urb., art. R. 462-9).

L'administration, en cas de non-respect par le constructeur du permis de construire, doit contester la conformité dans les mêmes délais. Si ce délai est dépassé, la contestation n'est légalement plus possible par l'administration.

Lorsqu'aucune contestation n'est intervenue dans le délai imparti pour contester la conformité des travaux, l'autorité compétente doit délivrer une attestation certifiant que la conformité des travaux avec le permis n'a pas été contestée. En cas de refus ou de silence de l'autorité compétente, l'attestation est fournie par le préfet, à la demande du bénéficiaire de l'autorisation administrative (C. urb., art. R. 462-10).

Ainsi, pour s'assurer de la conformité des constructions au regard des prescriptions du permis de construire, il y a lieu d'obtenir du maître d'ouvrage :
– la déclaration d'achèvement des travaux et de conformité et de son récépissé par l'administration ;
– l'attestation de non-contestation.

3° Sanctions du manquement aux règles d'urbanisme

74. – Réaliser des travaux soumis au permis de construire sans l'avoir obtenu ou sans respecter ses prescriptions (*a*) constitue une infraction pénale (*b*) qui peut faire l'objet d'une action en responsabilité par un tiers devant le juge civil ou (*c*) pour irrespect d'une règle privée et (*d*) pouvant faire l'objet d'une interdiction de raccordement aux réseaux urbains.

a) Sanctions pénales

75. – L'article L. 480-4 du Code de l'urbanisme punit l'exécution de travaux sans permis de construire ou déclaration préalable et celle de travaux non conformes auxdites autorisations. De la même manière, en cas de violation du plan local d'urbanisme (PLU), le maire est tenu de faire constater l'infraction et de saisir le procureur de la République. Il peut également interrompre les travaux en cours par un arrêté motivé.

Les contrevenants s'exposent à une amende comprise entre 1 200 € et 6 000 € par mètre carré de surface construite, dans le cas de construction d'une surface de plancher, démolie ou rendue inutilisable et, 300 000 € dans les autres cas.

La prescription de l'action publique est de trois ans à compter de l'achèvement de l'ensemble des travaux. L'infraction doit être constatée par l'établissement d'un procès-verbal d'infraction pendant ce délai.

En cas de condamnation, le tribunal peut être amené à ordonner la démolition des ouvrages en vue du rétablissement des lieux dans leur état antérieur, l'administration disposant alors d'un délai de trente ans pour mettre en œuvre les mesures de démolition ordonnées par le juge.

b) Actions en responsabilité civile

76. – Une personne qui subit un préjudice direct du fait de la réalisation irrégulière d'une construction peut introduire une action en responsabilité délictuelle devant la juridiction civile sur le fondement de l'article 1382 du Code civil. Cette action ne pourra aboutir que si le constructeur n'a pas respecté une règle d'urbanisme et à la condition que le plaignant apporte la preuve que le préjudice subi ait un lien direct avec l'infraction à la réglementation d'urbanisme.

La prescription :

– en cas de construction sans permis ou en méconnaissance du permis : l'action en responsabilité civile fondée sur l'article 1382 du Code civil doit être introduite dans un délai de dix ans et le juge civil peut statuer sans intervention du juge administratif ;

– en cas de construction conforme au permis, l'action en responsabilité civile se prescrit par deux ans :

• en cas d'action en démolition, le propriétaire peut être condamné à démolir la construction si le permis a été préalablement annulé pour excès de pouvoir par la juridiction administrative. Le délai de prescription de deux ans court alors à compter de la décision devenue définitive de la juridiction administrative,

• en cas d'action en dommages et intérêts, la condamnation n'est possible que si, préalablement, le permis a été annulé pour excès de pouvoir ou déclaré illégal par la juridiction administrative. Le délai de prescription de deux ans court alors de l'achèvement des travaux.

c) Violation d'une règle privée

77. – La construction peut porter atteinte à un droit réel. Le juge civil peut donc être saisi sur d'autres fondements que l'article 1382 du Code civil (violation de prescriptions d'un cahier des charges d'un lotissement, empiètement sur la propriété d'autrui, création de vues illicite…). La prescription sera alors de trente ans. L'audit de l'immobilier doit donc être très complet en la matière afin d'éviter l'éventualité d'une action en responsabilité.

d) Interdiction de raccordement aux réseaux urbains

78. – Il résulte des dispositions de l'article L. 111-6 du Code de l'urbanisme que les constructions irrégulières ne peuvent pas être raccordées définitivement aux réseaux d'électricité, d'eau, de gaz ou de téléphone. Il s'agit ici d'une mesure de police qui se prescrit au terme de trente ans et demeure donc applicable alors même que l'infraction pénale est prescrite.

4° Régularisations des éventuelles infractions aux dispositions d'urbanisme

79. – Après avoir identifié les risques de mise en cause de la régularité des constructions, le travail d'analyse impose de vérifier quels sont les moyens juridiques de régulariser la situation du propriétaire.

a) Article L. 111-12 du Code de l'urbanisme

80. – Il résulte de l'article L. 111-12 du Code de l'urbanisme que lorsqu'une construction est achevée depuis plus de dix ans, le refus de permis de construire (ou l'opposition à une déclaration de travaux) ne peut être fondé sur l'irrégularité de la construction initiale au regard du droit de l'urbanisme.

Cet article ne s'applique pas, notamment, aux constructions réalisées sans permis ou aux constructions de nature, par leur situation, à exposer des usagers ou des tiers à un risque de mort ou de blessures de nature à entraîner une mutilation ou une infirmité permanente.

En revanche, cette disposition s'applique aux constructions édifiées en méconnaissance des prescriptions du permis de construire qui les a autorisées.

A contrario, si la construction est achevée depuis moins de dix ans, la jurisprudence du Conseil d'État continue à s'appliquer : dès lors qu'un permis est demandé sur une construction existante irrégulière, le nouveau permis ne pourra être délivré que si la situation actuelle est régularisée, c'est-à-dire si la demande d'autorisation porte sur l'ensemble de la construction. Si cette régularisation n'est plus possible compte tenu des règles applicables au moment où elle est sollicitée, cela peut rendre difficile tout projet de réaménagement du bien en empêchant les travaux de modification.

Enfin, il est nécessaire de rappeler qu'un bâtiment édifié de manière irrégulière ne peut bénéficier de la règle édictée par l'article L. 111-3 du Code de l'urbanisme qui édicte le principe de la reconstruction à l'identique en cas de destruction par sinistre.

b) Permis de construire de régularisation

81. – Ainsi que cela est indiqué ci-dessus, l'édification d'une construction sans permis expose donc le contrevenant à des sanctions de nature pénale, civile et administrative.

Toutefois, un permis de construire peut être accordé postérieurement à la réalisation de la construction. Le contrevenant peut ainsi obtenir un permis de construire (dit de « régularisation ») pour « régulariser » les travaux achevés et réalisés sans permis ou en violation des prescriptions du permis.

Il est néanmoins nécessaire de préciser que le permis dit « de régularisation » n'a pas pour objet d'effacer rétroactivement l'infraction qu'a constituée la réalisation de travaux sans permis ou non conformes au permis d'origine et ne fait donc pas obstacle à l'application de sanctions pénales ou fiscales motivées par cette infraction. En revanche, ce permis de régularisation fait obstacle au prononcé par l'autorité judiciaire d'une mesure de démolition.

c) Permis modificatif si les travaux autorisés dans le permis de construire initial n'ont pas été entièrement exécutés

82. – Si les infractions au permis de construire sont limitées (elles ne portent pas sur l'implantation, le volume ou la hauteur de la construction) et à la condition que les modifications envisagées ne remettent pas en cause l'économie générale du projet ayant fait l'objet du permis de construire initial, le contrevenant est habilité à déposer une demande de permis de construire modificatif. Ce permis modificatif laisse subsister les droits acquis que le bénéficiaire tient du permis initial, qui ne doit pas être par ailleurs périmé à la date de la demande de modification.

Observation : il est assez usuel que les communes acceptent que les constructeurs régularisent les infractions au permis de construire initial par le dépôt d'une demande de permis modificatif dit « balai » alors que la déclaration d'achèvement a déjà été déposée en mairie. Cette pratique ne correspond pas aux termes stricts de la loi qui impose, une fois l'immeuble achevé, la demande d'un permis de régularisation.

5° Assurance dommages-ouvrage

83. – Celui qui construit un immeuble ou qui fait réaliser des travaux d'un certain type sur un immeuble bâti, c'est-à-dire le maître de l'ouvrage, doit souscrire à titre obligatoire une assurance de préfinancement des réparations de dommages prévue par l'article L. 242-2 du Code des assurances.

L'assurance dommages-ouvrage souscrite contre les risques décennaux profite au souscripteur d'origine et à tous les propriétaires successifs. Le bénéfice de la garantie d'assurance est d'une durée de dix ans à compter de la réception de l'ouvrage.

Dans le cadre d'un audit de l'actif immobilier, afin de vérifier que cette police d'assurance est en force et que l'assurance puisse jouer en cas de désordre rendant l'ouvrage impropre à sa destination ou en compromettant la solidité, il y a lieu de vérifier :

– les conditions générales et particulières de la police d'assurance ;

– la réalité du paiement des primes permettant d'éviter toute remise en cause de l'exécution du contrat d'assurance ;

– le procès-verbal de réception des travaux dressé avec l'entreprise générale (à défaut les factures de fin de chantier portant la mention « payées » et la date à laquelle la mission a été terminée ou à défaut une lettre de la compagnie d'assurance mentionnant la date de prise d'effet de la garantie) ;

– la corrélation entre le montant des travaux effectués et le montant des travaux assurés.

C. – Les règlementations particulières liées à la nature de l'actif immobilier

84. – Afin d'illustrer l'étendue du champ d'intervention de l'analyse juridique, nous avons retenu deux règlementations spécifiques mais particulièrement sensibles : les installations classées pour la protection de l'environnement et les établissements recevant du public. Mais il est nécessaire d'attirer l'attention sur le fait que de nombreux textes existent en la matière (immeuble de grande hauteur, hôtellerie…) et il conviendra de les intégrer à toute démarche d'audit.

1° La conformité du bien au regard de la législation des installations classées

85. – La législation relative aux installations classées pour la protection de l'environnement (ICPE) est codifiée aux articles L. 511 et suivants du Code de l'environnement. Elle a été instaurée à l'effet d'identifier et encadrer les installations qui peuvent présenter des dangers ou des inconvénients pour la santé, la sécurité et la salubrité et assurer la protection de la nature et de l'environnement ainsi que la conservation des sites et des monuments.

a) Classification des installations classées

86. – Trois sortes d'installations classées doivent être distinguées à ce jour :

– celles présentant de graves dangers ou inconvénients pour l'environnement soumises au régime de l'autorisation préalable ;

– celles dont la gravité des dangers et inconvénients pour l'environnement peuvent être prévenus par des prescriptions standardisées soumises au régime de l'enregistrement ;

– et celles ne comportant que des risques limités faisant l'objet d'une simple déclaration préalable.

En conséquence, en cas d'audit d'un bien immobilier dans lequel est exploitée une installation soumise à la législation des ICPE, il y a lieu de vérifier que l'exploitation a été régulièrement autorisée et qu'elle ne peut pas être remise en cause par l'administration sous peine de sanction.

L'autorité publique habilitée à instruire les dossiers de demande et à délivrer les accords d'exploitation est en principe le préfet. Ce dernier peut encadrer son autorisation d'exploiter de prescriptions générales et spéciales.

En cas d'audit d'un immeuble dans lequel une installation soumise à autorisation, à enregistrement ou à déclaration préalable est exploitée, il y a lieu d'examiner *a minima* les pièces suivantes :

– dossier de demande d'autorisation, d'enregistrement ou de déclaration préalable ;

– copie de l'autorisation complète, de l'arrêté préfectoral d'enregistrement ou du récépissé de déclaration préalable et obtention dans la mesure du possible d'une attestation de l'autorité compétente justifiant de l'absence de recours des tiers, de retrait et de déféré par l'autorité hiérarchique supérieure ;

– justificatifs du respect des formalités de publicité et d'affichage.

b) L'exploitation d'une installation classée

87. – La règlementation en matière d'installation classée encadre également la période d'exploitation et une procédure de contrôle et d'information des autorités a été instituée à cet effet.

Ainsi, l'exploitant a t-il l'obligation de transmettre un certain nombre d'informations relatives à l'exploitation de l'installation classée :

– tout incident ou accident de nature à porter atteinte au voisinage ou à l'environnement doit être signalé à l'autorité administrative par la transmission d'un rapport établi par l'exploitant précisant les circonstances et les causes de l'évènement, l'impact sur les personnes et l'environnement, les mesures prises et/ou envisagées pour éviter un nouvel accident ou incident similaire et les mesures envisagées pour pallier de manière durable au problème ;

– l'exploitant doit présenter tous les dix ans au préfet un bilan de fonctionnement et déclarer chaque année les émissions polluantes et les déchets que l'installation classée produit ;

– le préfet peut prescrire à tout moment des évaluations des risques ;

– en cas de transformation, d'extension de l'établissement dans lequel une installation classée est exploitée, l'exploitant doit les porter à la connaissance de la préfecture qui dispose d'un pouvoir d'appréciation soit pour exiger en cas de changement notable des conditions d'exploitation une nouvelle demande d'autorisation, d'enregistrement ou de déclaration, soit pour imposer de nouvelles prescriptions.

c) La cessation d'une installation classée

88. – Tout exploitant qui envisage l'arrêt définitif de son exploitation classée doit en informer le préfet, au plus tard trois mois avant la date prévue, en précisant les mesures prévues pour assurer la sécurité du site dès la cessation effective de l'activité.

– Pour les installations autorisées sur un site sous l'empire de la loi n° 2003-699 du 30 juillet 2003, l'état dans lequel le site devra être remis est fixé par l'arrêté autorisant la cessation d'activité.

– Pour les installations autorisées sur un site sous l'emprise des dispositions antérieures à 2003, la question de l'usage du site à l'issue de l'exploitation n'est pas réglée par l'arrêté d'autorisation de cessation d'activité. Un accord doit être trouvé entre l'exploitant, le maire et le propriétaire du terrain. En cas de désaccord, le principe est que l'usage retenu doit être un usage comparable à celui de la dernière période d'exploitation et compatible avec l'usage futur de la zone urbaine dans laquelle se situe le site. L'exploitant doit transmettre au préfet un mémoire précisant les mesures qu'il envisage de prendre (évacuation ou élimination des produits dangereux, dépollution du sol et des eaux souterraines, mesures de surveillance envisagées) pour assurer, compte tenu de l'usage futur, la protection des intérêts mentionnés à l'article L. 511-1 du Code de l'environnement. Au vu de ce document, le préfet peut prendre, s'il y a lieu, un arrêté prescrivant des travaux et des mesures de surveillance nécessaires. Une fois les travaux réalisés, l'exploitant en informe le préfet et l'inspecteur des installations classées doit venir dresser un procès-verbal. Ce procès-verbal n'est pas un *quitus* de l'administration : en effet, à tout moment, même après la remise en état du site, le préfet peut imposer de nouvelles prescriptions à l'ancien exploitant (ou son ayant droit). Lorsque l'exploitant a cédé son site à un tiers, cette cession ne l'exonère de sa responsabilité que si le cessionnaire s'est substitué à lui dans sa qualité d'exploitant. Aucune charge financière ne peut être imposée au propriétaire du site s'il n'est pas l'exploitant. Les obligations de l'ancien exploitant sont prescrites trente ans après la date à laquelle la cessation d'activité a été portée à la connaissance de l'administration, sauf cas où les dangers et inconvénients présentés par le site auraient été dissimulés.

En cas de cessation d'activité sur le site objet de l'audit, il y a lieu de se procurer :

– la déclaration de cessation d'activité et son récépissé ;

– le mémoire précisant les mesures envisagées par l'exploitant de remise en état d'usage du site défini par l'arrêté préfectoral ;

– une copie de l'arrêté préfectoral, s'il existe, prescrivant les travaux de dépollution et les mesures de surveillance, bordereaux de suivi des déchets, attestations d'exécution des travaux de dépollution, de dépose de matériels, factures ;

– le procès-verbal de récolement dressé par l'inspecteur des installations classées si ce dernier l'a délivré.

d) La vente d'un terrain sur lequel une ancienne installation classée a été exploitée

89. – Il y a lieu de se référer à ce qui vient d'être exposé ci-dessus dans le cadre du contrôle en cas de cessation d'activité et d'obtenir toutes les pièces visées ci-dessus. Le vendeur du site a une obligation particulière d'information. En effet, l'article L. 514-20 du Code de l'environnement prévoit que le vendeur d'un terrain, ancien site d'exploitation d'une installation soumise à autorisation, a l'obligation d'informer l'acquéreur par écrit de cette ancienne affectation et des dangers ou importants inconvénients qui peuvent en résulter. Si le vendeur est l'exploitant de l'ancienne exploitation, il doit également indiquer par écrit à l'acquéreur si son activité a entraîné la manipulation ou le stockage de substances chimiques ou radioactives. L'acte de vente doit attester de l'accomplissement de cette formalité. Cette obligation d'information s'imposera également au vendeur d'un site ayant supporté une installation soumise à enregistrement.

À défaut de respect de cette obligation d'information par le vendeur, l'acquéreur est en droit de demander la résolution de la vente, ou d'exiger la remise en état du site aux frais du vendeur, et ce, proportionnellement au prix de vente. Compte tenu de ces obligations, il peut être opportun d'inciter le vendeur d'effectuer un diagnostic de la pollution du site (évaluation simplifiée des risques, diagnostic approfondi d'un site, évaluation détaillée des risques). Ainsi, le vendeur ne sera tenu à aucune sorte de garantie en application de l'article 1642 du Code civil. Le vendeur professionnel restera cependant garant des vices indécelables qui n'auront pas été révélés par l'étude environnementale.

Aux termes de cet article, l'obligation d'information ne porte que sur les terrains ayant supporté une installation classée soumise à autorisation et non à déclaration : il est cependant recommandé de fournir les mêmes informations dans les deux cas.

Toute convention entre, par exemple un cédant, ancien exploitant du site vendu, et un cessionnaire, portant notamment sur la réalisation des travaux ou sur la répartition de la charge financière de la dépollution du site, est inopposable à l'administration.

e) Sanctions

90. – Préalablement à toute sanction, l'autorité administrative, sous forme d'arrêté préfectoral motivé, doit mettre en demeure l'exploitant de se conformer dans un délai imparti précisé dans l'arrêté (délai maximal de trois mois) aux prescriptions légales ou consignées dans l'arrêté d'autorisation. Si l'exploitant ne s'exécute pas, le préfet peut prendre les sanctions qui s'imposent : fermeture provisoire, fermeture définitive.

Outre ces sanctions administratives, des sanctions pénales sont encourues.

2° Établissements recevant du public (ERP)

91. – Les établissements recevant du public sont soumis, dès leur construction et pendant leur exploitation, à des règlementations particulières dont la justification principale est le respect, pour l'essentiel, de normes de sécurité plus ou moins contraignantes selon leur catégorie (cinq catégories au total) et leur type.

Ainsi en cas de demande de permis de construire, le dossier doit contenir les documents exigés par le Code de la construction et de l'habitation relatifs à l'accès des handicapés et à la sécurité (C. urb., art. R. 431-30). Le préfet doit donner son accord à la délivrance du permis de construire (C. urb., art. R. 423-71). Le récolement, obligatoire en la matière, est effectué en liaison avec le directeur départemental des services d'incendie et de secours et un contrôle technique pour la sécurité des personnes est obligatoire. À l'issue de la visite, le maire autorise, par voie d'arrêté, l'ouverture au public de l'établissement.

L'exploitant doit tenir un registre de sécurité et se soumettre aux prescriptions délivrées par les commissions de sécurité dans le cadre de leur contrôle périodique. Les établissements recevant du public sont en effet soumis à des visites périodiques dont la fréquence varie de deux à cinq ans en fonction du type d'activité qui s'y exerce. Les visites ont pour objet :

– de vérifier le respect des règles de sécurité du bâtiment au regard de la réglementation ;

– de s'assurer que les vérifications périodiques des installations techniques ont été effectuées dans les délais réglementaires et que les rapports ne comportent pas d'observations majeures, susceptibles d'entraîner un risque pour le public ;

– de prescrire les améliorations ou modifications à apporter dans les établissements pour améliorer la sécurité.

À l'issue de la visite, les commissions émettent un avis (favorable ou défavorable) à la poursuite de l'activité.

Sanctions : le maire de la commune peut décider, par arrêté pris après avis de la commission de sécurité, la fermeture des établissements en infraction avec les règles de sécurité comme défini à l'article R. 123-52 du Code de la construction et de l'habitation : « (...) La fermeture des établissements exploités en infraction aux dispositions du présent chapitre peut être ordonnée par le maire ou le préfet selon les conditions fixées aux articles R. 123-27 et R. 123-28. La décision est prise par arrêté après avis de la commission de sécurité compétente. L'arrêté fixe, le cas échéant, la nature des travaux à réaliser ainsi que les délais d'exécution. »

§ 3. – La situation sanitaire et technique du bien immobilier

92. – Tout propriétaire souhaitant arbitrer un actif immobilier est tenu à un devoir d'information. Plusieurs réglementations particulières imposent de transmettre à tout candidat à l'acquisition des informations sur la situation sanitaire et environnementale de l'immeuble.

Différents diagnostics destinés à cette information ont été regroupés dans un document unique : le dossier de diagnostic technique dont l'élaboration doit être confiée, depuis le 1er novembre 2007, à des professionnels satisfaisant à des conditions de compétence et d'assurance.

Les constats, états et diagnostics constituant ledit dossier de diagnostic technique, en considération de la nature des biens immobiliers, de leur situation et de leur date de construction sont les suivants, ainsi qu'il résulte de l'article L. 271-4 du Code de la construction et de l'habitation :

1° l'état mentionnant la présence ou l'absence de matériaux ou produits contenant de l'amiante prévu à l'article L. 1334-13 du Code de la santé publique ;

2° le constat de risque d'exposition au plomb prévu aux articles L. 1334-5 et L. 1334-6 du Code de la santé publique ;

3° l'état relatif à la présence de termites dans le bâtiment prévu à l'article L. 133-6 du Code de la construction et de l'habitation ;

4° l'état de l'installation intérieure de gaz prévu à l'article L. 134-6 du Code de la construction et de l'habitation ;

5° l'état de l'installation intérieure d'électricité prévu à l'article L. 134-7 du Code de la construction et de l'habitation ;

6° le diagnostic de performance énergétique prévu à l'article L. 134-1 du Code de la construction et de l'habitation ;

7° l'état des risques naturels et technologiques prévu au 2e alinéa du I de l'article L. 125-5 du Code de l'environnement, dans les zones mentionnées au I de l'article ;

8° le document établi à l'issue du contrôle des installations d'assainissement non collectif mentionné à l'article L. 1331-11-1 du Code de la santé publique.

En sus de ces diagnostics, il existe également, selon la nature du bien, des informations obligatoires à révéler au titre de la situation sanitaire et technique, mais ne faisant pas partie du dossier de diagnostic technique prévu par le Code de la construction et de l'habitation. Il s'agit du dossier d'intervention ultérieure sur l'ouvrage, du rapport sur la légionellose, et du mesurage.

A. – Amiante

93. – Tout propriétaire d'immeuble bâti (quel que soit son usage et quel que soit son statut juridique) dont le permis de construire a été délivré avant le 1er juillet 1997 doit produire, lors de la vente du bien, un état mentionnant la présence ou l'absence de matériaux ou produits contenant de l'amiante (C. santé publ., art. L. 1334-13 et R. 1334-24). Le constat doit indiquer la localisation et l'état de conservation des matériaux et produits dont la liste est annexée au Code de la santé publique. Lorsque la vente porte sur un lot de copropriété, le constat doit porter tant sur les parties privatives que sur les parties communes. En l'absence de dossier technique amiante concernant les parties communes, le copropriétaire qui a le projet de vendre doit saisir le syndic de cette anomalie et lui demander la convocation d'une assemblée afin qu'il y soit remédié de toute urgence. À défaut le vendeur ne pourrait s'exonérer de la garantie des vices cachés quant à la présence d'amiante dans les parties communes de l'immeuble.

Le constat amiante doit être annexé à la promesse de vente ou à défaut de promesse à l'acte authentique de vente.

En l'absence de constat annexé à l'acte authentique de vente, le vendeur ne peut s'exonérer de la garantie des vices cachés.

En cas de constat positif, rien n'empêche les parties de conclure la vente. La question essentielle est de déterminer qui, du vendeur ou de l'acquéreur, en assumera les conséquences juridiques et financières. La réponse est d'autant plus importante que les travaux de confinement ou de retrait de l'amiante sont onéreux. En l'absence de clause spécifique dans l'acte, c'est le nouveau propriétaire qui supportera, seul, les risques liés à la présence d'amiante.

B. – Plomb

94. – Afin de lutter contre les risques d'intoxication au plomb, le vendeur de tout ou partie d'immeuble à usage d'habitation construit avant le 1er janvier 1949 doit produire un constat de risque d'exposition au plomb (C. santé publ., art. L. 1334-6).

La seule date prise en compte est celle de construction. Ainsi il importe peu pour l'application de cette mesure que le bien immobilier ait fait l'objet d'une réhabilitation entre-temps.

Ce constat porte tant sur les éléments intérieurs qu'extérieurs du bien.

Ce constat doit être annexé à la promesse de vente, ou à défaut de celle-ci à l'acte authentique. Mais c'est donc dès l'avant-contrat que ce diagnostic doit être fourni. Il doit avoir été établi moins d'un an avant la promesse de vente auquel il est joint (CCH, art. R. 271-5).

En l'absence de constat annexé à l'acte authentique de vente, le vendeur ne peut s'exonérer de la garantie des vices cachés à ce titre.

C. – Termites

95. – Tout vendeur d'un immeuble bâti situé dans une zone contaminée délimitée par arrêté préfectoral doit produire un état relatif à la présence de termites (CCH, art. L. 133-6). Pour les immeubles soumis au statut de la copropriété, l'obligation du vendeur ne porte que sur les parties privatives.

L'état relatif à la présence de termites doit être annexé à la promesse de vente ou, à défaut de promesse de vente, à l'acte authentique de vente. L'état doit avoir été établi moins de six mois avant la date de la promesse de vente ou de l'acte authentique.

La sanction du défaut de production de cet état est l'absence d'exonération de garantie des vices cachés. En cas de constat positif, les parties devront négocier les conséquences juridiques et financières des actions d'éradication des parasites.

D. – Diagnostic de l'état de l'installation intérieure de gaz

96. – Conformément aux dispositions de l'article L. 134-6 du Code de la construction et de l'habitation, la vente d'un bien immobilier à usage d'habitation comportant une installation intérieure de gaz réalisée depuis plus de quinze ans doit être précédée d'un diagnostic de cette installation, diagnostic à annexer à l'avant-contrat et à l'acte de vente et devant avoir été établi moins de trois ans avant la date de l'acte.

Toutefois, s'il a été établi depuis moins de trois ans, un certificat de conformité visé par un organisme agréé, et établi à l'occasion de la modification de l'installation intérieure de gaz (CCH, art. R. 134-9), peut tenir lieu d'état de l'installation intérieure de gaz.

C'est également dès le stade de l'avant-contrat que cette obligation s'applique.

De même, la sanction du défaut de production de cet état est l'absence d'exonération de garantie des vices cachés à ce titre.

E. – Diagnostic de l'état de l'installation intérieure d'électricité

97. – Un état informatif de l'installation intérieure privative d'électricité, lors de la vente de biens immobiliers à usage en tout ou partie d'habitation, doit, lorsque cette installation a plus de quinze ans, être annexé à l'avant-contrat ou à défaut à l'acte de vente.

C'est également dès le stade de l'avant-contrat que cette obligation s'applique.

De même, la sanction du défaut de production de cet état est l'absence d'exonération de garantie des vices cachés à ce titre.

F. – Diagnostic de performance énergétique (DPE)

98. – Depuis le 1er novembre 2006, le vendeur d'immeuble doit produire un diagnostic de performance énergétique (DPE) qui permet d'estimer la consommation en énergie d'un immeuble et son impact sur l'effet de serre (CCH, art. L. 134-3).

Les immeubles concernés sont les bâtiments clos et couverts dotés d'une installation de chauffage ou d'eau chaude.

Le DPE doit être annexé à la promesse de vente ou, à défaut, à l'acte authentique de vente. Il doit avoir été établi depuis moins de dix ans à la date de la promesse de vente ou de l'acte authentique de vente.

Le défaut d'établissement du DPE n'est pas sanctionné. Le Code de la construction et de l'habitation précise en outre que l'acquéreur ne peut pas se prévaloir à l'encontre du propriétaire des informations contenues dans le DPE qui n'a qu'une valeur informative. Cependant, le défaut de communication du DPE peut toujours être sanctionné en application du droit commun de la vente, par exemple sur le fondement du dol ou d'un manquement au devoir d'information ou encore par la mise en œuvre de la garantie des vices cachés.

G. – État de prévention des risques naturels et technologiques (ERNT)

99. – Depuis le 1er juin 2006, en cas de vente (ou d'une mise en location) d'un bien situé dans une zone couverte par un plan de prévention des risques technologiques ou un plan de prévention des risques naturels prévisibles ou encore dans des zones de sismicité définies par décret, le vendeur doit informer l'acquéreur de l'existence des risques visés par le plan ou le décret (C. env., art. L. 125-5, I).

L'état des risques doit être établi depuis moins de six mois lors de la signature de la promesse de vente ou, à défaut de promesse, de l'acte authentique de vente.

Sanction : l'acquéreur peut poursuivre la résolution du contrat ou demander au juge une diminution du prix (C. env., art. L. 125-5, V).

Le vendeur doit informer par écrit l'acquéreur de tout sinistre consécutif à une catastrophe naturelle ou technologique et ayant donné lieu au versement d'une indemnité, cette information devant être mentionnée dans l'acte de vente sous peine des mêmes sanctions que ci-dessus.

H. – Assainissement

100. – Il n'est pas possible lors d'un audit d'un bien immobilier d'ignorer sa situation au regard de l'assainissement et de ne pas s'interroger sur l'évacuation des eaux pluviales et des eaux usées (par ex., eaux des salles de bains, de nettoyage, des WC).

Eaux pluviales : outre les dispositions du Code civil (C. civ., art. 681, 640 et 641), les eaux pluviales sont soumises au règlement sanitaire départemental. Il y est notamment prévu que le réseau d'évacuation des eaux pluviales doit être distinct de celui des eaux usées et maintenu en bon état de fonctionnement et d'étanchéité.

Eaux usées : les communes doivent procéder à un zonage en matière d'eaux usées en délimitant les zones d'assainissement collectif où les collectivités sont tenues d'assurer la collecte des eaux usées et les zones relevant de l'assainissement non collectif où elles sont tenues d'assurer le contrôle de ces installations.

Tout propriétaire d'un immeuble a l'obligation de le raccorder au réseau public de collecte des eaux usées domestiques établi sous la voie publique à laquelle son immeuble a accès soit directement soit par l'intermédiaire de voies privées ou de servitudes de passage. Ce raccordement doit être réalisé dans les deux ans à compter de la mise en service du réseau. En cas de non-raccordement au réseau et après mise en demeure restée infructueuse, le propriétaire qui n'exécute pas les travaux de branchement obligatoires peut voir la commune y procéder d'office à ses frais.

Tout immeuble non raccordé au réseau public doit être équipé d'une installation d'assainissement non collectif dont le propriétaire assure l'entretien et la vidange. Depuis le 1er janvier 2007, le contrôle des installations est assuré par les communes qui doivent y procéder au plus tard le 31 décembre 2012, puis selon une périodicité qui ne peut excéder huit ans.

Tableau récapitulatif des diagnostics à produire selon le type d'usage du bien immobilier et constituant le dossier de diagnostic technique prévu à l'article L. 271-4 du Code de la construction et de l'habitation

LÉGISLATION RELATIVE À :	IMMEUBLE CONCERNÉ	OBJET DU CONTRÔLE	DURÉE DE VALIDITÉ	SANCTION
Amiante	Tout immeuble dont le permis de construire est antérieur au 1er juillet 1997	Bâti	Illimitée	Non exonération de la garantie des vices cachés en cas de vente + sanctions pénales indépendamment de toute vente

LÉGISLATION RELATIVE À :	IMMEUBLE CONCERNÉ	OBJET DU CONTRÔLE	DURÉE DE VALIDITÉ	SANCTION
Plomb	Immeuble d'habitation (permis de construire antérieur au 1er janvier 1949)	Peintures	Illimitée ou un an si constat positif	Non exonération de la garantie des vices cachés en cas de vente
Termites	Tout immeuble situé dans une zone où la réglementation est applicable par arrêté préfectoral	Bâti et alentours	6 mois	Non-exonération de la garantie des vices cachés en cas de vente
Gaz	Immeuble d'habitation ayant une installation de plus de 15 ans	État des appareils fixes et des tuyauteries	3 ans	Non-exonération de la garantie des vices cachés en cas de vente
Électricité	Immeuble d'habitation ayant une installation de plus de 15 ans	Installation intérieure : de l'appareil de commande aux bornes d'alimentation	3 ans	Non-exonération de la garantie des vices cachés en cas de vente
DPE (CCH, art. L. 134-3)	Immeuble équipé d'une installation de chauffage ou d'eau chaude	Bâti	10 ans	Aucune sanction prévue. But informatif. Mais sanctions du droit commun applicables
ERNT (C. env., art. L. 125-5)	Tout type d'immeuble	L'assiette foncière	6 mois	Résolution du contrat ou diminution du prix
Assainissement	Immeuble d'habitation non raccordé au réseau public de collecte des eaux usées	Contrôle de l'installation existante	3 ans	Aucune sanction prévue. But informatif. Mais sanctions du droit commun applicables

I. – Dossier d'intervention ultérieure sur l'ouvrage (DIUO)

101. – Tous les immeubles construits depuis le 1er janvier 1995 doivent faire l'objet de l'établissement d'un dossier d'intervention ultérieure sur l'ouvrage rassemblant toutes les données de nature à faciliter la prévention des risques professionnels lors d'interventions à venir sur l'immeuble construit (C. trav., art. L. 4532-16). Cette obligation ne concerne pas les immeubles bâtis par un particulier pour son usage personnel, celui de son conjoint ou de ses ascendants ou descendants.

Ce DIUO doit en principe être annexé à tout acte de vente ou remis en mains propres à l'acquéreur. En sachant qu'un dépôt au rang des minutes du DIUO et une référence dans l'acte de vente à cet acte de dépôt sont suffisants pour les immeubles soumis au statut de la copropriété (Circ. n° 96-5, 10 avr. 1996). L'absence de dossier d'intervention ultérieure sur l'ouvrage est passible d'une amende de 9 000 €.

J. – Lutte contre la légionellose

102. – Cette bactérie se trouve dans les vapeurs d'eau et dans les eaux stagnantes des canalisations. Elle se développe dès que l'eau atteint une température de 25°C et disparaît en deux minutes lorsque l'eau atteint 60°C. La légionellose se contracte par inhalation et non en buvant de l'eau. Pour certains types d'immeuble comme ceux équipés d'une tour aéro-réfrigérante permettant la climatisation des locaux ou la production d'air pulsé, ou ceux équipés d'un réseau collectif de distribution d'eau chaude, il sera opportun de se procurer et analyser les rapports de contrôles périodiques.

K. – Indication et garantie de la superficie du lot

103. – Le vendeur d'un lot de copropriété a l'obligation d'indiquer la superficie de la partie privative de ce lot, conformément à l'article 46 de la loi du 10 juillet 1965. La nullité de l'acte peut être invoquée sur le fondement de l'absence de toute mention de superficie.

Ces dispositions ne sont pas applicables aux caves, garages, emplacements de stationnement ni aux lots ou fractions de lots d'une superficie inférieure à 8 mètres carrés.

Ce mesurage ouvre la possibilité à l'acquéreur d'agir en révision du prix si, pour au moins un des lots, la superficie réelle est inférieure de plus d'un vingtième à celle exprimée aux présentes.

La révision du prix dont s'agit consistera en une diminution de la valeur du lot concerné proportionnelle à la moindre mesure.

En cas d'action en réduction de prix intentée par l'acquéreur, le vendeur ne pourra se retourner contre l'auteur du mesurage à défaut de l'avoir personnellement mandaté.

Chapitre 3

CONDITIONS JURIDIQUES DU RÉGIME DE LA LOCATION EN MEUBLÉ

104. – Pour bénéficier du régime fiscal de faveur afférent à la location en meublé, il importe de remplir différentes conditions relatives notamment au logement, ainsi qu'au mobilier. L'investissement suppose naturellement de connaître ces conditions, mais également de s'assurer préalablement de la possibilité de les respecter.

Ce régime n'est en effet pas ouvert à tous et connaît en outre certaines particularités qui peuvent s'avérer déterminantes pour l'investissement réalisé.

§ 1. – Location en meublé et résidence principale

105. – Le Code de la construction et de l'habitation (1) protège les locataires en meublé dès lors que le bien loué constitue leur résidence principale (à l'exception des logements-foyers et des logements faisant l'objet d'une convention avec l'État).

La protection du locataire est ainsi assurée par les dispositions suivantes :

– le contrat de bail doit être établi par écrit et instaurer une durée de location minimale d'un an avec tacite reconduction pour chacun d'une durée d'un an. La durée peut être réduite à neuf mois pour les étudiants, sans tacite reconduction ;

– lorsque le contrat prévoit la révision du loyer, celle-ci intervient chaque année à la date convenue entre les parties ou, à défaut, au terme de chaque année du contrat. L'augmentation qui en résulte ne peut dépasser la variation de l'Indice de Référence des Loyers (IRL) ;

– le bailleur qui souhaite, à l'expiration du contrat, en modifier les conditions doit informer le locataire selon un préavis de trois mois. Si le locataire accepte les nouvelles conditions, le contrat est alors renouvelé pour un an ;

– le bailleur qui ne souhaite pas renouveler le contrat doit en informer le locataire en respectant le même préavis et motiver son refus de renouvellement

(1) CCH, art. L. 632-1 et s.

du bail, soit par sa décision de reprendre ou de vendre le logement, soit par un motif sérieux et légitime, notamment l'inexécution par le locataire de l'une des obligations lui incombant ;

– lorsque le bailleur est titulaire d'un bail commercial venant à expiration, ou lorsque la cessation d'activité est prévue, le contrat peut être conclu pour une durée inférieure à un an et doit alors mentionner les raisons et événements le justifiant. Toutefois, si le bail commercial est renouvelé ou si l'activité est poursuivie, la durée du contrat est portée à un an ;

– le locataire peut résilier le contrat à tout moment sous réserve du respect d'un préavis d'un mois.

§ 2. – Les professions réglementées

106. – Pour des raisons déontologiques, certaines professions se voient généralement interdire l'exercice de toute activité commerciale. Ce sont notamment les notaires, avocats, médecins, ou experts-comptables.

Le loueur en meublé soumis à de telles règles de déontologie devra alors solliciter préalablement l'autorisation de son ordre en motivant sa demande.

Les fonctionnaires, quant à eux, sont soumis aux règles de cumul d'activité de la fonction publique, réformées en 2007. Tout en maintenant l'interdiction de cumul avec une activité privée lucrative, la nouvelle réglementation assouplit les possibilités de dérogation pour l'exercice d'activités accessoires, soumises à autorisation.

La loi n° 83-634 du 13 juillet 1983 (mod. L. n° 2009-972, 3 août 2009) portant droits et obligations des fonctionnaires, dispose que ces derniers et les agents non titulaires de droit public peuvent librement détenir des parts sociales de sociétés et percevoir les bénéfices qui s'y attachent. Ils gèrent librement leur patrimoine personnel ou familial.

La circulaire n° 2157 du 11 mars 2008 relative au cumul d'activités des fonctionnaires rappelle, quant à elle, les libertés essentielles de ces derniers. Il s'agit aussi de « la libre détention de parts sociales, et la libre gestion du patrimoine personnel et familial (...) ; tout fonctionnaire peut également faire fructifier son patrimoine personnel, par exemple en louant un bien qu'il possède, sans que cette activité puisse le conduire à faire commerce de son bien dans un cadre professionnel ».

Il leur sera néanmoins en principe interdit de participer aux organes de direction de sociétés (et notamment d'assurer les fonctions de gérant de société de personnes ou de société à responsabilité limitée).

§ 3. – L'autorisation de louer un logement en meublé

A. – L'usage du bien

107. – Un bien immobilier doit être utilisé conformément à sa destination.

Pour déterminer l'usage d'un local, il convient en principe de se baser sur la situation de l'usage du local au 1er janvier 1970. Pour ceux édifiés après cette date, ayant donné lieu à des travaux portant notamment changement de destination du lieu après le 1er janvier 1970, l'usage du bien est déterminé en fonction de la destination indiquée au sein du permis de construire.

En l'espèce, si le local constitue l'habitation principale du locataire, les locations meublées sont considérées comme des locaux d'habitation, au sens des dispositions de l'article L. 632-1 du Code de la construction et de l'habitation, dès lors qu'elles remplissent deux conditions cumulatives :

– le logement meublé doit constituer la résidence principale du preneur ;

– il doit faire l'objet d'un contrat de bail écrit obligatoire d'un an renouvelable, pouvant être ramené à neuf mois pour les étudiants.

À l'inverse, la location meublée non affectée à l'habitation principale fait échapper le bien à l'usage d'« habitation », le revêtant d'un usage dit « professionnel ». Cela implique souvent un « changement d'usage » des logements rentrant dans le champ d'application de l'article L. 631-7 du Code de la construction et de l'habitation.

En effet, sont concernés par la demande d'autorisation les propriétaires dont le logement est destiné à la location saisonnière ou à la location secondaire et se situe dans une ville de plus de 200 000 habitants ou dans les départements des Hauts-de-Seine, de la Seine-Saint-Denis et du Val-de-Marne.

Dans cette hypothèse, il convient alors de présenter sa demande en remplissant et déposant en mairie un dossier complet accompagné d'un certain nombre de documents. C'est le maire qui délivre les autorisations.

À Paris, Lyon et Marseille, le maire doit en plus recueillir l'avis des maires d'arrondissement concernés. Il existe une carte communale précisant les zones dans lesquelles les autorisations sont requises.

En principe, il faut présenter en compensation une surface équivalente de locaux commerciaux dans le même arrondissement et s'engager à les transformer en locaux d'habitation pour obtenir l'autorisation. À défaut, il est possible d'acheter une cession de commercialité auprès d'un organisme qui souhaite transformer un immeuble en logements.

D'ailleurs, le demandeur devra, si le bien est situé dans une copropriété, justifier que le règlement de copropriété ne s'oppose pas au changement d'usage.

Il convient enfin d'attirer l'attention du propriétaire sur les sanctions attachées à sa responsabilité puisque le propriétaire n'ayant pas respecté la procédure ou les conditions d'autorisation peut être condamné par le président du tribunal de grande instance, statuant en référé et sur requête du ministère public, à une amende civile de 25 000 €.

Par ailleurs, le président du tribunal ordonne le retour à l'habitation des locaux transformés sans autorisation, dans un délai qu'il fixe. À l'expiration de celui-ci, il prononce une astreinte d'un montant maximal de 1 000 € par jour et par mètre carré utile des locaux irrégulièrement transformés. Passé ce délai, l'administration peut procéder d'office, aux frais du contrevenant, à l'expulsion des occupants et à l'exécution des travaux nécessaires.

B. – Le règlement de copropriété

108. – La loi n° 65-557 du 10 juillet 1965 fixant le statut de la copropriété des immeubles bâtis donne une définition du règlement de copropriété :

Art. 8. – Un règlement conventionnel de copropriété, incluant ou non l'état descriptif de division, détermine la destination des parties tant privatives que communes, ainsi que les conditions de leur jouissance ; il fixe également, sous réserve des dispositions de la présente loi, les règles relatives à l'administration des parties communes.

Le règlement de copropriété ne peut imposer aucune restriction aux droits des copropriétaires en dehors de celles qui seraient justifiées par la destination de l'immeuble, telle qu'elle est définie aux actes, par ses caractères ou sa situation.

Art. 9, al. 1. – Chaque copropriétaire dispose des parties privatives comprises dans son lot ; il use et jouit librement des parties privatives et des parties communes sous la condition de ne porter atteinte ni aux droits des autres copropriétaires ni à la destination de l'immeuble.

Il convient donc de vérifier dans le règlement de copropriété du bien s'il n'existe pas des restrictions en matière d'usage (location meublée de chambres de service à des personnes extérieures, etc.).

§ 4. – Les caractéristiques du logement

109. – Qu'il soit loué nu ou meublé, tout logement de rapport doit répondre à des critères d'habitabilité minimaux (construction neuve) et de décence.

A. – Qualification d'un local d'habitation

110. – Le Code de la construction et de l'habitation (2) définit les caractéristiques d'un local d'habitation, lequel doit notamment :

– être d'une surface et d'un volume habitables de 14 mètres carrés et de 33 mètres cubes au moins par habitant prévu lors de l'établissement du programme de construction pour les quatre premiers habitants et de 10 mètres carrés et 23 mètres cubes au moins par habitant supplémentaire au-delà du quatrième (3) ;

– être pourvu d'une installation d'alimentation en eau potable et d'une installation d'évacuation des eaux usées ne permettant aucun refoulement des odeurs ;

– comporter au moins une pièce spéciale pour la toilette, avec une douche ou une baignoire et un lavabo, la douche ou la baignoire pouvant toutefois être commune à cinq logements au maximum, s'il s'agit de logements d'une personne groupés dans un même bâtiment ;

– être pourvu d'un cabinet d'aisances intérieur au logement et ne communiquant pas directement avec les cuisines et les salles de séjour, le cabinet d'aisances pouvant toutefois être commun à cinq logements au maximum s'il s'agit de logements d'une personne et de moins de 20 mètres carrés de surface habitable et à condition qu'il soit situé au même étage que ces logements ;

– comporter un évier muni d'un écoulement d'eau et un emplacement aménagé pour recevoir des appareils de cuisson ;

– être pourvu d'une boîte aux lettres par logement. S'il existe plusieurs logements, ces boîtes doivent être regroupées en ensembles homogènes.

B. – Critère de décence

111. – La loi Solidarité et Renouvellement Urbains (SRU) du 13 décembre 2000 a institué plusieurs dispositions protectrices en faveur du locataire, notamment l'obligation, pour le bailleur, de mettre en location un logement « décent ».

Elle a notamment modifié la loi du 6 juillet 1989, tendant à améliorer les rapports locatifs, pour instaurer l'obligation suivante : « Le bailleur est tenu de remettre au locataire un logement décent ne laissant pas apparaître de risques manifestes pouvant porter atteinte à la sécurité physique ou à la santé et doté des éléments le rendant conforme à l'usage d'habitation. »

---

(2) CCH, art. R. 111-1 à R. 111-17.

(3) Pour les bâtiments neufs ou en construction uniquement.

La loi SRU a modifié en conséquence l'article 1719 du Code civil (4) et le Conseil constitutionnel a déclaré, dans sa décision du 7 décembre 2000, que : « l'obligation de mise en conformité du logement loué répond à l'objectif de valeur constitutionnelle que constitue la possibilité pour toute personne de disposer d'un logement décent. »

Le décret n° 2002-120 du 30 janvier 2002 a, quant à lui, précisé les caractéristiques de la qualification de « logement décent ».

Le ministre du Logement (Rép. min. 14 avr. 2003 sur une question de F. Hollande du 27 février 2003) a précisé que :

« ce dispositif protège la sécurité physique et la santé des locataires dans le cadre de rapports contractuels entre bailleur et locataire. Il s'applique à l'ensemble des logements locatifs existants, neufs ou anciens. La règle des 14 mètres carrés, qui figure dans le Code de la construction et de l'habitation, ne concerne que les nouveaux logements, qu'il s'agisse de construction neuve ou de création de nouveaux lots de copropriété après division. Il est logique d'être plus exigeant pour les nouveaux logements que pour les logements existants. »

Extraits du décret n° 2002-120 relatif aux caractéristiques d'un logement décent :

Norme de surface et de volume :

Art. 4. – Le logement doit disposer au moins d'une pièce principale ayant soit une surface habitable au moins égale à 9 mètres carrés et une hauteur sous plafond au moins égale à 2,20 mètres, soit un volume habitable au moins égal à 20 mètres cubes (...).

Le confort du logement :

Art. 2. – Les réseaux et branchements d'électricité et de gaz et les équipements de chauffage et de production d'eau chaude sont conformes aux normes de sécurité définies par les lois et règlements et sont en bon état d'usage et de fonctionnement ;

Les dispositifs d'ouverture et de ventilation des logements permettent un renouvellement de l'air adapté aux besoins d'une occupation normale du logement et au fonctionnement des équipements ;

(...)

Art. 3. – Le logement comporte les éléments d'équipement et de confort suivants :

Une installation permettant un chauffage normal, (...) ;

Une installation d'alimentation en eau potable assurant à l'intérieur du logement la distribution avec une pression et un débit suffisants pour l'utilisation normale de ses locataires ;

Une cuisine ou un coin cuisine aménagé de manière à recevoir un appareil de cuisson et comprenant un évier raccordé à une installation d'alimentation en eau chaude et froide et à une installation d'évacuation des eaux usées ;

Une installation sanitaire intérieure au logement comprenant un w.-c., séparé de la cuisine et de la pièce où sont pris les repas, et un équipement pour la toilette corporelle, comportant une baignoire ou une douche, aménagé de manière à garantir l'intimité personnelle, alimenté en eau chaude et froide et muni d'une évacuation des eaux usées. L'installation sanitaire d'un logement d'une seule pièce peut être limitée à un w.-c. extérieur au logement à condition que ce w.-c. soit situé dans le même bâtiment et facilement accessible (le ministère du Logement a confirmé que la présence d'une douche ou d'une baignoire n'était pas nécessaire pour une chambre de bonne) ;

Un réseau électrique permettant l'éclairage suffisant de toutes les pièces et des accès ainsi que le fonctionnement des appareils ménagers courants indispensables à la vie quotidienne. (...)

L'état du logement : ce dernier doit satisfaire aux conditions suivantes, au regard de la sécurité physique et de la santé des locataires :

Art. 2. – Il assure le clos et le couvert. Le gros œuvre du logement et de ses accès est en bon état d'entretien et de solidité et protège les locaux contre les eaux de ruissellement et les remontées d'eau. Les menuiseries extérieures et la couverture avec ses raccords et accessoires assurent la protection contre les infiltrations d'eau dans l'habitation. Pour les logements situés dans les départements d'outre-mer, il peut être tenu compte, pour l'appréciation des conditions relatives à la protection contre les infiltrations d'eau, des conditions climatiques spécifiques à ces départements ;

(4) « Le bailleur est obligé, par la nature du contrat, et sans qu'il soit besoin d'aucune stipulation particulière, de délivrer au preneur la chose louée et, s'il s'agit de son habitation principale, un logement décent. »

Les dispositifs de retenue des personnes, dans le logement et ses accès, tels que garde-corps des fenêtres, escaliers, loggias et balcons, sont dans un état conforme à leur usage ;
La nature et l'état de conservation et d'entretien des matériaux de construction, des canalisations et des revêtements du logement ne présentent pas de risques manifestes pour la santé et la sécurité physique des locataires ;
Les réseaux et branchements d'électricité et de gaz et les équipements de chauffage et de production d'eau chaude sont conformes aux normes de sécurité définies par les lois et règlements et sont en bon état d'usage et de fonctionnement ;
Les dispositifs d'ouverture et de ventilation des logements permettent un renouvellement de l'air adapté aux besoins d'une occupation normale du logement et au fonctionnement des équipements ;
Les pièces principales (...) bénéficient d'un éclairement naturel suffisant et d'un ouvrant donnant à l'air libre ou sur un volume vitré donnant à l'air libre.
Art. 5. – Le logement ne doit pas être frappé d'un arrêté d'insalubrité ou de péril.

Par conséquent, toutes divisions d'immeubles en vue de créer des locaux à usage d'habitation d'une surface et de volume habitable inférieurs à 14 mètres carrés et 33 mètres cube, ou dépourvus d'une arrivée d'eau potable, d'une évacuation des eaux usées ou d'un accès à la fourniture de courant électrique ou qui n'ont pas fait l'objet des diagnostics obligatoires (dont amiante et plomb) sont interdites.

De même, en l'absence de logement décent, le locataire peut exiger du bailleur une mise en conformité des locaux (5).

§ 5. – Caractéristiques du mobilier

112. – Le local d'habitation meublé doit comporter des éléments de confort qui permettent au locataire d'en user immédiatement et d'y vivre correctement.

Afin d'éviter que le recours au meublé ne soit motivé que par le souhait du bailleur d'échapper aux règles plus restrictives du droit commun de la loi du 6 juillet 1989, les tribunaux caractérisent la location en meublé par la réunion de différents éléments constituant un faisceau d'indices :

– **la volonté des parties de louer sous le régime du meublé.**

L'accord des parties doit ressortir clairement du contrat, mais peut aussi s'exprimer de façon implicite (6).

La Cour de cassation a notamment retenu cette qualification dans un arrêt du 6 décembre 1977, dans lequel le contrat de bail stipulait que le locataire devrait veiller au bon entretien des meubles (inventaire fourni) et réparer ceux qui seraient endommagés.

Il est à noter que l'appréciation se fait à l'entrée dans les lieux du locataire (7) ;

– **la suffisance du matériel (meubles et équipements) mis à disposition pour permettre au locataire de vivre convenablement** (8).

À cet égard, comme la loi ne fournit pas une liste précise de « meubles », il convient de se référer à la jurisprudence, à travers les différents jugements rendus en la matière. A notamment été jugé qu'il est nécessaire de mettre à disposition un réfrigérateur, des plaques chauffantes ou une gazinière (9) et de fournir de la vaisselle (10) au locataire.

---

(5) V. ci-après les développements relatifs aux obligations du propriétaire bailleur.
(6) Cass. ass. plén., 3 mai 1956.
(7) CA Paris, 6 déc. 1991.
(8) Cass. 3 civ, 18 juill. 2000, *Dreyfus c/ Rousseau*.
(9) Cass. 3e civ., 9 févr. 2005, pourvoi n° 03-15128.
(10) CA Bordeaux, 1re ch. B, 13 mars 2000, *Debout c/ Ponvianne*.

Pour aller plus loin

113. – L'équipement minimum conseillé résultant de la jurisprudence.

Ameublement conseillé :
Lit, armoire, table, chaises, réfrigérateur, plaques chauffantes, douche ou baignoire, lavabo.
Accessoires conseillés :
Vaisselle, casseroles, draps, couverture(s), glace(s) de salle de bain.

Louer plus facilement ou plus rapidement :
Afin d'accroître son loyer et de trouver un locataire plus facilement, il peut être conseillé de fournir un poste de télévision, un canapé, une bibliothèque (ou tout autre meuble de rangement), un accès Internet et d'insérer des éléments de décoration (tapis, vase, tableaux, etc.).
Substitution ou ajout de meubles par le locataire :
Le locataire peut, à sa convenance, enlever, déplacer ou substituer les meubles qui sont mis à sa disposition par le propriétaire, sous réserve qu'il les lui rende dans un état d'usure normal à sa sortie. À cet égard, il conviendra d'établir un inventaire détaillé du mobilier à l'entrée et à la sortie des lieux du locataire.

Remarque : la nature du bail s'apprécie par référence à la situation existant à la date d'entrée en vigueur du contrat. Dès lors, la circonstance qu'un locataire ait entrepris, en cours de bail, d'autres activités pour lesquelles aucun matériel n'a été donné en location ou que les meubles et le matériel afférents aux locaux loués n'aient pas été utilisés est sans incidence sur la qualification de la location (11).

(11) Doc. adm. DGI, 4 A-6-01, n° 18.

Chapitre 4

LE CONTRAT DE BAIL EN MATIÈRE DE LOCATION MEUBLÉE

§ 1. – Qualification du contrat

114. – Une fois remplies les conditions légales afférentes au régime de la location en meublé, c'est la liberté contractuelle qui prédomine. Il est dès lors possible de structurer la relation contractuelle autour d'un bail de location en meublé ou d'un bail commercial. Chacune de ces deux options emportera alors le respect de nouvelles conditions afférentes au régime choisi.

Le bail de location meublé pourra être préféré pour son statut type facilement appréhendable et pour sa plus grande rentabilité. Le bail commercial, plus contraignant formellement, permettra à l'inverse au propriétaire de pérenniser l'investissement réalisé, la rentabilité étant en revanche moins forte.

A. – Le bail de location meublé

1° Les clauses du contrat

115. – Un écrit est fortement conseillé pour éviter tout litige ultérieur, mais n'est obligatoire que lorsque le logement constitue la résidence principale du locataire (1).

En pratique

116. – Le contenu du contrat (2).

– Durée du contrat et jour d'entrée en jouissance.

– Destination du local (habitation).

– Description du local et des équipements utilisables.

(1) CCH, art. L. 632-1.
(2) V. notamment *infra*, Annexe 1, le modèle de contrat de bail.

– Montant du loyer hors charge et date de paiement.

– Règles applicables à la révision du loyer (indexation automatique ou non, indice de référence, périodicité, date de révision, etc.).

– Montant du dépôt de garantie.

– Montant des charges locatives.

– Liste des réparations locatives.

– Modalités de renouvellement du contrat.

– Forme et délai du préavis pour congé.

– Périodicité des quittances et reçus.

– Rappel de l'obligation de souscription d'une assurance multirisque habitation.

– Cas de résiliation du contrat (non souscription de l'assurance multirisque habitation ou non-paiement du loyer par exemple).

Clauses supplémentaires pouvant être rajoutées :

– interdiction de sous-louer ou de céder le bail (à défaut de le stipuler, le locataire peut sous-louer le local ou céder son bail en meublé, C. civ., art. 1717) ;

– conséquences sur le sort du bail d'un décès du locataire ou du propriétaire (à défaut de précision contraire, le décès n'emporte pas résiliation du contrat, C. civ., art. 1742).

Exemples de clauses illicites ou réputées non écrites :

– est réputée non écrite toute stipulation tendant à interdire la détention d'un animal dans un local d'habitation dans la mesure où elle concerne un animal familier. Cette détention est toutefois subordonnée au fait que ledit animal ne cause aucun dégât à l'immeuble ni aucun trouble de jouissance aux occupants de celui-ci (3).

NB : en revanche est licite la stipulation tendant à interdire la détention d'un chien appartenant à la première catégorie mentionnée à l'article L. 211-12 du Code rural et de la pêche maritime (chiens d'attaques) ;

– est illicite la clause interdisant les animaux domestiques dans un contrat de location saisonnière à usage d'habitation (Cass. 1re civ., 3 févr. 2011, n° 08-14.402) ;

– une clause du règlement de copropriété soumettant à autorisation de l'assemblée générale la location en meublé alors que celle-ci ne cause pas plus de nuisances qu'une activité libérale expressément autorisée par le règlement de copropriété est réputée non écrite (4).

117. – Un inventaire détaillé du mobilier ainsi qu'un état des lieux signés des deux parties doivent être annexés au contrat de bail.

Il a notamment été jugé qu'un bail ne peut pas être qualifié de meublé lorsqu'il ne comporte pas d'inventaire contradictoire des meubles. Dès lors, la location est soumise au régime des baux d'habitation de la loi du 6 juillet 1989 (5).

L'article 1731 du Code civil précise que s'il n'a pas été fait d'état des lieux, le preneur est présumé avoir reçu les locaux en bon état de réparations locatives et doit les rendre tels, sauf à rapporter la preuve contraire.

---

(3) L. n° 70-598, 9 juill. 1970, art. 10.

(4) Cass. 3e civ., 8 juin 2011, n° 10-15.891, n° 694 FS-PB, *Synd. des copr. du 11 bis rue de Chomel c/ Coisne.*

(5) CA Paris, ch. 6, sect. B, 9 déc. 2004, n° 03/11005.

2° Les conditions financières

118. – Le loyer. Le loyer est librement fixé entre le bailleur et le locataire. La révision du loyer est, quant à elle, soumise aux limitations de la variation de l'indice de référence des loyers (IRL) s'il s'agit de la résidence principale du locataire. À défaut, l'indexation suit les règles prévues par le Code monétaire et financier.

Les révisions de loyer à la hausse, en cours de bail ou lors d'un renouvellement, sont librement fixées entre les parties et doivent être spécifiées dans le contrat de location.

Le bailleur doit respecter un préavis de trois mois au minimum lors de toute proposition d'augmentation de loyer si le logement constitue la résidence principale du locataire.

119. – Le paiement du loyer. Le locataire est tenu de s'acquitter autant du loyer que des charges accessoires dont locatives (6).

Le contrat doit stipuler si le paiement est d'avance ou à terme écoulé.

Par ailleurs, le paiement doit être effectué dans le lieu spécifié dans le contrat, et, à défaut de précision, au domicile du locataire (7).

La périodicité de paiement peut également être insérée dans le bail (mensuelle, trimestrielle, etc.), ou suivre les usages locaux le cas contraire.

Le délai de prescription pour le bailleur est, en matière de paiement des loyers et des charges locatives, de cinq ans suivant la date à laquelle devait être effectué le dépôt de la somme. Le même délai est applicable pour le locataire en cas de trop versé au bailleur (8). Cette règle s'applique pour les sommes payées depuis le 20 janvier 2005.

120. – Les charges locatives. Il est nécessaire que le contrat fasse mention des charges locatives car le Code civil ne prévoit rien concernant les locations meublées, et ce, tant au plan de leur montant que de la répartition entre le bailleur et le locataire. Le bailleur peut se référer à la liste de la commission Delmon (9) ou au décret n° 87-713 du 26 août 1987.

Ainsi, le bailleur peut s'assurer un remboursement de certaines charges de la part du locataire, dont en général les suivantes :

– les charges concernant l'entretien et l'exploitation des locaux loués ou dont dépendent les locaux loués ;

– les charges relatives au paiement du chauffage et des consommations d'eau froide et chaude ;

– les impôts et taxes relatifs à la location des locaux (redevance d'enlèvement des ordures ménagères, etc.) ;

– les charges relatives aux équipements et services communs (jardins, ascenseur, gardiennage, etc.).

Mais il est également possible par le biais du contrat de bail de convenir que toutes les charges de copropriété ainsi que les impôts afférents à l'immobilier loué supportés par le bailleur seront récupérables.

Les charges peuvent faire l'objet de provisions forfaitaires libres (fixées par exemple en fonction du montant du loyer ou selon le montant des charges récupérables de l'année précédente) ou être incluses directement dans le loyer.

---

(6) C. civ., art. 1728.
(7) C. civ., art. 1247.
(8) C. civ., art. 2224.
(9) Circ. n° 76-58, 30 mars 1976 : *BO Équipement* 1976, n° 76-29 *bis*.

121. – Le dépôt de garantie. Afin de pallier le manquement à certaines obligations (dégradations, impayés, etc.), le bailleur peut demander au nouveau locataire un dépôt de garantie dont le montant est fixé librement (à la différence des locaux d'habitation loués nus) et qui en général s'élève à deux mois de loyer hors charge.

Il est conseillé de faire figurer dans le bail son montant ainsi que les conditions et modalités de restitution. Une réévaluation annuelle (taux fixe ou indiciel, etc.) est envisageable également.

3° Durée et arrêt du bail

122. – La durée du bail. La durée du contrat de bail meublé est fixée à un an, avec tacite reconduction, dès lors que le logement constitue la résidence principale du locataire. La durée peut être réduite à neuf mois pour les étudiants, sans possibilité de tacite reconduction.

Pour l'ensemble des autres cas, le bailleur est libre de choisir la durée qui lui convient. Le contrat peut stipuler la fin de la location lors de la survenance d'un événement précis. Précisons que les baux supérieurs à quatre-vingt-dix-neuf ans ou perpétuels ne sont pas valables.

123. – La durée du préavis. Le locataire dont les locaux constituent sa résidence principale peut donner congé à tout moment en respectant un préavis d'un mois, même en présence d'une clause contraire stipulée dans le contrat de bail.

Le bailleur qui ne souhaite pas renouveler le contrat de location d'un logement qui constitue la résidence principale du locataire, doit informer ce dernier en respectant un préavis de trois mois. Le bailleur doit, en outre, motiver son refus de renouvellement du bail soit par sa décision de reprendre ou de vendre le logement, soit par un motif légitime et sérieux, notamment l'inexécution par le locataire de l'une des obligations lui incombant.

Dans le cas où les locaux ne constituent pas la résidence principale du locataire, la durée du préavis peut être librement fixée dans le contrat par les parties.

La cessation d'un bail à durée déterminée, quant à elle, intervient à la date indiquée dans le contrat sans qu'il soit nécessaire de donner congé lorsque le logement ne constitue pas la résidence principale du locataire. Dans le cas contraire, un congé est nécessaire.

B. – Le bail commercial

124. – Le choix du bail commercial peut s'avérer intéressant en ce qu'il permet d'éviter les périodes de vacances du bien. La rentabilité est en contrepartie moins forte que pour les biens loués en vertu d'un bail de location en meublé.

Le statut des baux commerciaux est régi par les articles L. 145-1 et suivants et R. 145-1 et suivants du Code de commerce.

1° Généralités

125. – Le bailleur doit prendre contractuellement l'engagement de donner à bail à loyer les locaux (qui auront été préalablement décrits avec précision) au preneur, avec une date de prise d'effet (par ex., le lendemain du jour de l'achèvement des travaux). Il doit également indiquer la durée du bail (par ex., neuf années entières et consécutives) et les modalités de renouvellement.

La durée d'un bail commercial ne peut pas être inférieure à neuf ans (10) et il est soumis à enregistrement s'il dépasse douze ans.

À défaut de convention contraire, le preneur a la faculté de donner congé à l'expiration d'une période triennale.

Il est à noter que les baux commerciaux signés entre les propriétaires et les exploitants de résidences de tourisme mentionnées à l'article L. 321-1 du Code du tourisme sont d'une durée de neuf ans au minimum, sans possibilité de résiliation à l'expiration d'une période triennale (11).

2° Le loyer et autres dispositions financières

126. – Le montant du loyer. Celui-ci est librement fixé par les parties au moment de la conclusion du bail initial.

Remarque : le bail commercial peut également prévoir dans certains cas la possibilité pour le bailleur d'occuper les locaux (par ex., résidence de tourisme classé).

Dans ce cas, cette mise à disposition sera constitutive d'un loyer en nature qui sera évalué en fonction de la période (par ex., basse ou haute saison).

À cet égard, l'administration indique, dans sa documentation fiscale (12), que le propriétaire bailleur doit verser à la société d'exploitation de la résidence le prix normal de ses séjours. Pour tenir compte du fait que, pour ces séjours, cette société n'engage aucun frais de commercialisation, ce prix de séjour peut être considéré comme normal s'il est au moins égal à 75 % du prix public. Le bénéfice de cet avantage ne saurait toutefois en aucun cas entraîner une minoration du revenu que le bailleur est tenu de déclarer.

127. – La révision du loyer. Le taux de variation du loyer applicable lors de la prise d'effet du bail à renouveler, si sa durée n'est pas supérieure à neuf ans, ne peut excéder (13) la variation, intervenue depuis la fixation initiale du loyer du bail expiré, de l'indice national trimestriel mesurant le coût de la construction ou, s'il est applicable, de l'indice trimestriel des loyers commerciaux (14).

À défaut de clause contractuelle fixant le trimestre de référence de cet indice, il y a lieu de prendre en compte la variation de l'indice national trimestriel mesurant le coût de la construction ou, s'il est applicable, de l'indice trimestriel des loyers commerciaux, calculée sur la période de neuf ans antérieure au dernier indice publié.

La demande en révision ne peut être formée que trois ans au moins après la date d'entrée en jouissance du locataire ou après le point de départ du bail renouvelé. De nouvelles demandes peuvent être formées tous les trois ans à compter du jour où le nouveau prix sera applicable (15).

128. – Les charges locatives. Celles-ci peuvent être librement fixées par les parties dans le bail commercial. À défaut de spécification, les dispositions du Code civil s'appliquent.

Comme pour le bail de location meublée, il peut être conventionnellement prévu, dans le bail commercial, une provision, exigible périodiquement de la

---

(10) C. com., art. L. 145-4, al. 1.

(11) L. n° 2009-888, 22 juill. 2009, art. 16.

(12) Cf. notamment Doc. adm. DGI, 5 D-2226/A/I/2/D/4°.

(13) À moins d'une modification notable des éléments mentionnés aux 1° à 4° de l'article L. 145-33, à savoir : les caractéristiques du local considéré ; la destination des lieux ; les obligations respectives des parties ; les facteurs locaux de commercialité.

(14) Mentionné au premier alinéa de l'article L. 112-2 du Code monétaire et financier, publié par l'Institut national de la statistique et des études économiques.

(15) C. com., art. L. 145-38, al. 1 et 2.

part du preneur, d'un montant forfaitaire (fixé par exemple en fonction du montant du loyer ou selon le montant des charges récupérables de l'année précédente) ou il est également possible d'inclure directement les charges dans le loyer (ce dernier sera ainsi toute charges comprises).

129. – Dépôt de garantie et « pas de porte ». Librement fixé par les parties, un dépôt de garantie peut être prévu initialement afin de garantir la bonne exécution des obligations locatives de la part du locataire, preneur de bail, et restitué à l'échéance.

À noter que celui-ci porte intérêt au profit du locataire s'il excède deux termes de loyer (16).

Par ailleurs, un droit d'entrée, autrement qualifié de « pas de porte », peut également être inséré dans le bail commercial. Il reste définitivement acquis par le propriétaire bailleur.

130. – Indemnité d'éviction. En cas de non renouvellement du bail commercial, le locataire bénéficie d'une indemnité d'éviction, sauf cas spécifiques de droit de reprise du local ou autres motifs légaux. Cette indemnité doit réparer l'ensemble des préjudices subis par le preneur à cause de ce non renouvellement, et comprend en général les frais de déménagement et le montant des droits de mutation exigibles pour un fonds de même valeur.

3° Renouvellement du bail et congé (17)

131. – Les baux ne cessent que par l'effet d'un congé donné par acte d'huissier pour le dernier jour du trimestre civil et au moins six mois à l'avance.

Le congé doit, à peine de nullité, préciser les motifs pour lesquels il est donné et indiquer que le locataire qui entend, soit contester le congé, soit demander le paiement d'une indemnité d'éviction, doit saisir le tribunal avant l'expiration d'un délai de deux ans à compter de la date pour laquelle le congé a été donné.

À défaut de congé ou de demande de renouvellement, le bail fait par écrit se poursuit par tacite reconduction au-delà du terme fixé par le contrat.

Le bail dont la durée est subordonnée à un événement dont la réalisation autorise le bailleur à demander la résiliation ne cesse, au-delà de la durée de neuf ans, que par l'effet d'une notification faite six mois à l'avance et pour le dernier jour du trimestre civil. Cette notification doit mentionner la réalisation de l'événement prévu au contrat.

Il est à noter que la loi n° 2009-888 du 22 juillet 2009 de développement et de modernisation des services touristiques dispose désormais que les baux commerciaux signés entre les propriétaires et les exploitants de résidences de tourisme mentionnées à l'article L. 321-1 du Code du tourisme sont d'une durée de neuf ans au minimum, sans possibilité de résiliation à l'expiration d'une période triennale.

4° Exemple de clauses supplémentaires pouvant être insérées dans un bail commercial conclu avec un exploitant de résidences de tourisme

132. – « Le preneur s'engage :

– à prendre les locaux et le mobilier loués dans l'état où ils se trouveront au jour de l'entrée en jouissance sans pouvoir exiger aucune réparation pendant la durée du bail ;
– à se conformer au règlement de copropriété ;

(16) C. com., art. L. 145-40.
(17) C. com., art. L. 145-9.

– à faire assurer pendant toute la durée du bail l'immeuble et le mobilier le garnissant, contre l'incendie et le dégât des eaux ;

– à entretenir les lieux et le mobilier en bon état de réparations locatives ;

– à souffrir sans indemnité toutes les grosses réparations qui deviendraient utiles ou nécessaires ;

– à ne pouvoir faire aucune modification dans les locaux (distribution des pièces, cloisons, etc.), sans l'accord du bailleur ;

– à acquitter l'ensemble des charges de copropriété ainsi que les impôts et taxes dont les locataires sont ordinairement tenus et plus généralement toutes dépenses liées à son exploitation.

Par ailleurs, le propriétaire bailleur mandate expressément le preneur de verser, pour son compte et directement entre les mains du syndic de copropriété, la quote-part des charges de copropriété attachée aux biens loués incombant au preneur en vertu du présent bail. À cet effet, le preneur est habilité par le bailleur à procéder à toute notification utile auprès du syndic de copropriété.

Le présent mandat est consenti et accepté pendant toute la durée du bail sous réserve que le syndicat des copropriétaires demeure pendant toute ladite durée représenté par son syndic la Société X ou toute autre filiale Y s'y substituant. En conséquence, le présent mandat prendra fin de plein droit dans l'hypothèse où la Société X viendrait à être remplacée par un autre syndic extérieur au Groupe Y en cours de bail.

(...)

De son côté, le propriétaire bailleur :

– autorise le preneur à utiliser librement les lieux loués dans le cadre de l'exercice de son activité et à céder son bail librement, restant garant de son cessionnaire pour l'exécution du bail jusqu'à son terme contractuel ;

– prend en charge la quote-part des charges de copropriété afférentes aux grosses réparations au sens de l'article 606 du Code civil, ainsi que la quote-part des charges de copropriété résultant de travaux ou de dépenses votées présentant un caractère somptuaire, ainsi que les travaux de sécurité ou de mises aux normes imposés par le législateur postérieurement à la signature du présent bail ;

– autorise le preneur à sous-louer en totalité ou partiellement les locaux loués à toute société du Groupe dont il fait partie et à tout autre exploitant exerçant les mêmes activités que lui.

Le preneur pourra procéder librement à la mise en gestion totale ou partielle des locaux loués au moyen d'un mandat confié à toute société spécialisée. Il devra toutefois en tenir informé le bailleur.

Il est précisé que l'exploitation des lieux par le preneur dans le cadre normal de son activité n'est pas considérée comme une sous-location au regard du présent article, le preneur ne conférant aux vacanciers aucun droit qui serait opposable au bailleur.

En cas de sous-location régulièrement consentie dans les conditions des présentes, le bailleur renonce expressément à se prévaloir des dispositions prévues par l'article L. 145-31 du Code de commerce. Le bailleur renonce en conséquence à être appelé par le preneur à concourir aux actes consentis à ce titre (...) ».

§ 2. – Obligations réciproques des parties

A. – Les obligations du propriétaire bailleur

133. – En premier lieu, le bailleur est obligé, par la nature du contrat et sans qu'il soit besoin d'aucune stipulation particulière (18) de délivrer au locataire un logement décent ne laissant pas apparaître de risques manifestes pouvant porter atteinte à la sécurité physique ou à la santé et doté des éléments de confort le rendant conforme à l'usage d'habitation (19).

Lorsque des locaux loués à usage d'habitation sont impropres à cet usage, le bailleur ne peut se prévaloir de la nullité du bail ou de sa résiliation pour demander l'expulsion de l'occupant.

(18) C. civ., art. 1719.
(19) D. 30 janv. 2002.

Si le logement ne satisfait pas aux conditions de décence, le locataire peut demander au propriétaire sa mise en conformité, sans qu'il soit porté atteinte à la validité du contrat en cours.

Pour le reste, bailleur et locataire conviennent librement de leurs obligations réciproques.

En l'absence de précisions dans le bail, le bailleur est tenu :

– de mettre à la disposition du locataire le logement, les équipements et les meubles qui s'y trouvent en bon état d'usage et de réparation. Ainsi, tout équipement devenant vétuste doit être remplacé aux frais du bailleur, hormis les réparations ou échanges standards résultant d'une mauvaise utilisation du locataire ou d'un défaut d'entretien ;

– d'assurer la jouissance paisible du logement à son locataire ;

– d'assurer également la permanence et la qualité des plantations.

Le bailleur doit également garantir le locataire des vices ou défauts qui l'empêcheraient d'utiliser normalement le local loué : humidité, infiltration...

Enfin, le bailleur doit annexer au contrat de location un dossier de diagnostic technique comprenant :

– un diagnostic de performance énergétique ;

– un constat de risque d'exposition au plomb, si le logement est situé dans un immeuble (y compris une maison individuelle) construit avant le 1er janvier 1949 ;

– un état des risques, dans les zones couvertes par un plan de prévention des risques technologiques ou naturels et dans les zones de sismicité.

B. – Les obligations du locataire, preneur à bail

134. – Le locataire (appelé également « preneur ») est tenu de deux obligations principales (20) :

– user de la chose louée en bon père de famille, et suivant la destination qui lui a été donnée par le bail, ou suivant celle présumée d'après les circonstances, à défaut de convention ;

– payer le prix du bail aux termes convenus.

Si le preneur n'use pas de la chose louée en « bon père de famille » ou emploie la chose louée à un autre usage que celui auquel elle a été destinée, ou dont il puisse résulter un dommage pour le bailleur, celui-ci peut, suivant les circonstances, faire résilier le bail (21).

S'il a été fait un état des lieux entre le bailleur et le preneur, celui-ci doit rendre la chose telle qu'il l'a reçue, suivant cet état, excepté ce qui a péri ou a été dégradé par vétusté ou force majeure (22).

S'il n'a pas été fait d'état des lieux, le preneur est présumé les avoir reçus en bon état de réparations locatives, et doit les rendre tels, sauf preuve contraire (23).

Le locataire répond également des dégradations ou des pertes qui arrivent pendant sa jouissance, à moins qu'il ne prouve qu'elles aient eu lieu sans sa faute (24). Il répond par ailleurs de l'incendie, à moins qu'il ne prouve que ce dernier soit arrivé par cas fortuit, force majeure, vice de construction ou que le feu ait été communiqué par une maison voisine (25).

(20) C. civ., art. 1728.
(21) C. civ., art. 1729.
(22) C. civ., art. 1730.
(23) C. civ., art. 1731.
(24) C. civ., art. 1732.
(25) C. civ., art. 1733.

En cas de pluralité de locataires, tous sont responsables de l'incendie, proportionnellement à la valeur locative de la partie de l'immeuble qu'ils occupent, à moins qu'ils ne prouvent que l'incendie ait trouvé sa source dans l'habitation de l'un d'eux, auquel cas celui-là seul est tenu, ou que certains locataires ne prouvent que l'incendie n'ait pu commencer chez eux, auquel cas ceux-là n'en sont pas tenus (26).

Il est à noter également que le preneur est tenu des dégradations et des pertes qui arrivent par le fait des personnes de sa maison ou de ses sous-locataires (27).

(26) C. civ., art. 1734.
(27) C. civ., art. 1735.

Troisième partie

CARACTÉRISTIQUES FISCALES DE LA LOCATION MEUBLÉE

135. – Le respect du cadre juridique afférent à la location meublée ouvre droit à un régime fiscal de faveur.

Rappelons encore que l'acquisition ne devra pas être réalisée avec un objectif uniquement fiscal, l'économie engendrée devant être le corollaire d'un investissement construit et organisé compte tenu du patrimoine de l'investisseur.

Nous nous proposons ici d'étudier le régime fiscal de la location en meublé, tant s'agissant de la location en meublé professionnelle (LMP) que non professionnelle (LMNP).

Chapitre 1

RÈGLES COMMUNES À TOUS LES LOUEURS EN MEUBLÉ

136. – Préalablement à l'analyse des spécificités des loueurs professionnels et des non professionnels, il convient tout d'abord d'examiner les règles communes qui s'appliquent à tous les loueurs en meublé.

À titre liminaire, il est souligné un premier point commun entre les régimes LMP et LMNP : tous deux sont fiscalement soumis au régime des bénéfices industriels et commerciaux, ce qui, nous le verrons dans la suite de cet ouvrage, permet de bénéficier, sous conditions, d'une déduction de l'ensemble des frais et charges d'exploitation engagés dans le cadre de l'activité de location pour la détermination du résultat, y compris l'amortissement des immeubles et du mobilier mis à disposition du locataire.

Par ailleurs, un second point commun est à noter entre les régimes LMP et LMNP : le traitement des déficits imputables n'est pas limité par le dispositif de « plafonnement des niches fiscales » prévu par l'article 200-0 A du Code général des impôts.

§ 1. – Définition et règles générales applicables aux bénéfices industriels et commerciaux

137. – Les revenus provenant d'une profession commerciale ou d'une activité assimilée sont qualifiés de bénéfices industriels et commerciaux (BIC), lorsque cette profession ou activité est exercée par une personne physique ou une société ne relevant pas de l'impôt sur les sociétés.

Relève notamment des BIC la location ou sous-location en meublé, à titre habituel, de locaux d'habitation (appartements, maisons, chambres).

Ces bénéfices sont totalisés, avec les autres revenus catégoriels du contribuable, pour former, après prise en compte, s'il y a lieu, de certaines charges et abattements, le revenu global, qui sera soumis à l'impôt au barème progressif.

Sont passibles de l'impôt sur le revenu au titre des BIC autant les exploitants individuels que les membres des sociétés de personnes et assimilés (notamment EURL, SARL, société en nom collectif, société en commandite) lorsque ces sociétés exercent une activité commerciale.

Sous un régime réel d'imposition (normal ou simplifié), le bénéfice imposable dans la catégorie des BIC (ou le déficit si l'activité de l'entreprise se traduit par un résultat négatif) est un bénéfice net (ou déficit net), égal à la différence entre les produits perçus par l'entreprise et les charges supportées par elle (dont l'amortissement fiscal des constructions et des meubles).

Sous un régime micro-BIC, les résultats imposables des exploitants sont calculés de manière forfaitaire. Les contribuables portent directement sur leur déclaration annuelle de revenus n° 2042 le montant brut de leur chiffre d'affaires. Le bénéfice net est calculé par l'administration, par application à ce chiffre d'affaires d'un abattement forfaitaire réputé tenir compte de toutes les charges, y compris les amortissements des biens affectés à l'exploitation et des cotisations sociales. Pour plus de détails, se reporter à la partie « Imposition des revenus locatifs » (V. *infra*, n°s 141 et s.).

§ 2. – La qualification de location en meublé

138. – L'administration fiscale s'attache à vérifier le caractère de **location en meublé**, sans égard pour son caractère professionnel ou non. Cette définition est susceptible d'avoir un impact, d'une part pour savoir si la location est commerciale au plan fiscal, d'autre part pour définir le régime d'imputation des déficits et des amortissements.

A. – Une location à caractère habituel avec un minimum d'habitabilité

139. – Selon l'administration et le Conseil d'État, l'activité de location doit avoir **un caractère habituel** pour être considérée **comme une opération commerciale**.

Au contraire, un contribuable qui ne se livre qu'occasionnellement à des opérations de location ne saurait être considéré comme ayant exercé une profession commerciale et ne peut, par suite, être taxé au titre des bénéfices industriels et commerciaux (1).

Cependant, le caractère habituel s'examine **au cas par cas**. L'administration, reprenant la jurisprudence, a par exemple estimé que lorsque la location en meublé est consentie à titre habituel, ne constitue pas un obstacle à l'imposition dans la catégorie des bénéfices industriels et commerciaux :

– le fait que la location ne soit consentie que de manière saisonnière – période de vacances par exemple. Ainsi, les sociétés civiles dont la seule activité est de louer un local meublé durant la saison estivale exercent une activité industrielle et commerciale En application des dispositions de l'article 206-2 du Code général des impôts, elles sont donc passibles de l'impôt sur les sociétés (2) ;

– le fait que l'appartement meublé fasse partie des gîtes ruraux ;

– le fait que le bailleur n'intervienne ni directement, ni indirectement dans l'entretien des meubles et ne pénètre jamais dans les locaux loués (3).

(1) CE, 22 mars 1929, n° 98130 : *Dupont* 1929, p. 520 ; Doc. adm. DGI, 4 F-1113, n° 7, 7 juill. 1998.
(2) Rép. min. Mauger, n° 15286 : *JOAN* 20 nov. 1989, p. 5081.
(3) Doc. adm. DGI, 4 F-1113, n° 6, 7 juill. 1998.

À noter que la jurisprudence s'attache également au **montant du loyer** : même en présence de meubles, si le loyer est inférieur aux prix pratiqués pour ce type de location (en principe supérieurs au prix d'une location nue), cela signifie que le loueur n'en tire pas profit et que son activité n'est pas commerciale (4).

À cet égard, il arrive que certains loueurs séparent la location de l'immeuble et des meubles (meubles appartenant à un tiers, conventions de location distinctes). En principe, une telle location ne sera considérée comme meublée (et commerciale) que si le loueur participe au profit de la location des meubles ; à défaut, cette location procèdera des revenus fonciers.

B. – Incidences de la présence de prestations de services

140. – Dans certaines hypothèses, la présence de prestations de services annexes à la location conduit l'administration fiscale à s'interroger sur la nature de l'opération : s'agit-il vraiment d'un **louage de biens, ou plutôt d'un louage de service** ? Cet arbitrage est important, car s'il s'agit d'un louage de service, la location n'a plus le caractère de location en meublé, et les spécificités fiscales liées à ce régime sont inapplicables.

– Il est rappelé que la qualification de location en meublé professionnelle est favorable, en particulier au titre de l'imputation possible des déficits sur le revenu global. En revanche, cette qualification a pour inconvénient de soumettre l'opération à la limitation du droit à déduction des amortissements.

– Si la location s'accompagne de **prestations de services annexes,** ces opérations peuvent se voir qualifiées de **conventions de louage de services** et ouvrir droit à la déduction de l'ensemble des amortissements pratiqués sur le bien loué. Ce faisant, ces opérations perdent néanmoins le bénéfice de l'imputation des déficits sur le revenu global.

Mais s'il s'agit d'une convention de louage de services, le caractère professionnel de cette autre activité supposera normalement la participation personnelle, continue et directe du contribuable.

1) Cas des locations accompagnées de prestations de services

Outre la location de son bien, le bailleur propose parfois certaines prestations de services (sans intervention d'une entreprise tierce), comme la fourniture de linge, de vaisselle, voire du petit déjeuner.

Depuis 1996, l'administration considère que les loueurs en meublé s'entendent des personnes qui louent, directement ou indirectement, des locaux d'habitation meublés ou destinés à être meublés. Par location, il convient d'entendre l'ensemble des conventions ayant pour objet de conférer à un tiers la jouissance des locaux meublés, moyennant rémunération, pour une certaine durée, déterminée ou non.

Ne sont, en revanche, pas concernées, les conventions d'hébergement qui, en raison des services fournis ou proposés, dépassent la simple jouissance du bien (5).

Selon l'instruction 4 F-3-09, il en résulte que la fourniture de services de manière **accessoire** à la location, et dans des conditions non similaires aux établissements d'hébergement à caractère hôtelier (par ex. : nettoyage des locaux uniquement à l'occasion du changement de locataire, fourniture de linge non régulière, réception se limitant à la simple remise des clés), ne porterait pas atteinte à la qualification de location meublée.

---

(4) CAA Bordeaux, 3e ch., 12 mars 2002, n° 00-206, *Min. c/ SCI First.*

(5) Instr. 1er août 1996, 4 A-7-96 n° 29. – Doc. adm. DGI, 4 A-3123, n° 2, 9 mars 2001. – Instr. 4 F-3-09.

La question de savoir si la convention d'hébergement conserve sa nature de location d'immeuble meublé ou dépasse la simple jouissance du bien et devient une convention de louage de services, se pose principalement pour des opérations de location réalisées dans les **résidences de tourisme,** les **résidences pour étudiants** ou **pour personnes âgées.**

2) Hypothèse de la réalisation des prestations par un tiers

L'instruction 4 F-3-09 (n° 7) souligne que lorsque ces prestations sont proposées par le locataire exploitant et non par le bailleur, l'activité du bailleur relève de la location meublée lorsque le contrat le liant à l'exploitant est un contrat de louage de choses et qu'il n'est pas associé aux résultats de son locataire exploitant.

En particulier, si le propriétaire des locaux **confie la gestion** de l'activité à un professionnel de l'hôtellerie (au lieu de les proposer lui-même), la question se pose encore de savoir si le bailleur est un loueur en meublé ou un prestataire de services.

L'instruction 4 F-3-09 indique que la location à un exploitant qui, sous sa seule responsabilité, effectue les prestations de services inhérentes à son activité hôtelière ou para-hôtelière, de lots de copropriété comprenant des parties privatives et des parties communes constituées, outre les dépendances habituelles (hall, parking, voie d'accès…), d'espaces nécessaires à cette activité (salle de restauration, local pour le personnel, salle médicalisée…), relève du régime fiscal de la location meublée lorsque :

– la location porte sur des locaux à usage d'habitation et ne s'accompagne d'aucune prestation annexe ;

– la location ne constitue pas pour le bailleur le moyen de participer à la gestion ou aux résultats de la société d'exploitation (les formules de rémunération du bailleur sont donc analysées) ;

– la location des parties communes est accessoire à la location meublée et ne donne lieu en elle-même à aucune rémunération (cette condition est réputée satisfaite lorsque le niveau de loyer des parties privatives correspond au prix du marché).

De son côté, **la jurisprudence** recherche qui **assume** dans les faits les **risques de l'exploitation.** Lorsque la gestion de l'exploitation est prise en charge par un **gérant** qui assure seul et pour son propre compte la gestion de l'hébergement et des prestations hôtelières, le Conseil d'État décide que le propriétaire exerce une activité de location meublée, et ne peut être regardé comme exploitant (6).

Une analyse particulière doit être effectuée en présence d'une convention qualifiée de **mandat de gestion** qui prévoit que le prestataire de services agit en qualité de mandataire des propriétaires des locaux.

La jurisprudence s'est appuyée sur les **modalités de rémunération du mandant** et la **garantie** souscrite par le mandataire afin de protéger le propriétaire du risque d'avoir à supporter les pertes générées par l'exploitation hôtelière pour conclure à l'existence d'une simple location meublée (7). Si le loueur ne supporte aucun des risques de l'exploitation, il ne peut être regardé comme un exploitant.

La jurisprudence a donc une approche pragmatique, au cas par cas, des conventions qui lui sont présentées. En substance, si le propriétaire se borne à percevoir un loyer de manière forfaitaire de la part d'une société de gestion mandataire, et que les prestations de services (de type hôtelier) sont dispensées uniquement par cette société sans incidence sur la situation du propriétaire,

(6) CE, 28 juill. 2000, n° 201789.
(7) CAA Bordeaux, 23 nov. 2006, n° 04-1265.

alors il s'agit d'une location en meublé. En revanche, si le propriétaire supporte les risques de l'exploitation, il s'agit d'un contrat de louage de services.

Cette question se rencontre, par exemple, lorsque le bailleur est propriétaire de biens dans des résidences de tourisme, dont la gestion est confiée à une société mandataire qui dispense des prestations de type hôtelier.

En conclusion, notons qu'il n'y a pas, *a priori*, une qualification « meilleure » que l'autre entre le régime du loueur en meublé et celui du louage de service(s).

Par exemple, dans le cas où le loueur aura un intérêt significatif à pouvoir déduire intégralement les amortissements pratiqués plutôt qu'à bénéficier de l'imputation des déficits sur son revenu global, la qualification de louage de services lui sera plus favorable.

§ 3. – L'imposition des revenus

A. – Impôt sur le revenu ou impôt sur les sociétés ?

141. – La location en meublé **à titre habituel** est une activité de nature commerciale. À ce titre, les revenus locatifs sont imposés dans la catégorie des bénéfices industriels et commerciaux, soit professionnels, soit non professionnels.

S'il s'agit d'une **location directe**, les revenus sont taxés à l'impôt sur le revenu au sein du foyer fiscal du propriétaire bailleur.

S'il s'agit d'une **location par l'intermédiaire d'une société**, il convient de distinguer selon que la société relève de l'impôt sur le revenu ou bien de l'impôt sur les sociétés.

Si la société relève de l'impôt sur le revenu (cas de la SARL de famille ou la SNC ayant opté pour ce régime), l'impôt est déterminé au niveau de la société, puis il est liquidé au niveau de chaque associé au prorata de ses droits dans le capital (au taux progressif, dont la tranche maximale est de 41 %). Bien entendu, en présence de déficits fiscaux, ces derniers sont également répartis au prorata des droits de chaque associé, qui peut alors les imputer soit sur ses seuls bénéfices industriels et commerciaux non professionnels locatifs (si l'activité n'est pas professionnelle), soit sur son revenu global (si l'activité est professionnelle).

En matière de LMNP, la plus-value de cession du bien immobilier, quant à elle, est taxée selon le régime des plus-values immobilières des particuliers, avec bénéfice d'un abattement progressif pour durée de détention de 2 % de la sixième année à la dix-septième année, de 4 % de la dix-huitième année à la vingt-quatrième année, et de 8 % de la vingt-cinquième à la trentième année (8) (exonération totale d'impôt de plus-value et de contributions sociales au bout de trente ans de détention du bien par la société).

Cet abattement s'applique également sur la plus-value afférente à une cession des parts d'une société à prépondérance immobilière. Il faut donc détenir trente ans les parts de cette dernière pour obtenir l'exonération totale.

En matière de LMP, la plus-value peut être exonérée à la condition d'avoir exercé l'activité pendant cinq ans au moins.

Si la société relève de l'impôt sur les sociétés, l'impôt est déterminé et liquidé au seul niveau de la société (au taux de 33 1/3 %). Les revenus des actionnaires prennent normalement la nature de dividendes distribués : ces dividendes proviennent du résultat net (après IS) de la société ; ils seront taxés chez l'actionnaire :

(8) CGI, art. 150 VC ; seconde loi de finances rectificative pour 2011, 19 sept. 2011.

– soit au taux progressif en N+1 (notamment après un abattement de 40 %) avec retenue à la source des prélèvements sociaux (taux de 15,5 %) ;

– soit ils subiront le prélèvement forfaitaire libératoire (21 % majorés de 15,5 % de prélèvements sociaux depuis le 1er juillet 2012). Cette option devra être demandée par l'actionnaire au plus tard lors de l'encaissement.

En présence de déficits, **ces derniers resteront « bloqués » au sein de la société**, reportables indéfiniment sur les exercices suivants (les actionnaires ne peuvent donc pas en bénéficier au titre de leur impôt sur le revenu). **En outre, la plus-value de cession future de l'immeuble serait soumis à l'IS au taux de 33 1/3 % (comprenant en sus l'ensemble des amortissements antérieurement pratiqués sur les locaux), supprimant ainsi toute possibilité d'exonération pour les loueurs en meublé professionnels (sous conditions), ainsi que pour les loueurs non professionnels (au titre de l'abattement pour durée de détention, cf. *supra*).**

En sus, la contribution sur les revenus locatifs (au taux de 2,5 %) sera exigible si la société n'est pas assujettie à la TVA.

Il est rappelé que les sociétés de personnes (hors SARL de famille ayant opté pour ce régime ou SNC) percevant des BIC se trouveraient automatiquement imposées à l'IS en raison du caractère commercial de l'activité au plan fiscal.

La SCI soumise préalablement à un régime de translucidité fiscale est donc à exclure si le loueur en meublé ne veut pas être assujetti, *a posteriori*, par l'administration fiscale, à l'impôt sur les sociétés. Pour plus de détails, V. *supra*, « L'exclusion de la société civile », nos 42 et s.

B. – Certaines locations sont exonérées d'impôt sur le revenu

142. – 1) Cas des locations (ou sous-locations) d'une partie de l'habitation principale (revenus locatifs). Les personnes qui louent (ou sous-louent) en meublé une ou plusieurs pièces **de leur habitation principale** sont exonérées de l'impôt sur le revenu pour les produits de cette location, sous réserve que les pièces louées **constituent pour le locataire** ou le sous-locataire en meublé **sa résidence principale** et que le prix de location demeure fixé **dans des limites raisonnables** (conditions cumulatives) (9).

La notion d'habitation principale du bailleur, pour l'administration, suppose que les pièces louées aient préalablement été occupées par le bailleur : l'exonération n'est pas susceptible de bénéficier aux personnes qui louent ou sous-louent en meublé des pièces qu'elles n'ont jamais occupées (10).

En conséquence, l'exonération s'applique aux personnes qui réduisent le nombre de pièces qu'elles occupent dans leur logement principal (11).

Pour apprécier si le prix de location est dans des limites raisonnables, l'administration publie deux plafonds selon les régions, réévalués chaque année, en deçà desquels le loyer est réputé raisonnable.

Au titre de l'année 2012, cette condition est réputée remplie si le loyer annuel par mètre carré de surface habitable, charges non comprises, n'excède pas un plafond fixé à 177 € en Île-de-France et 129 € dans les autres régions (12).

---

(9) CGI, art. 35 *bis*, I.
(10) Doc. adm. DGI, 4 F-1113, n° 15, 7 juill. 1998.
(11) Instr. 24 janv. 2011, 4 F-1-11, n° 1.
(12) Instr. 30 janv. 2012, 4 F-1-12, n° 3.

143. – 2) Cas des locations de chambres d'hôtes (revenus locatifs). Selon la doctrine administrative, les locaux mis à la disposition du public peuvent être, indifféremment, proposés à la location pour une occupation à la journée, à la semaine ou au mois.

Cela concerne, en particulier, les chambres d'hôtes.

Bien que la disposition tende essentiellement à favoriser le développement du tourisme, elle peut être appliquée, dans un esprit de simplification, sans qu'il soit distingué suivant que les locaux sont mis à la disposition de touristes ou de toute autre clientèle n'y élisant pas domicile ni suivant que la location est saisonnière ou s'étend sur la majeure partie de l'année (13).

Le bénéfice de l'exonération est réservé aux contribuables qui retirent de la location ou sous-location meublée des recettes brutes annuelles **n'excédant pas 760 €.** Les recettes à prendre en considération doivent s'entendre du total des sommes ou valeurs encaissées ou reçues par le loueur en contrepartie de la location proprement dite et, le cas échéant, des prestations particulières qui pourraient être fournies (petit déjeuner, téléphone), **elles s'entendent toutes taxes comprises.**

Attention cependant : en cas de dépassement de ce seuil de 760 €, les loueurs sont imposés sur la totalité des produits nets retirés de la location (sauf aux loueurs non professionnels à se prévaloir du régime micro-entreprises) (14).

C. – Les différents régimes d'imposition

144. – Si les produits de la location ne sont pas exonérés d'impôt sur le revenu, il convient de déterminer le régime d'imposition applicable (micro, réel simplifié ou réel normal).

Remarque liminaire : une majoration de 25 % de l'assiette imposable est prévue en cas de non-adhésion à un centre de gestion ou association agréé pour les loueurs en meublé soumis au réel d'imposition (régime simplifié ou normal) (15).

Néanmoins, les contribuables ayant adhéré bénéficient d'une réduction de leur impôt sur le revenu égale aux dépenses exposées pour la tenue de comptabilité et pour l'adhésion au centre ou à l'association, dans la double limite du montant de l'impôt sur le revenu dû pour une année donnée et celle de 915 € par an (16).

En présence d'une société soumise à un régime de translucidité fiscale, la réduction est répartie entre les associés au prorata de leurs droits dans cette société.

NB : les dépenses prises en compte au titre de la réduction d'impôt ne sont pas admises dans les charges déductibles (17).

1° Le régime des micro-entreprises

a) Qui est concerné, quels sont les avantages ?

145. – Pour les activités de prestations de services (dont relèvent une partie des loueurs en meublé depuis le 1er janvier 2009), le montant total du chiffre d'affaires annuel ne doit pas dépasser **32 600 €** hors taxes pour ouvrir droit à ce régime (18).

---

(13) Instr. 3 août 1984, 4 F-2-84. – Doc. adm. DGI, 4 F-1113 nos 25 et 26, 7 juill. 1998.
(14) Instr. 3 août 1984, 4 F-2-84. – Doc. adm. DGI, 4 F-1113 n° 28, 7 juill. 1998.
(15) CGI, art. 158, 7.
(16) Art. 199 *quater* B.
(17) CGI, art. 39,7.
(18) Chiffre d'affaires annuel hors taxes pour 2011.

Les loueurs (LMP ou LMNP) sont alors taxés sur un bénéfice net, suite à l'application d'un **abattement forfaitaire pour frais de 50 %**. En contrepartie, le loueur ne peut déduire aucun frais réel, et donc aucun déficit. En cas d'activité ne générant pas un important chiffre d'affaires, ce dispositif peut s'avérer très avantageux, en assurant une défiscalisation constante de la moitié des revenus perçus.

Le régime micro sera notamment à privilégier une fois que les périodes d'amortissements et d'emprunt seront révolues.

À noter que les gîtes ruraux, meublés de tourisme et chambres d'hôtes ne sont pas concernés par ces seuils : ces activités peuvent bénéficier d'un abattement forfaitaire de 71 % en cas de chiffre d'affaires inférieur à 81 500 €. De même, les activités qui seraient exclues de la qualification de location en meublé (présence de prestations de services, para-hôtellerie…) pourraient encore bénéficier de ces seuils.

Aussi il est important que le loueur détermine le taux de charges de son activité : si celui-ci est supérieur à l'abattement forfaitaire, le loueur aura intérêt à **opter** pour un régime réel d'imposition (sans perdre le bénéfice de l'exonération de TVA), permettant de déduire les charges effectivement supportées par l'activité.

L'option pour ce régime peut être formulée même si le seuil de chiffre d'affaires est inférieur à 32 600 €. Elle doit être exercée avant le 1er février de la première année au titre de laquelle le loueur souhaite bénéficier de ce régime (pour les entreprises nouvelles, la date limite de l'option est repoussée jusqu'au jour de la première déclaration de résultats). L'option est valable pour au moins **deux ans**.

En cas de dépassement du seuil de chiffre d'affaires, le régime micro-entreprises peut rester applicable pour l'établissement de l'imposition due au titre des deux premières années au cours desquelles le montant des recettes excède ce seuil, quel que soit le montant du dépassement.

Ce régime fiscal est aussi caractérisé par une franchise en base (*i.e.* dispense de paiement) de TVA, étant précisé que sauf exceptions, les locations occasionnelles, permanentes ou saisonnières de logements meublés ou garnis à usage d'habitation sont obligatoirement **exonérées de TVA** sans faculté d'option (cf. *infra*).

Ce régime présente notamment un intérêt lorsqu'il n'y a pas de problématique de récupération de TVA et que le régime réel BIC ne pourrait pas permettre au loueur d'appliquer un montant de charges supérieur à l'abattement forfaitaire du micro (50 % ou 71 % selon les cas, cf. *supra*).

b) Obligations comptables et déclaratives

146. – Le régime micro-entreprises est le dispositif le moins contraignant en matière de formalités.

Les loueurs doivent tenir un **livre-journal** présentant au jour le jour le détail des recettes de l'activité. Il convient, en outre, de **conserver** l'ensemble des factures et pièces justificatives relatives aux achats et prestations de services réalisées.

Les loueurs qui n'auraient pas la qualité de loueur en meublé (présence de prestations de services, para-hôtellerie…), ou les activités telles que gîtes ruraux, meublés de tourisme et chambres d'hôtes (non concernés par l'assimilation des loueurs en meublé à des prestataires de services) auraient aussi l'obligation de tenir un **registre annuel** présentant le détail de leurs achats.

Comme il l'a été exposé précédemment, les loueurs soumis au régime micro-entreprises mentionnent directement au sein de leur **déclaration d'impôt sur les revenus** (formulaire n° 2042 C) le montant du chiffre d'affaires annuel, et les informations nécessaires à la détermination de l'assiette de la taxe professionnelle (lorsque les loueurs sont soumis à cette taxe).

À noter que les loueurs relevant de ce régime peuvent aussi, à compter du 1er janvier 2009, s'acquitter de l'impôt sur le revenu et des cotisations et contributions sociales par des **versements forfaitaires libératoires** (chaque mois ou chaque trimestre). C'est le régime de l'auto-entrepreneur.

Pour bénéficier de ce dispositif, le loueur doit remplir les conditions suivantes :

– avoir **opté** pour le régime micro-social ;

– les revenus nets du foyer fiscal ne doivent pas dépasser, pour une part de quotient familial, la limite supérieure de la troisième tranche du barème de l'impôt sur le revenu de l'année précédant celle au titre de laquelle l'option est exercée. Ce plafond est majoré respectivement de 50 % ou 25 % par demi-part ou quart de part supplémentaire.

Ce versement s'élève à un pourcentage du chiffre d'affaires :

– 1 % pour les activités de vente ou de fourniture de logement (donc pour les loueurs relevant des bénéfices industriels et commerciaux mais non éligibles à la qualification de loueurs en meublé) ;

– 1,7 % pour les autres prestations de services (donc pour les loueurs en meublé, professionnels ou non).

L'option pour le versement forfaitaire libératoire implique une déclaration auprès des caisses de base du régime social des indépendants avant le 31 décembre pour une application l'année suivante. Les créateurs d'entreprise ont jusqu'au dernier jour du troisième mois qui suit la création de l'entreprise pour en bénéficier.

Les loueurs soumis au régime des micro-entreprises ont aussi la faculté d'opter pour un régime réel d'imposition, ce qui leur permet de déduire les charges effectivement supportées.

Il est à noter que rien ne s'oppose à ce que les loueurs en meublé professionnels soient soumis au régime du micro-BIC s'ils remplissent l'ensemble des conditions précitées.

2° Le régime du réel simplifié d'imposition (RSI)

a) Qui est concerné, quels sont les avantages ?

147. – L'**option** pour ce régime doit être exercée avant le 1er février de la première année au titre de laquelle le loueur souhaite en bénéficier (pour les entreprises nouvelles, la date limite de l'option est reportée jusqu'au jour de la première déclaration de résultats). L'option doit être adressée (de préférence par lettre recommandée avec demande d'avis de réception) au service des impôts des entreprises ; elle est valable (et irrévocable) pour au moins deux ans.

Sont en revanche soumis **obligatoirement** au RSI les loueurs exclus du régime des micro-entreprises et qui réalisent un chiffre d'affaires annuel hors taxes inférieur à :

– 777 000 € pour les activités de vente ou de fourniture de logement (donc pour les loueurs relevant des bénéfices industriels et commerciaux (BIC) mais non éligibles à la qualification de loueurs en meublé) ;

– 234 000 € pour les autres prestations de services (donc pour les loueurs en meublé, professionnels ou non).

Enfin, les loueurs **cessent** de relever du régime simplifié si leur chiffre d'affaires dépasse le seuil de 856 000 € pour une activité de vente ou de fourniture de logement (donc pour les loueurs relevant des BIC mais non éligibles à la qualification de loueurs en meublé), ou de 265 000 € pour une activité de prestations de services (donc pour les loueurs en meublé, professionnels ou non). Ces loueurs relèvent alors du régime du **réel normal d'imposition** à compter du premier jour de l'exercice en cours.

Le RSI présente les avantages d'un régime réel d'imposition : il permet, en particulier, de déduire du résultat les charges réellement acquittées, ce qui revêt un grand intérêt lorsque le pourcentage de charges dépasse l'abattement forfaitaire de 50 % prévu pour le régime micro-BIC. Dans le même temps, les obligations comptables et déclaratives restent relativement plus allégées que le régime réel normal.

b) Obligations comptables et déclaratives

148. – Les loueurs entrepreneurs individuels relevant des bénéfices industriels et commerciaux peuvent tenir une comptabilité « super-simplifiée », ce qui implique notamment :
– la tenue d'une comptabilité de caisse (encaissements, décaissements) ;
– la faculté de centraliser les écritures comptables trimestriellement ;
– l'absence de justification des frais généraux payés en espèces dans une limite de un pour mille du chiffre d'affaires (au minimum 150 €) ;
– la possibilité d'être dispensé de produire un bilan (au seul plan fiscal) si le chiffre d'affaires hors taxes est inférieur à 156 000 € (seuil 2011) pour l'activité de vente et de fourniture de logement (donc pour les loueurs relevant des BIC mais non éligibles à la qualification de loueurs en meublé), ou à 55 000 € pour les prestations de services (donc pour les loueurs en meublé, professionnels ou non).

L'option pour la comptabilité « super-simplifiée » doit être effectuée chaque année au sein de la déclaration de résultat.

Les résultats des locations meublées exploitées directement par le loueur doivent être déclarés sur les formulaires n° 2031, 2031 *bis*, 2031 *ter*, 2033 A (si non dispensé de produire un bilan), 2033 B (compte de résultat) et 2033 C à 2033 G.

3° Le régime du réel normal

a) Qui est concerné, quels sont les avantages ?

149. – Le régime du réel normal s'applique **de plein droit** aux loueurs dont le chiffre d'affaires annuel hors taxes est supérieur à :
– 777 000 € pour les activités de vente ou de fourniture de logement (donc pour les loueurs relevant des bénéfices industriels et commerciaux mais non éligibles à la qualification de loueurs en meublé) ;
– 234 000 € pour les autres prestations de services (donc pour les loueurs en meublé, professionnels ou non).

Ce régime s'applique également **sur option**, au profit des loueurs placés de plein droit sous le régime des micro-entreprises ou sous celui du RSI, étant rappelé que cette option doit être exercée avant le 1er février de l'année au titre de laquelle le loueur souhaite revendiquer le régime du réel normal. L'option est alors valable deux ans ; si elle n'est pas dénoncée par le loueur, elle est tacitement reconductible.

Ce régime présente, comme le RSI, l'avantage de pouvoir déduire des charges au-delà du seuil maximal du régime des micro-entreprises. En revanche, le régime réel est caractérisé par des obligations comptables et fiscales plus lourdes que le RSI. Il concernera généralement les loueurs ayant une activité importante, alors que les loueurs dont le chiffre d'affaires est moins significatif arbitreront entre le régime micro-entreprises et le RSI.

b) Obligations comptables et déclaratives

150. – Le loueur doit tenir une comptabilité régulière et sincère ; il doit également conserver toutes les pièces justificatives des écritures passées, qui devraient être produites à l'administration fiscale en cas de vérification de comptabilité.

Les résultats des locations meublées exploitées directement par le loueur doivent être déclarés sur les formulaires n°s 2031, 2031 *bis* et 2031 *ter*, ou par « télétransmission ».

Ces loueurs doivent adresser leur déclaration de résultat au service des impôts des entreprises (SIE) du lieu de situation du bien.

À noter que la déclaration du loueur doit être accompagnée notamment du bilan, du compte de résultat, du tableau des immobilisations, du tableau des amortissements, du tableau des provisions, de l'état des échéances des créances et des dettes à la clôture de l'exercice, ainsi que d'une série de documents fiscaux (tableaux de détermination du résultat fiscal, des déficits et provisions non déductibles, des écarts de réévaluation sur immobilisations amortissables, etc.).

D. – Règles spécifiques des locations saisonnières

151. – Pour la détermination du résultat BIC imposable en régime du réel, il faut distinguer selon que le loueur a choisi d'inscrire ou non l'immeuble à l'actif de son entreprise.

Le loueur en meublé, imposé selon le régime du bénéfice réel, qui a inscrit l'immeuble loué à l'actif de son entreprise, est en droit de déduire des recettes imposables la totalité des charges de propriété et des frais de gestion y afférents, ainsi que les amortissements dans la limite (19) prévue pour ces derniers. Mais il doit, corrélativement, comprendre dans les revenus imposables l'avantage en nature que lui procure la jouissance gratuite de son immeuble pendant la période où il l'occupe personnellement (20).

La valeur de l'avantage en nature que procure à un loueur en meublé la jouissance gratuite de son immeuble pendant la période où il l'occupe personnellement est égale au montant du loyer qu'il aurait pu obtenir s'il avait loué le bien pendant la période considérée (21).

Si l'exploitant décide de ne pas inscrire à son actif les locaux donnés en location, seuls les frais de gestion et les dépenses locatives, à l'exclusion des charges de propriété (telles que l'amortissement, les intérêts des emprunts contractés pour l'acquisition de l'immeuble, les réparations autres que de menu entretien, la taxe foncière), sont pris en compte pour la détermination du bénéfice imposable. En outre, si le propriétaire conserve la disposition des locaux une partie de l'année, il lui appartient de déterminer, en apportant les justifications suffisantes, le montant des charges engagées pour les besoins de la location. À cet égard, il y a lieu de considérer comme des dépenses se rattachant exclusivement à la location et présentant de ce fait le caractère de charges entièrement déductibles, notamment : la taxe professionnelle, les commissions d'agences, les frais d'annonces, les consommations personnelles du locataire en eau et en énergie dans la mesure où elles sont exactement connues. Quant aux dépenses qui ne sont pas rattachées en totalité à la location, elles ne peuvent être portées en déduction qu'au prorata de la durée des locations (22).

Remarque sur les frais et charges afférents à un bien donné en location dont le propriétaire se réserve partiellement la jouissance : pour la détermination du bénéfice commercial d'un contribuable imposable selon le régime du bénéfice réel

(19) Cf. CGI, art. 39 C.
(20) Doc. adm. DGI, 4 C-113, n° 5, 30 oct. 1997. – CE, 16 avr. 1980, req. n° 10828, RJ II, p. 39.
(21) Notamment Rép. min. Bussereau : *JOAN* 28 févr. 2000, p. 1292, n° 35485.
(22) Rép. min. Bussereau : *JOAN* 28 févr. 2000, p. 1292, n° 35485.

qui, par l'intermédiaire d'une société de gestion, loue en meublé pendant la saison touristique des studios dont il est propriétaire et qui s'en réserve la jouissance le reste de l'année, il doit être tenu compte non de la totalité des charges annuelles afférentes à ces locaux – telles que frais financiers, amortissements, frais de gestion notamment – mais uniquement d'une fraction de ces charges calculée au prorata de la durée de la location (CE, 1er févr. 1978, req. n° 2838).

L'administration précisa, dans sa documentation de base (23), que cette décision confirmait la doctrine selon laquelle la répartition des charges devait être effectuée *prorata temporis*, les immeubles devant être considérés comme ayant été à la disposition du propriétaire pendant toute la période pendant laquelle ils n'ont pas été donnés en location.

Cette décision pour le calcul du *prorata temporis* par le Conseil d'État et l'administration fiscale ne prend malheureusement pas en compte les périodes de vacation des locaux durant l'année, alors même que le propriétaire n'occupe pas ces derniers et qu'il a confié un mandat de location à une société de gestion immobilière.

Au cas particulier, le contribuable ayant conservé chaque année la disposition de deux studios durant trente-sept semaines, le service n'avait admis la déduction des frais financiers et de l'amortissement que dans la proportion de 15/52e. Il n'avait de même reconnu la déductibilité des frais de gestion que dans la proportion de 15/18e, la saison touristique couvrant seulement dix-huit semaines.

Le surplus des charges foncières se rapportant à la période pendant laquelle le propriétaire se réservait la jouissance des locaux n'est pas déductible, dès lors que l'exonération édictée à l'article 15-II du Code général des impôts (24) a pour contrepartie, l'interdiction de déduire les charges correspondantes.

Un autre arrêt du Conseil d'État (25) précisa que les charges de propriété et frais de gestion afférents à des immeubles donnés en location meublée saisonnière ne sont déductibles qu'au prorata de la durée effective de location, dès lors que ces immeubles ne peuvent être considérés comme affectés, par nature, au patrimoine commercial. Les charges correspondant à la période au cours de laquelle le contribuable a la jouissance des logements ne sont pas déductibles (26).

§ 4. – L'amortissement de l'immeuble face aux nouvelles normes comptables

A. – L'amortissement des biens immobiliers et du mobilier

152. – L'une des spécificités du statut de loueur en meublé est la possibilité de pouvoir faire figurer dans les charges déductibles (27) à la fois l'amortissement des biens immobiliers (hors taxes si la TVA est récupérable) et du mobilier mis à la disposition des locataires, mais également des frais d'acquisition (notamment les « frais de notaire »).

(23) Doc. adm. DGI, 4 C-113, n° 4.

(24) L'article 15-II du Code général des impôts dispose que les revenus des logements dont le propriétaire se réserve la jouissance ne sont pas soumis à l'impôt sur le revenu.

Cette exonération s'applique également aux locaux compris dans des exploitations agricoles et affectés à l'habitation des propriétaires exploitants.

(25) CE, 8 nov. 1989, n° 63967.

(26) CGI, art. 15, II.

(27) Les autres charges immobilières classiques comme les impôts fonciers, les frais de gestion, les primes d'assurance et les intérêts d'emprunt (le cas échéant) sont déductibles des loyers au même titre que la location nue.

Pour ce faire, il est nécessaire que le loueur, qu'il soit professionnel ou non, inscrive préalablement les biens mobiliers et immobiliers à l'actif du bilan de son entreprise individuelle ou de sa société, et qu'il soit soumis, de plein droit ou sur option, à un régime réel d'imposition.

Cette inscription n'est pas obligatoire et n'engendre aucune taxation au titre des plus-values. En effet, il n'y a pas cession de l'immeuble, et celui-ci reste dans le patrimoine privé du loueur.

Il conviendra de soustraire préalablement la quote-part du prix d'acquisition correspondant au terrain, non amortissable au plan comptable. Pour un lot en copropriété, celle-ci se situe, en général, entre 10 et 30 % du prix d'achat du bien (tranche haute s'agissant par exemple d'un immeuble situé en région parisienne où la valeur des terrains est élevée).

Les biens mobiliers, quant à eux, s'amortissent linéairement sur une durée comprise entre cinq et dix ans.

B. – Nouveauté du plan comptable général

153. – Les règles prévues en matière de définition, d'évaluation, de comptabilisation, de dépréciation et d'amortissement des actifs ont été modifiées substantiellement par les règlements du Comité de la réglementation comptable n° 2002-10 du 12 décembre 2002 et n° 2004-06 du 23 novembre 2004. Il est précisé que ces règlements ont eu pour effet de modifier les règles applicables aux comptes sociaux des entreprises pour les exercices ouverts à compter de 2005.

Les loueurs en meublé se plaçant, sur option ou de plein droit, à un régime réel d'imposition, doivent désormais pratiquer un amortissement comptable pour chaque élément d'actif en fonction de leur durée réelle d'utilisation respective prévue par l'entreprise.

L'administration fiscale, quant à elle, a dû adapter ses règles, et les a détaillées dans le *Bulletin officiel des impôts* 4 A-13-05 n° 213 du 30 décembre 2005 (28).

C. – L'approche par composants

154. – La notion de composant est définie en matière comptable à l'article 311-2 du Plan comptable général (29). Du point de vue fiscal, il a été fait référence à la notion de composant dans les dispositions de l'article 237 *septies* du Code général des impôts, qui fixent plus spécifiquement les règles applicables aux conséquences fiscales de la première application de la méthode par composants (30).

---

(28) Cf. *http://www11.minefi.gouv.fr/boi/boi2005/4fepub/textes/4a1305/4a1305.pdf.*

(29) PCG, art. 311-2 – (Règl. CRC n° 2002-10 et n° 2004-06). – Lorsque des éléments constitutifs d'un actif sont exploités de façon indissociable, un plan d'amortissement unique est retenu pour l'ensemble de ces éléments. Cependant, si dès l'origine, un ou plusieurs de ces éléments ont chacun des utilisations différentes, chaque élément est comptabilisé séparément et un plan d'amortissement propre à chacun de ces éléments est retenu. Les éléments principaux d'immobilisations corporelles devant faire l'objet de remplacement à intervalles réguliers, ayant des utilisations différentes ou procurant des avantages économiques à l'entité selon un rythme différent et nécessitant l'utilisation de taux ou de modes d'amortissement propres, doivent être comptabilisés séparément dès l'origine et lors des remplacements.

(30) Il convient ainsi de se référer à la définition figurant à l'article 15 *bis* de l'annexe II du Code général des impôts :

« Pour la détermination du bénéfice imposable résultant de l'application aux immobilisations de la méthode par composants, sont regardés comme des composants les éléments principaux d'une immobilisation corporelle : 1° Ayant une durée réelle d'utilisation différente de celle de cette immobilisation ; 2° Et devant être remplacés au cours de la durée réelle d'utilisation de cette immobilisation. »

Sont ainsi considérés comme des composants les éléments principaux d'une immobilisation corporelle qui satisfont cumulativement aux deux conditions suivantes :

– ils doivent avoir une durée réelle d'utilisation différente de celle de l'immobilisation à laquelle ils se rattachent ;

– ils doivent faire l'objet de remplacement au cours de la durée réelle d'utilisation de l'immobilisation corporelle à laquelle ils se rattachent.

Il est à noter que la partie non décomposée de l'immobilisation, qualifiée de « structure », est le gros-œuvre pour les immeubles.

Ainsi, un immeuble se voit décomposer en divers « éléments » comme les agencements intérieurs, la toiture, les installations électriques ou l'étanchéité, qui se déprécieront plus rapidement que le gros œuvre (ou autrement qualifié de « structure ») et doivent par conséquent être remplacés au fil du temps.

Il convient donc, sur le plan comptable, d'isoler préalablement les différents composants de l'immobilisation puis de déterminer pour chacun d'entre eux leur durée d'amortissement.

Toujours au plan comptable, et après l'entrée en vigueur de cette réforme, c'est désormais la durée normale d'utilisation qui doit être retenue et non la durée d'usage.

Par ailleurs, la base de calcul de l'amortissement est en principe constituée de la valeur brute de l'actif sous déduction de sa valeur résiduelle.

La valeur brute est définie comme étant la valeur d'entrée de l'actif dans le patrimoine ou de sa valeur réévaluée. La valeur résiduelle, quant à elle, correspond au montant, net des coûts de sortie attendus, que l'entreprise pourrait obtenir de la cession de l'actif sur le marché à la fin de son utilisation.

Maintenant, puisque l'on sait qu'une structure d'immeuble est presque toujours, à terme, supérieure à son prix d'acquisition, il est normal de ne pas pouvoir l'amortir au plan comptable.

D. – L'amortissement au plan fiscal

155. – Ne suivant pas les règles comptables, l'administration admet un amortissement à la fois des composants, mais également de la structure, sur la base du seul prix de revient.

1° La durée d'amortissement des composants (hors structure)

156. – Si ceux-ci sont identifiables à l'origine, ils doivent être amortis sur la durée d'usage propre à chaque nature d'industrie, de commerce ou d'exploitation.

Or par le passé, l'immeuble s'amortissait dans son ensemble, puisque les usages ne prévoyaient pas en général de durée spécifique pour les différents composants.

L'instruction du 30 décembre 2005 répond à cette problématique : « en l'absence d'usage identifié pour des éléments constitutifs de composants, **la durée d'amortissement retenue sur le plan fiscal pour ces éléments doit correspondre à la durée normale d'utilisation du bien apprécié individuellement** (...). En d'autres termes, en l'absence d'usage, la durée normale d'utilisation pour les composants correspond à la durée de vie de l'élément. »

Ainsi, en pratique, la durée d'amortissement des composants devrait correspondre à la durée à courir jusqu'à son remplacement.

Cette durée normale d'utilisation devrait correspondre dans la plupart des cas à la durée comptable. Toutefois, l'attention est appelée sur le fait que la durée normale d'utilisation d'un composant peut, dans certaines situations, ne pas correspondre nécessairement à la durée qui sera effectivement utilisée en matière comptable.

Dans le cas où des usages seraient déjà identifiés pour certains composants, il convient bien entendu de se référer à ceux-ci pour déterminer la durée d'amortissement fiscale des composants concernés.

Tel est le cas des éléments correspondant aux installations et agencements qui pouvaient déjà faire l'objet d'un amortissement séparé par rapport aux constructions et pour lesquels une durée d'amortissement entre dix ans à vingt ans est généralement admise.

2° La durée d'amortissement de la structure

157. – L'instruction fiscale précitée établit une distinction entre les immeubles de placement et ceux affectés à l'exploitation de l'entreprise.

Pour ces premiers, il s'agit des biens immobiliers inscrits à l'actif immobilisé et non affectés par l'entreprise à sa propre exploitation industrielle, commerciale, agricole ou à l'exercice d'une profession non commerciale.

L'administration ne s'est pas prononcée à ce jour sur la qualification des locaux loués en meublé.

Même s'il conviendrait qu'elle apporte des précisions en la matière dans une prochaine instruction, les locaux en meublé semblent rentrer dans la catégorie des immeubles de placement puisque l'entreprise n'en fait pas une utilisation propre pour y loger ses bureaux, salariés, etc.

Ainsi, au plan fiscal, le loueur en meublé ne pourrait pas dans ce cas se prévaloir de la durée d'usage, ce qui l'empêcherait de constater des amortissements fiscaux dérogatoires.

Ce serait donc bien la durée réelle d'utilisation qui devrait être retenue, ce qui ne permettrait pas d'amortir la structure entre vingt et cinquante ans comme auparavant, mais plutôt entre cinquante et cent ans.

E. – Valeur et durée d'utilité des composants des immeubles

158. – L'instruction fiscale du 30 décembre 2005 reproduit des fourchettes de valeurs et durée d'utilité pour des immeubles.

Trois principaux composants sont retenus, en plus de la structure (gros œuvre), qui sont les façades (y compris l'étanchéité), les installations générales et techniques (IGT) et les agencements.

Tableau « Composants »

	LOCAUX D'ACTIVITÉS		**CENTRES COMMERCIAUX**		**LOGEMENTS**		**BUREAUX**	
	Durée/ ans *	Quote-part/% **	Durée/ ans *	Quote-part/% **	Durée/ ans *	Quote-part/% **	Durée/ ans *	Quote-part/% **
Terrains***								
Gros œuvre	25-50	60-90	> 40	40-60	> 50	40-50	40 ≥	40-60
Façades, étanchéité	20-40	5-10	20-30	10-25	20-50	5-20	20-40	10-25
IGT	15-30	5-15	10-25	15-30	15-30	20-30	15-30	15-30
Agencement	7-15	5-15	5-10	10-20	5-15	20-25	7-15	10-20

* Fourchette de durée notamment selon localisation.

** Déterminée sur la base du prix de revient actuel d'une opération de construction neuve.

*** Pour les localisations les plus chères, notamment les immeubles situés dans les quartiers d'affaires de Paris *intramuros* une ouverture de la fourchette d'évaluation des experts a été recommandée.

À titre d'exemple, un éditeur de logiciel informatique spécialisé en gestion de patrimoine propose, par défaut, les critères suivants pour son simulateur d'investissement en location meublée :

Décomposition des constructions

	MONTANT EN %	**DURÉE D'AMORTISSEMENT EN ANNÉES**
Gros œuvre	50	50 (2 %/an)
Façade	10	25 (4 %/an)
IGT	25	20 (5 %/an)
Agencement	15	15 (6,67 %/an)
Total	**100**	

Mais nous pourrions également retenir une toute autre décomposition, plus détaillée, avec par exemple la quote-part afférente aux installations électriques, à la toiture et à un ascenseur.

Prenons l'exemple d'un appartement acquis pour 243 122 € avec une valeur de biens immobiliers de 9 197 € (cf. simulation *infra*).

Le plan d'amortissement pour chaque composant pourrait être le suivant :

Composants

TERRAIN		**100 %**	**34 468 €**
Construction	Gros œuvre	70 %	146 058 €
208 654 €	Toiture	10 %	20 865 €
	Installations électriques	5 %	10 433 €
	Étanchéité	5 %	10 433 €
	Ascenseur	2 %	4 173 €
	Aménagements intérieurs	8 %	16 692 €
	Total	**100 %**	**208 654 €**

DOTATION AUX AMORTISSEMENTS DU TERRAIN ET DE LA CONSTRUCTION					
Terrain		Aucun amortissement possible	0 %	années	
Construction	Gros œuvre	146 058 €	1,25 %	80	1 826 €
	Toiture	20 865 €	4,00 %	25	835 €
	Installations électriques	10 433 €	4,00 %	25	417 €
	Étanchéité	10 433 €	6,67 %	15	696 €
	Ascenseur	4 173 €	6,67 %	15	278 €
	Aménagements intérieurs	16 692 €	6,67 %	15	1 113 €
	Total	**208 654 €**			**5 165 €**

DOTATION AUX AMORTISSEMENTS DU MOBILIER			
9 197 €	soit	920 €	Par an
Années amortissement		10	
DOTATION ANNUELLE AUX AMORTISSEMENTS :		**6 085 €**	

Ces valeurs sont à prendre avec précaution, car le choix final des durées d'amortissement et des valeurs seront à apprécier au cas par cas, notamment en fonction de l'emplacement et de la qualité de construction.

F. – Le report des amortissements et leur limitation

159. – L'article 39 C du Code général des impôts dispose que l'amortissement déductible des locaux, du mobilier et des améliorations ne peut pas dépasser le montant total des loyers diminué des charges relatives au bien loué (l'entretien, les réparations, les frais d'assurance, etc.) (31).

La fraction de l'amortissement régulièrement comptabilisée au titre d'un exercice, dont la déduction en franchise d'impôt a été écartée en application de l'article 39 C, II-2 du Code général des impôts, peut être déduite du résultat des exercices suivants, en sus de l'annuité normale ou, à défaut, après l'expiration de la durée normale d'utilisation du bien, à la condition que l'ensemble des amortissements déduits au titre d'un exercice déterminé demeure dans la limite du montant des loyers acquis diminué des autres charges.

L'amortissement ne pourra pas, par exemple, venir augmenter le déficit imputable sur le revenu global qu'un loueur en meublé professionnel aurait créé la première année en choisissant d'imputer en charge ses frais d'acquisition.

En synthèse, il est donc à noter qu'un loueur en meublé (professionnel ou non) pourra présenter un résultat d'exercice comptable différent de son résultat fiscal, notamment en cas de déficit créé par l'amortissement des locaux. Ces derniers seront, au plan fiscal, « stockés » **sans limitation de durée**, et viendront s'imputer dès qu'un résultat fiscal des exercices suivants sera bénéficiaire, sans pouvoir toutefois créer ou accentuer le moindre déficit. Ils ne pourront, au mieux, que ramener le résultat du loueur à zéro.

En pratique

Afin de ne pas les perdre, il conviendra, pour tous les loueurs souhaitant amortir leurs locaux, de joindre à leur déclaration fiscale annuelle un relevé détaillé des amortissements régulièrement comptabilisés comprenant notamment la liste des éléments décomposés, les valeurs et durées choisies pour chacun d'entre eux, ainsi que le montant global des amortissements fiscaux différés non imputés.

Toutefois, le montant d'amortissement pouvant être imputé diffère quelque peu du résultat fiscal positif du loueur.

En effet, l'administration fiscale, dans sa documentation de base (DGI 4 D 262), précise que les dépenses à prendre en compte pour déterminer la fraction de résultat sur laquelle l'amortissement peut être imputé sont celles qui ont été supportées en vue de l'acquisition ou de la conservation du revenu locatif, notamment :

– les dépenses de gestion, d'entretien, de réparation, d'assurance ;

– les charges afférentes aux emprunts contractés pour l'acquisition, la construction, la réparation ou l'amélioration des immeubles ;

– les frais de gérance et de rémunération des gardes ou concierges ;

– les taxes foncières et les taxes annexes à ces impôts.

Toutefois, cette même documentation de base précise qu'en raison de leur caractère exceptionnel, **il a été décidé de faire abstraction des dépenses**

(31) Cela s'applique lorsque les biens sont loués, aussi bien directement ou indirectement par des personnes physiques, que par des sociétés soumises au régime des sociétés de personnes.

relatives aux réparations affectant le gros œuvre, des dépenses de ravalement et de grosses réparations de toitures.

Par ailleurs, le Conseil d'État, dans un arrêt du 26 juillet 1991 (32), **exclut également la taxe professionnelle (remplacée désormais par la contribution économique territoriale),** qui n'est pas pour lui une charge afférente au bien donné en location mais une « charge fiscale afférente à l'activité professionnelle » du loueur.

Idem quant aux loueurs exerçant à travers une société soumise au régime de la translucidité fiscale, l'article 39 C dispose qu'en cas de location de biens **consentie directement ou indirectement par une personne physique**, le montant de l'amortissement de ces biens ou parts de copropriété est admis en déduction du résultat imposable, au titre d'un même exercice, dans la limite du montant du loyer acquis, ou de la quote-part du résultat de la copropriété, diminué du montant des autres charges afférentes à ces biens ou parts.

À l'inverse, un holding imposé à l'impôt sur les sociétés détenant, à son actif de bilan, des parts d'une société ayant une activité de location meublée soumise à un régime de translucidité fiscale, sera *a priori*, soumis à la nouvelle rédaction de l'article 39 C du Code général des impôts issu de la modification apportée par l'article 77 de la loi de finances rectificatives 2006.

Cet article, s'appliquant aux contrats de location conclus à compter du 1er janvier 2007, dispose qu'en cas de location de biens situés ou exploités ou immatriculés en France consentie par une société fiscalement translucide, le montant de l'amortissement de ces biens est admis en déduction du résultat imposable. L'article ajoute « Pendant une période de trente-six mois décomptée à partir du début de la mise en location ou de la mise à disposition, cet amortissement est admis en déduction, au titre d'un même exercice, dans la limite de trois fois le montant des loyers acquis… ».

§ 5. – Les frais et droits d'acquisition

160. – Les frais d'acquisition (notamment les droits de mutation et d'enregistrement, honoraires du notaire, honoraires des intermédiaires, frais d'acte) sont, depuis le 1er janvier 2005, à comptabiliser en charge d'exploitation ou à incorporer en immobilisation (33), au choix du loueur.

En pratique, le choix de l'option (immobilisation ou charge), irrévocable, sera à formaliser sur papier libre et joint à la déclaration des résultats du premier exercice du loueur.

Pour aller plus loin

161. – Comme les déficits BIC non professionnels, depuis le 1er janvier 2009, ne sont imputables que sur des revenus de location meublée non professionnels, il pourra être opportun pour des LMNP soumis au régime du réel qui présentent déjà annuellement une base d'imposition quasi-nulle, d'inscrire en immobilisation à l'actif de leur bilan leur frais d'acquisition afin d'accroître leur base d'amortissement.

(32) CE, 7e et 8e ss-sect., 26 juill. 1991, req. n° 79903 : *Dr. fisc.* 1992, n° 51, comm. 2400).

(33) Le compte « charge à répartir », est supprimé depuis l'entrée en vigueur des nouvelles règles comptables (1er janv. 2005).

§ 6. – Les frais d'établissement

162. – Les frais d'établissement sont les dépenses engagées en vue de créer ou de développer l'entreprise et dont le montant ne peut être rapporté à des productions de biens et de services déterminés.

Il s'agit, selon le Plan comptable général des frais de constitution (droits d'enregistrement sur les apports, honoraires d'avocats, débours résultant des formalités légales de publication), frais de premier établissement et frais d'augmentation de capital (fusions, scissions, etc.).

Il est à noter que les nouvelles règles comptables ne modifient pas le traitement des frais d'établissement : ces derniers constituent, en principe, des charges de l'exercice au cours duquel ils ont été engagés, mais ils peuvent être inscrits à l'actif et amortis dans un délai maximal de cinq ans (dotations annuelles au minimum de 1/5 selon l'administration fiscale).

§ 7. – Location meublée et droits de mutation à titre gratuit

A. – Paiement fractionné et différé des droits de succession ou donation

163. – Sous conditions, les héritiers ou donataires peuvent bénéficier d'un paiement différé et/ou fractionné des droits dus sur la transmission d'entreprises individuelles ou de société ayant une activité de location meublée.

Le crédit de paiement éventuel est subordonné à une demande du contribuable, laquelle doit comporter une offre de garanties. Si la demande de crédit est acceptée par l'administration fiscale, les droits donnent lieu au paiement d'un intérêt légal fixé au jour de la demande (au taux légal). Le taux de ce crédit demeurera inchangé pendant toute la durée du crédit.

1° Les loueurs en meublé non professionnels

164. – Lorsqu'il s'agit d'une transmission par donation, aucun différé ou fractionnement de paiement n'est autorisé. Les droits de donation doivent être payés au comptant lors du dépôt de la déclaration.

En revanche, lorsqu'il s'agit de droits de succession, les loueurs en meublé non professionnels peuvent bénéficier sous conditions d'un paiement :

– fractionné : le paiement des droits est alors acquitté en plusieurs versements égaux et à intervalles de six mois au plus, sur une période maximale de cinq ans (ou dix ans si l'actif héréditaire comprend, à concurrence de 50 % au moins, des biens non liquides (34)) ;

– différé : le paiement des droits peut être reporté sous conditions (notamment lorsque la succession comporte dévolution de biens en nue-propriété).

2° Les loueurs en meublé professionnels

165. – Les loueurs en meublé professionnels peuvent, quant à eux, bénéficier sous conditions d'un paiement différé et fractionné (35) des droits de succession et de donation.

---

(34) Les biens non liquides sont ceux énumérés à l'article 404 A, I de l'annexe III au Code général des impôts. Il s'agit notamment des immeubles et des valeurs mobilières non cotées.

(35) CGI, ann. III, art. 397 A et 404 GA à 404 GD.

La réponse ministérielle Falco du 21 mai 1990 (36) précise que :

« Pour bénéficier du régime de paiement différé et fractionné des droits de mutation a titre gratuit institué par le décret n° 85-356 du 23 mars 1985, la mutation doit porter sur l'ensemble des biens meubles et immeubles affectés à l'exploitation d'une entreprise qui doit avoir été exploitée par le défunt ou le donateur. (...) Dans ces conditions, le bénéfice du paiement différé et fractionné est susceptible d'être accordé à la mutation des biens servant à l'exercice d'une activité de loueur en meublé professionnel au sens de l'article 151 *septies* du Code général des impôts, quel que soit le montant du chiffre d'affaires qui sera réalisé ensuite par les bénéficiaires des biens transmis. »

Ainsi, le paiement peut être différé pendant cinq ans (seul un intérêt au taux de l'intérêt légal devra être versé annuellement) et, à l'expiration de ce délai, être fractionné sur dix ans à raison de 1/20 tous les six mois assorti d'un intérêt exigible chaque semestre.

L'intérêt légal s'élève à 0,7 % pour les demandes formulées en 2012. Ce taux est réduit des deux tiers (soit un intérêt au taux de 0,2 %) lorsque la valeur de l'entreprise ou la valeur nominale des titres comprise dans la part taxable de chaque héritier ou légataire est supérieure à 10 % de la valeur de l'entreprise ou du capital social, ou lorsque, globalement, plus du tiers du capital social est transmis (37).

B. – Réduire le coût fiscal de sa transmission avec un engagement de conservation

166. –Une exonération partielle de droits de mutation à titre gratuit, à concurrence de 75 % de leur valeur, sur les transmissions d'entreprises, que celles-ci soient exploitées sous la forme sociale (CGI, art. 787 B) ou sous la forme individuelle (CGI, art. 787 C).

En matière de transmission d'une entreprise individuelle, l'article 787 C dispose que :

« Sont exonérés de droits de mutation à titre gratuit, à concurrence de 75 % de leur valeur, la totalité ou une quote-part indivise de l'ensemble des biens meubles et immeubles, corporels ou incorporels affectés à l'exploitation d'une entreprise individuelle ayant une activité industrielle, commerciale, artisanale, agricole ou libérale transmis par décès ou entre vifs si les conditions suivantes sont réunies :

a. L'entreprise individuelle mentionnée ci-dessus a été détenue depuis plus de deux ans par le défunt ou le donateur lorsqu'elle a été acquise à titre onéreux ;

b. Chacun des héritiers, donataires ou légataires prend l'engagement dans la déclaration de succession ou l'acte de donation, pour lui et ses ayants cause à titre gratuit, de conserver l'ensemble des biens affectés à l'exploitation de l'entreprise pendant une durée de quatre ans à compter de la date de la transmission ;

c. L'un des héritiers, donataires ou légataires mentionnés au *b.* poursuit effectivement pendant les trois années qui suivent la date de la transmission l'exploitation de l'entreprise ;

d. En cas de non-respect de la condition prévue au *b.* par suite d'une donation, l'exonération partielle accordée au titre de la mutation à titre gratuit n'est pas remise en cause, à condition que le ou les donataires soient le ou les descendants du donateur et que le ou les donataires poursuivent l'engagement prévu au b jusqu'à son terme. »

En matière de transmission d'entreprises exploitées en la forme sociale, l'article 787 B du Code général des impôts dispose que :

« Sont exonérées de droits de mutation à titre gratuit, à concurrence de 75 % de leur valeur, les parts ou les actions d'une société ayant une activité industrielle, commerciale, artisanale, agricole ou libérale transmises par décès ou entre vifs si les conditions suivantes sont réunies :

a. Les parts ou les actions mentionnées ci-dessus doivent faire l'objet d'un engagement collectif de conservation d'une durée minimale de deux ans en cours au jour de la transmission,

(36) Rép. min. Falco : *JOAN* 21 mai 1990, n° 25725.
(37) CGI, ann. III, art. 404 GA.

qui a été pris par le défunt ou le donateur, pour lui et ses ayants cause à titre gratuit, avec d'autres associés.

(...)

***d.* L'un des associés mentionnés au *a.* ou l'un des héritiers, donataires ou légataires mentionnés au *c.* exerce effectivement dans la société dont les parts ou actions font l'objet de l'engagement collectif de conservation, pendant la durée de l'engagement prévu au *a.* et pendant les trois années qui suivent la date de la transmission, son activité professionnelle principale si celle-ci est une société de personnes visée aux articles 8 et 8 *ter*, ou l'une des fonctions énumérées au 1° de l'article 885 O *bis* lorsque celle-ci est soumise à l'impôt sur les sociétés, de plein droit ou sur option ».**

Pour aller plus loin

167. – Au regard du droit privé, la location en meublé constitue une activité civile. En matière d'impôts directs, elle est assimilée à une activité commerciale relevant des BIC (38). A ce titre, une activité de loueur en meublé professionnel doit pouvoir bénéficier de l'exonération partielle des articles 787 B et C du Code général des impôts.

Si, en son principe, une activité de loueur en meublé est susceptible d'être éligible à l'avantage fiscal, les conditions d'application du texte constituent, en pratique, un véritable obstacle à son application.

En effet, si l'exercice d'une activité professionnelle par le donateur ou le défunt n'est pas exigé par le texte légal, il en va différemment pour les héritiers ou les donataires.

Le texte exige que « l'un des héritiers, donataires ou légataires mentionnés au ***c.*** exerce effectivement dans la société, dont les parts ou actions font l'objet de l'engagement collectif de conservation, pendant la durée de l'engagement prévu au ***a.*** et pendant les trois années qui suivent la date de la transmission, son activité professionnelle principale si celle-ci est une société de personnes visée aux articles 8 et 8 ***ter*** du CGI » (39).

Or, pour l'application de cette condition, l'Administration (40) estime qu'il s'agit d'une exploitation exercée à titre principal : « d'une manière générale, la profession consiste dans l'exercice à titre habituel d'une activité de nature industrielle, commerciale, artisanale, agricole ou libérale et qui procure à celui qui l'exerce les moyens de satisfaire aux besoins de l'existence ». Surtout, l'instruction précise : « Bien entendu, cette profession doit être effectivement exercée, ce qui suppose l'accomplissement d'actes précis et de diligences réelles ».

En matière d'entreprise individuelle, l'Administration (41) précise que « L'un des héritiers, donataires ou légataires doit effectivement exploiter l'entreprise pendant les cinq années qui suivent la transmission à titre gratuit. Cette condition implique que cette personne exerce à titre habituel et principal son activité au sein de l'entreprise.

Lorsqu'une personne exerce simultanément plusieurs professions, l'activité principale s'entend normalement de celle qui constitue pour le redevable l'essentiel de ses activités économiques, même si elle ne dégage pas la plus grande part de ses revenus. À titre de faisceaux d'indices, on s'attachera à des éléments comme le temps passé dans chaque activité, l'importance des responsabilités exercées et des difficultés rencontrées.

Dans l'hypothèse où un tel critère ne peut être retenu (par exemple lorsque les diverses activités professionnelles sont d'égale importance), il convient de considérer que l'activité principale est celle qui procure à l'intéressé la plus grande part de ses revenus. »

En pratique, il est très rare que des donataires puissent respecter cette condition en consacrant l'essentiel de leur activité à exploiter des locaux meublés.

(38) Cf. Doc. adm. DGI, 4 F-1113, n° 1, 7 juill. 1998.

(39) Sont notamment visées par l'article 8 du Code général des impôts les sociétés à responsabilité limitée qui ont opté pour le régime fiscal des sociétés de personnes, ainsi que les associés des sociétés en nom collectif et les commandités des sociétés en commandite simple qui n'ont pas opté pour le régime fiscal des sociétés de capitaux.

(40) Instr. 18 juill. 2001 : *BOI* 7 G-6-01, n° 29.

(41) Instr. 22 mars 2012 : *BOI* 7 G-3-12 n° 132.

§ 8. – Les obligations fiscales déclaratives des loueurs en meublé

A. – La déclaration préalable d'existence

168. – L'investisseur souhaitant exercer une activité de loueur en meublé doit remplir, au préalable, une déclaration fiscale d'existence auprès du centre de formalité des entreprises (CFE) (42) :

– formulaire « P0 » si l'exercice de l'activité est en direct : le loueur se verra attribuer un numéro de SIRET (création d'une entreprise individuelle) ;

– formulaire « M0 » pour un exercice en société.

Les informations contenues dans le formulaire P0 ou M0 sont destinées à être transmises par le centre de formalité des entreprises à différents organismes et administrations intéressés par la création de l'entreprise. La Direction générale des finances publiques en fait partie.

Ce cadre permet d'informer l'administration fiscale des choix effectués par le créateur en fonction de la manière dont il anticipe le futur déroulement de son activité.

Le futur loueur a, en effet, deux options :

– la première concerne le régime d'imposition des bénéfices de l'entreprise et par voie de conséquence de ses propres revenus (*i.e.* les options BIC), qu'il choisisse l'entreprise individuelle ou la société ;

– la seconde concerne la TVA (franchise en base, réel simplifié, réel normal).

B. – Les autres obligations déclaratives

169. – Le loueur devra établir chaque année une déclaration de revenus BIC :

– déclaration n° 2042-C dans tous les cas ;

– déclaration n° 2031 complétée soit des imprimés 2033 A à G pour les régimes réels simplifiés d'imposition, soit des imprimés compris dans le formulaire n° 2050-LIASSE, (comprenant entre autres le n° 2058 A de détermination du résultat fiscal) pour les régimes reéls normaux d'imposition. À adresser au service des impôts des entreprises (SIE) du lieu de situation du bien.

NB : la déclaration doit être souscrite par celui des époux qui exerce personnellement l'activité (CGI, art. 172-3).

Les lecteurs se reporteront aux paragraphes 144 et suivants du présent ouvrage pour un exposé des différents régimes d'imposition et des obligations comptables et déclaratives associées.

Par ailleurs, il devra remplir une déclaration de contribution économique territoriale (CET) (anciennement taxe professionnelle) s'il n'en est pas exonéré au début de son activité.

Enfin, il devra établir une déclaration de TVA en cas d'assujettissement.

(42) Le CFE compétent pour déclarer la création de l'entreprise individuelle ou la société pourra être trouvé sur *http://annuaire-cfe.insee.fr*

Chapitre 2

RÈGLES SPÉCIFIQUES À LA LOCATION EN MEUBLÉ PROFESSIONNELLE (LMP)

170. – Le régime juridique de la location en meublé présente une série d'avantages, caractérisée notamment par une plus grande souplesse juridique comparaison faite avec le régime de la location de locaux nus d'habitation.

La principale raison de l'attractivité de la location en meublé demeure néanmoins son **régime fiscal** (tant pour les professionnels que pour les non professionnels).

La location en meublé a longtemps été choisie par de nombreux investisseurs en vue d'optimiser la fiscalité des revenus locatifs et l'ISF, tout en permettant la constitution d'un patrimoine immobilier pouvant être cédé, à terme, en franchise d'impôt de plus-values.

Certains ont également pu accueillir la location en meublé comme un dispositif fiscalement pérenne et sécurisant. Or, la loi de finances pour 2009 a profondément modifié les règles fiscales applicables à la location en meublé, rendant nécessaire une reconsidération de ses contours.

En effet, dans la lignée des mesures relatives au « plafonnement des niches fiscales », le législateur a estimé que les avantages fiscaux de la location en meublé devaient devenir plus difficiles à obtenir : c'est ainsi notamment que la définition du caractère professionnel de la location en meublé a été sérieusement restreinte depuis 2009.

§ 1. – Une définition profondément remaniée

171. – L'article 151 *septies* du Code général des impôts (CGI) définit comme professionnelles les locations en meublé réunissant les **trois conditions cumulatives** suivantes (depuis 2009, y compris pour les locations en cours) :

– un membre du foyer fiscal au moins est inscrit au registre du commerce et des sociétés (RCS) en qualité de loueur professionnel (A) ;

– les recettes annuelles retirées de cette activité par l'ensemble des membres du foyer fiscal excèdent 23 000 € (« montant minimal de recettes ») (B) ;

– ces mêmes recettes excèdent les revenus d'activité et de remplacement du foyer fiscal (« prépondérance des recettes de location ») (C).

A. – Un membre du foyer fiscal au moins est inscrit au registre du commerce et des sociétés (RCS) en qualité de loueur professionnel

172. – La loi imposait déjà, avant la loi de finances pour 2009, que **le loueur** soit inscrit au RCS, **mais** depuis 2009, cette condition peut être respectée au niveau du foyer fiscal : par exemple dans le cadre d'un couple marié, si Monsieur est inscrit au RCS, les revenus des locations meublées réalisés par Madame, qui ne serait pas inscrite au RCS, pourront bénéficier du régime LMP.

Il est rappelé que si l'activité est exercée par une **société de personnes**, les associés n'ont pas à être inscrits en tant que personnes physiques au RCS : cette inscription peut être mise en œuvre par la seule société (1).

Au plan pratique, comme auparavant, les contribuables feront face au risque que certains greffes de tribunaux de commerce **refusent de les inscrire au RCS**, dans la mesure où, sauf fourniture significative de prestations diverses (nettoyage de locaux, repas, lavage du linge…), la location en meublé a un **caractère civil** et non commercial.

Malgré ce risque, l'administration adopte une position clémente depuis 1992 : la qualité de loueurs en meublé professionnels est reconnue aux personnes qui, remplissant par ailleurs la condition relative à l'importance des recettes, sont inscrites au registre du commerce ou des sociétés ou n'y sont pas inscrites du seul fait du **refus du greffe motivé par le caractère non commercial** de l'activité. Mais attention : seule la production par le contribuable d'une copie de la décision du greffe peut apporter la preuve du motif du refus d'inscription. Cette décision doit donc être **conservée** pendant la totalité de la période d'exercice de l'activité (2).

B. – Les recettes annuelles retirées de cette activité par l'ensemble des membres du foyer fiscal excèdent 23 000 € (« montant minimal de recettes »)

173. – L'administration avait déjà adopté cette position : lorsque plusieurs membres d'un même foyer fiscal dont les revenus sont imposés sous une cote unique se livrent à la location directe ou indirecte de locaux meublés ou destinés à être loués meublés, le seuil de 23 000 € est déterminé **par référence au montant total des recettes** de location en meublé réalisées par le foyer fiscal (3). La loi de finances pour 2009 a donc légalisé cette position.

À noter que les revenus à additionner, pour vérifier ce seuil, comprennent principalement les loyers et les recettes accessoires (et non les produits financiers, subventions, ni les produits de cessions d'immobilisations), au titre de l'année civile. Selon l'instruction 4 F-3-09, les recettes sont prises en considération **toutes taxes comprises**, et s'entendent du total des loyers acquis, le cas échéant charges comprises, au sens du 2 *bis* de l'article 38 du Code général des impôts.

---

(1) Instr. n° 76, 30 juill. 2009, 4 F-3-09.

(2) Rép. min. Beaulieu : *JOAN* 28 oct. 2008, p. 9266, n° 19560. – Instr. n° 76, 30 juill. 2009, 4 F-3-09 n° 13.

(3) Instr. 11 févr. 1983, 4 F-1-83. – Doc. adm. DGI, 4 F-1113, n° 67, 7 juill. 1998.

Selon la doctrine déjà établie par l'administration fiscale (confirmée par l'instruction 4 F-3-09), lorsque des locations en meublé sont consenties **par une société** ou un groupement soumis au régime des **sociétés de personnes,** le point de savoir si la **limite** de 23 000 € est ou non dépassée doit être apprécié non pas au niveau de la société ou du groupement **mais distinctement pour chaque associé**, en répartissant les recettes de location en meublé entre chacun d'entre eux, au prorata de leurs droits dans les bénéfices sociaux (4).

Lorsque les membres du foyer fiscal exercent indirectement une telle activité, ensemble ou séparément, au travers d'une ou plusieurs **sociétés relevant du régime fiscal des sociétés de personnes,** le seuil de 23 000 € s'apprécie par référence au montant cumulé des quotes-parts de recettes réalisées par chacune de ces sociétés, calculées au prorata des droits du ou des membres du foyer fiscal dans leurs bénéfices sociaux (5).

Pour aller plus loin

174. – Lorsque la location meublée d'un local d'habitation débute en cours d'année, la loi prévoit un ajustement ***prorata temporis*** des recettes de l'année : les recettes sont ramenées à douze mois, et l'ajustement est effectué en fonction du nombre de jours de location par rapport à 365.

À noter que la location du local d'habitation est réputée commencer à la date de son acquisition ou, si l'acquisition a eu lieu avant l'achèvement, à la date de cet achèvement. Cette règle s'applique également lorsque le local d'habitation n'était pas affecté à la location meublée dès l'origine ou n'a été inscrit au bilan que postérieurement à son acquisition (date de signature de l'acte authentique) ou son achèvement.

L'instruction 4 F-3-09 propose un exemple pratique d'application de cette règle :

Monsieur X détient depuis 1990 un immeuble d'habitation qu'il donne depuis son acquisition en location meublée pour un montant de 1 700 € par mois. Monsieur X a, en outre, acquis un immeuble en l'état futur d'achèvement le 1er janvier 2010 et s'inscrit au RCS à cette occasion. Cet immeuble a été achevé le 15 juillet 2011, et mis en location effective le 1er septembre 2011. En 2011, Monsieur X a perçu des recettes relatives à cet immeuble s'élevant à 10 000 €, le loyer mensuel s'élevant à 2 500 €. Pour l'application du prorata temporis***, la location est réputée avoir débuté le 15 juillet 2011, soit une durée de location de 170 jours. Le montant des recettes à prendre en compte pour l'appréciation du caractère professionnel de l'activité s'élève, en 2010, à 20 400 € et, en 2011, à 20 400 + 10 000 × 365/170 = 41 871 €.***

L'administration précise que les recettes doivent également être ajustées ***prorata temporis*** en cas de cessation totale de l'activité de location meublée, appréciée globalement au niveau du foyer fiscal. Dans ce cas, les recettes afférentes à chacun des immeubles cédés devraient être ramenées à douze mois. En revanche, si l'un des locaux d'habitation cesse d'être loué en meublé sans que l'activité de location meublée cesse, il n'y a pas lieu d'ajuster ***prorata temporis*** les recettes provenant de la location de cet immeuble. À noter que le seul changement de qualité (LMP/LMNP) n'entraîne pas les conséquences fiscales d'une cessation d'activité au sens des articles 201 ou 202 ***ter*** du Code général des impôts.

C. – Ces mêmes recettes excèdent les revenus d'activité et de remplacement du foyer fiscal (« prépondérance des recettes de location »)

1° Une règle qui contraint à essayer d'anticiper ses revenus annuels

175. – Selon la loi de finances pour 2009, ces recettes doivent excéder les revenus du foyer fiscal soumis à l'impôt sur le revenu dans les catégories des traitements et salaires (au sens de l'article 79, donc **aussi les pensions et**

(4) Instr. 11 févr. 1983, 4 F-1-83. – Doc. adm. DGI, 4 F-1113, n° 68, 7 juill. 1998.
(5) Déjà prévu par Rép. min. Valleix : *JOAN* 30 sept. 1996, n° 40537, p. 5172.

rentes viagères), des bénéfices industriels et commerciaux autres que ceux tirés de l'activité de location meublée, des bénéfices agricoles, des bénéfices non commerciaux et des revenus des gérants et associés (mentionnés à l'article 62 du Code général des impôts).

Les revenus du patrimoine (revenus fonciers, dividendes, plus-values de cessions) ne sont donc pas pris en compte dans ce calcul.

L'instruction 4 F-3-09 précise qu'il convient de retenir le **revenu net** de chaque catégorie d'imposition concernée (après déduction des abattements et des charges, les revenus exonérés d'impôt sur le revenu n'étant pas retenus). À noter également que **les déficits** éventuels peuvent être pris en compte au titre de l'année au cours de laquelle ils sont réalisés à hauteur de leur montant imputable sur le revenu global, étant précisé que les déficits des années antérieures ne sont pas pris en compte.

Cette troisième et dernière condition d'accès au régime LMP est à la fois la seule vraiment nouvelle et la plus difficile à respecter. Auparavant, les loueurs professionnels s'entendaient des personnes inscrites en cette qualité au registre du commerce et des sociétés qui réalisaient plus de 23 000 € de recettes annuelles ou retiraient de cette activité au moins 50 % de leur revenu.

Pour aller plus loin

176. – Cette condition crée, en outre, une véritable **insécurité fiscale**, dans la mesure où les éventuelles variations à la hausse des autres revenus du foyer risquent de paralyser, d'une année sur l'autre, le respect de cette condition, et interdire l'application du régime LMP.

Les contribuables bénéficiant principalement de **revenus d'activité** devront donc, autant que possible, **essayer d'anticiper le calcul de leurs revenus annuels** pour éviter toute déconvenue au moment du dépôt des déclarations de revenus. Bien entendu, cette difficulté affectera moins les contribuables bénéficiant principalement de **revenus du capital** (dividendes, plus-values de cessions de valeurs mobilières et revenus fonciers), qui ne sont pas pris en compte pour apprécier le seuil de 50 %.

2° Une mesure transitoire de « surpondération » pour les locations en cours

177. – L'article 151 *septies* du Code général des impôts prévoit un dispositif qui « adoucit » les effets rigoureux de la troisième condition d'accès au régime LMP. Dans les situations suivantes, les recettes locatives sont **comptées pour le quintuple de leur valeur :**

– locations débutées avant le 1er janvier 2009 ;

– immeubles acquis ou achevés avant le 1er janvier 2009 ;

– immeubles acquis en état futur d'achèvement, en état futur de rénovation ou à terme avant le 1er janvier 2009 ;

– immeubles réservés avant le 1er janvier 2009 (pour acquisition en l'état futur d'achèvement ou acquisition à terme).

Toutefois ce coefficient multiplicateur est **dégressif** : la loi précise que la valeur obtenue après multiplication par cinq, est diminuée de deux cinquièmes de cette valeur par année écoulée depuis le début de la location, dans la limite de dix années à compter du début de celle-ci.

À noter que le coefficient multiplicateur doit être calculé local d'habitation par local d'habitation et varie en fonction de l'ancienneté de chacun.

Par ailleurs, il est rappelé que ce dispositif de surpondération ne s'applique que pour l'appréciation de la prépondérance des recettes de location par rapport aux autres revenus, et non pour le montant minimal de 23 000 €.

Pour aller plus loin

178. – Pour imaginer le fonctionnement pratique du dispositif de surpondération, il est proposé l'exemple chiffré suivant, inspiré par la méthode retenue par l'administration fiscale.

Hypothèse : vous avez une activité de loueur en meublé depuis le 1er janvier 2005 ; vos recettes annuelles, pour les besoins de l'exemple, s'élèvent à 25 000 €.

À partir de 2009, les effets du coefficient multiplicateurs seraient les suivants :

ANNÉE	2009	2010	2011	2012	2013	2014	2015
1. Recettes perçues (€)	25 000	25 000	25 000	25 000	25 000	25 000	25 000
2. Coefficient multiplicateur	5	5	5	5	5	5	5
3. Sous-total (1 × 2) (€)	125 000	125 000	125 000	125 000	125 000	125 000	125 000
4. Coefficient dégressif	0,4	0,4	0,4	0,4	0,4	0,4	0,4
5. Sous-total (1 × 4 × n) (€)	40 000	50 000	60 000	70 000	80 000	90 000	100 000
6. Recettes retenues (3 – 5)	85 000	75 000	65 000	55 000	45 000	35 000	25 000

n représente le nombre d'années écoulées depuis la mise en location.

Les revenus **retenus** (après application des coefficients) seront égaux aux revenus **perçus** au bout de dix années de location.

À noter que cet exemple vise l'hypothèse simple dans laquelle l'activité a commencé un 1er janvier. L'instruction 4 F-3-09 prévoit qu'en cas de commencement d'activité en cours de mois (par ex. le 14 février 2005), il sera admis que celui-ci soit réputé survenir au 1er janvier du mois suivant (le 1er mars 2005). En conséquence, les périodes de douze mois écoulées depuis le début de la location s'achèveront ***en cours d'année 2009*** (le 1er mars 2009), nécessitant le calcul de deux coefficients multiplicateurs et de deux revenus surpondérés pour 2009 (avant et après le 1er mars 2009).

En revanche, si le loueur a acquis un appartement en l'état futur d'achèvement, par exemple, le 1er janvier 2008 et s'est inscrit au RCS au même moment, et que l'immeuble est achevé et mis en location le 1er novembre 2009, il est observé qu'en 2009 le nombre d'années écoulées depuis le début de la location est nul : les recettes (ramenées fictivement à l'année) seront multipliées par cinq, sans que ce coefficient ne subisse de dégressivité pour 2009.

On comprend, dès lors, combien il sera plus difficile de réunir dans la durée les trois conditions cumulatives nécessaires à la qualification de LMP, et dans quelle mesure les « candidats » à la LMP devront anticiper l'organisation de leur future activité. Si l'une des trois conditions n'est pas respectée, le loueur en meublé sera considéré comme non professionnel, selon un régime fiscal très différent.

§ 2. – Régime de droit commun et cas d'exonération des plus-values de cession

179. – Les loueurs en meublé professionnels sont soumis au régime des plus ou moins-values professionnelles sur la cession de leurs immeubles, si ceux-ci sont inscrits à l'actif de leur bilan.

Ce régime est fondé sur une différence entre, d'une part, les plus et moins-values à court terme qui sont traitées fiscalement comme un résultat ordinaire (imposition au barème progressif), et, d'autre part, les plus et moins-values à long terme qui sont soumises à un taux d'imposition réduit de 16 % (majoré des prélèvements sociaux en vigueur).

La distinction entre plus et moins-value à court terme et à long terme est à opérer en fonction de la durée de détention de l'actif cédé et sa nature (caractère amortissable ou non). L'appréciation de la durée de détention s'effectue de manière journalière, à partir de la date d'inscription du bien au bilan.

Si le bien est amortissable, une détention de moins de deux ans générera une plus-value court-terme. Dans le cas d'une détention de plus de deux ans, la plus-value professionnelle sera considérée à court terme à concurrence des amortissements déduits pour l'assiette de l'impôt sur le revenu, et à long terme au-delà.

Le tableau ci-après illustre la définition des plus et moins-values à court ou à long terme professionnelles :

NATURE DE BIENS CÉDÉS	PLUS-VALUE		MOINS-VALUE	
	DURÉE DE DÉTENTION			
	< 2 ANS	> 2 ANS	< 2 ANS	> 2 ANS
Éléments non amortissables	Court terme	Long terme	Court terme	Long terme
Éléments amortissables	Court terme	Court terme dans la limite de l'amortissement déduit, long terme au-delà	Court terme	Court terme

Il est à noter que les immeubles donnés en location meublée ne peuvent pas bénéficier de l'abattement sur les plus-values immobilières à long terme de 10 % par année de détention, au-delà de la cinquième année (CGI, art. 151 *septies* B).

Cas d'exonération. Il ressort de l'article 151 *septies* VII du Code général des impôts que les loueurs en meublé professionnels peuvent, sous certaines conditions, bénéficier d'une exonération d'impôt sur les plus-values, en cas de cession de locaux d'habitation meublés ou destinés à être loués meublés, inscrits à l'actif de leur exploitation. Celle-ci va dépendre de la nature et de la durée de l'activité du loueur en meublé.

A. – Condition de durée d'activité

180. – Pour bénéficier de l'exonération, les loueurs doivent d'abord avoir exercé leur activité **pendant cinq ans au moins, à titre professionnel.**

Ici encore, le troisième critère introduit dans la définition du LMP (les recettes de location meublée doivent excéder les revenus d'activité et de remplacement du foyer) peut générer un risque fiscal : dans l'hypothèse où ce critère ne serait pas respecté durant une année, comment serait alors appréciée la durée de cinq années d'exercice exigée à titre professionnel ? On sait que selon l'instruction 4 F-3-09, pour le décompte de la durée d'exercice à titre professionnel de l'activité, il y a lieu de cumuler les périodes d'exercice à titre professionnel de l'activité (Instr. préc., n° 47), en espérant que les services de contrôles fiscaux interpréteront favorablement cette précision concernant notamment le point de départ (V. *infra*, « Pour aller plus loin »).

L'instruction prévoit qu'en cas de cession d'immeuble par un contribuable ayant eu alternativement la qualité de LMP et de LMNP, la plus-value afférente à cette cession serait soumise au régime d'imposition applicable **lors de la cession** (Instr. préc., n° 52). Autrement dit, si le loueur n'avait pas la qualité de LMP au moment de la cession, il ne pourrait, en tout état de cause, pas revendiquer le régime des plus-values professionnelles. Pour le décompte de la durée d'exercice à titre professionnel de l'activité, l'administration pourrait également prévoir que, dans le cas où le contribuable aurait la qualité de LMP au moment de la cession, il y aurait lieu de cumuler les périodes d'exercice à titre professionnel de l'activité.

À noter également que dans la seule hypothèse où le bien aurait figuré successivement dans le patrimoine privé puis dans le patrimoine professionnel du loueur, le régime dit des « biens migrants » serait applicable (Instr. préc., n° 54. – CGI, art. 151 *sexies*). Celui-ci consiste notamment à déterminer une plus-value professionnelle (plus-value acquise par le bien depuis sa date d'entrée dans l'actif professionnel jusqu'au jour de sa cession) et une plus-value immobilière privée (plus-value acquise au cours de la période pendant laquelle le bien a figuré dans le patrimoine privé).

Pour aller plus loin

181. – S'agissant du **décompte de la durée d'activité**, on rappelle que selon la **jurisprudence**, le début d'activité de loueur professionnel en meublé correspond à la date à laquelle le contribuable a effectué les **premières opérations d'exploitation** (non à la date de sa création ou à la date d'acquisition des immeubles destinés à la location en meublé mais à la date de la **signature du bail** portant sur un de ces biens qui correspond à la première opération d'exploitation de l'entreprise) (6).

Or, pour l'analyse du troisième critère introduit dans la définition du LMP (les recettes de location meublée doivent excéder les revenus d'activités et de remplacement du foyer fiscal), l'article 151 *septies* VII 3° dispose que **la location est réputée commencer à la date de son acquisition** ou, si l'acquisition a eu lieu avant l'achèvement du local, à la date de cet achèvement.

Cette disposition légale faisant partie du même paragraphe que celui relatif aux plus-values professionnelles, il y a lieu d'espérer que la jurisprudence et la doctrine administrative admettront, pour cette question, que le point de départ du délai de cinq ans commence dès l'acquisition de l'immeuble. Mais ce n'est pas une évidence, dès lors que le texte affecte cette nouvelle analyse à la seule « application de la troisième condition » introduite dans la définition du LMP (les recettes de location meublée doivent excéder les revenus d'activité et de remplacement du foyer fiscal), d'autant que l'instruction 4 F-3-09 n'est pas très claire à cet égard.

B. – Condition de recettes

182. – Les loueurs doivent ensuite respecter une **condition de recettes**, comme les autres prestataires de services :

– pour une **exonération totale** des plus-values, la moyenne des recettes tirées de la location au titre des exercices clos au cours des deux années civiles qui précèdent la date de clôture (7) de l'exercice de réalisation des plus-values ne doit pas excéder le seuil de 90 000 € HT ;

(6) CE, 8e et 3e ss-sect., 5 oct. 2007, n° 293475, *Min. c/ Elkouby*.
(7) Instr. 2 mars 2012, 5 K-1-12.

– pour une **exonération partielle** des plus-values, la moyenne des recettes tirées de la location au titre des exercices clos au cours des deux années civiles qui précèdent la date de clôture de l'exercice de réalisation des plus-values est comprise entre 90 000 HT et 126 000 € HT.

Cette soumission au régime des plus-values professionnelles constitue un **avantage significatif**, dont l'étendue a cependant été réduite par la loi de finances pour 2009 : la qualification de vente ou fourniture de logement (bénéficiant d'un seuil d'exonération totale de 250 000 €) ne concerne plus la LMP (assimilable aux autres prestations de services), et l'exonération partielle n'est possible que jusqu'au seuil de 126 000 €, au lieu de 350 000 € sous le régime antérieur à cette loi.

L'instruction 4 F-3-09 rappelle que la loi ne dispense pas les gîtes ruraux, les chambres d'hôtes et les meublés de tourisme de ces nouvelles dispositions (n° 49, contrairement aux règles prévues pour le régime des micro-entreprises). Néanmoins, ces activités peuvent relever du régime de la para-hôtellerie en raison des prestations annexes offertes, et corrélativement des seuils de 250 000 € et 350 000 € évoqués ci-dessus (seuil de chiffre d'affaires applicable à la fourniture de logement).

§ 3. – Le traitement avantageux des déficits

183. – La location en meublé à titre habituel est une activité **commerciale** au plan fiscal. Les revenus de cette activité relèvent ainsi de la catégorie des bénéfices industriels et commerciaux professionnels dans le cas de la LMP. Ces activités peuvent également être soumises à l'impôt sur les sociétés (IS), mais dans ce cas les éventuels déficits ne sont imputables que sur les résultats de la société, ou sur ses prochains résultats bénéficiaires, sans jamais pouvoir être transmis directement aux actionnaires. Les cas d'imputation étudiés concernent les locations directes, ou indirectes par l'intermédiaire d'une société relevant de l'IR (SARL de famille par exemple).

A. – Possibilité d'imputer les déficits sur le revenu global

184. – L'article 156-I du Code général des impôts prévoit que le déficit d'exploitation d'un loueur en meublé professionnel s'impute sur le revenu global de son foyer fiscal (sans limitation de montant) ; et si le revenu global de l'année concernée n'est pas suffisant pour que l'imputation puisse être intégralement opérée, l'excédent du déficit est reporté successivement **sur le revenu global des années suivantes, jusqu'à la sixième année inclusivement**.

Ce dispositif, propre aux bénéfices industriels et commerciaux, représente l'un des avantages principaux de la LMP. Par exemple, cette règle d'imputation des déficits est nettement plus favorable que pour les revenus fonciers de droit commun (revenus issus principalement des locaux d'habitation loués nus) : le déficit foncier de l'année peut être déduit du revenu global jusqu'à 10 700 € au maximum, alors que la fraction supérieure à cette limite, ainsi que celle correspondant aux intérêts d'emprunt, ne sont imputables que sur les revenus **fonciers** des dix années suivantes (et non sur le revenu **global** des années suivantes).

Un tel déficit BIC peut être créé, à titre d'exemple, par :

– les frais d'acquisition des biens loués (honoraires, droit d'enregistrement, commissions, etc.) ;

– les intérêts d'emprunt en lien avec ces acquisitions ;
– l'amortissement des locaux, du mobilier et des améliorations ;
– les charges de gestion (conseil juridique, conseil fiscal, expert-comptable, etc.) et d'assurance ;
– l'impôt foncier, la taxe professionnelle ;
– les dépenses d'entretien et de réparation ;
– les charges de copropriété.

Cependant, l'article 39 C du Code général des impôts dispose que **l'amortissement déductible** des locaux, du mobilier et des améliorations ne peut pas dépasser le montant total des loyers diminué des charges relatives au bien loué (l'entretien, les réparations, les frais d'assurance, etc.).

La fraction de l'amortissement régulièrement comptabilisée au titre d'un exercice, **dont la déduction en franchise d'impôt a été écartée** en application de l'article 39 C, II-2 du Code général des impôts, **peut être déduite du résultat des exercices suivants**, en sus de l'annuité normale ou, à défaut, après l'expiration de la durée normale d'utilisation du bien, à la condition que l'ensemble des amortissements déduits au titre d'un exercice déterminé demeure dans la limite du montant des loyers acquis diminué des autres charges (8).

En synthèse, il est donc à noter qu'un loueur en meublé (professionnel ou non) pourra présenter un résultat d'exercice comptable différent de son résultat fiscal, notamment en cas de déficit créé par l'amortissement des locaux. Ces derniers seront, au plan fiscal, « stockés » sans limitation de durée, et viendront s'imputer dès qu'un résultat fiscal des exercices suivants sera bénéficiaire, sans toutefois pour autant créer de déficit (*i.e.* ramèneront le résultat fiscal à 0).

NB : pour plus d'informations, le lecteur se reportera aux § 152 et suivants du présent ouvrage.

B. – Les charges engagées avant le début d'activité sont déductibles

185. – Jusqu'à la publication de la loi de finances pour 2009, l'administration fiscale appliquait une doctrine rigoureuse concernant les ventes en l'état futur d'achèvement : elle estimait que lorsque des personnes acquéraient ce type d'immeuble et devenaient ultérieurement loueurs en meublé professionnels, leurs déficits antérieurs à la période de location étaient des déficits non professionnels. En conséquence, ces déficits d'un autre genre n'étaient pas imputables sur le revenu global, alors même qu'ils avaient un lien manifeste avec l'exploitation de la LMP.

Depuis les revenus de 2009, les déficits non imputés provenant des charges engagées en vue d'une location meublée avant la livraison ou l'achèvement de l'immeuble peuvent bénéficier d'une imputation par tiers sur le revenu global des trois premières années de location.

Pour certains, ce nouveau dispositif, très favorable, serait toutefois conditionné au fait que la location soit professionnelle dès l'année d'achèvement ou de livraison de l'immeuble, ce qui semble conforme à la lettre de la loi (9).

Cependant, l'instruction 4 F-3-09 exige que le loueur ait la qualité de professionnel dès la « **mise en location** » de l'immeuble (Instr. préc., n° 42), et non dès le « commencement de la location » (Instr. préc., n° 32) au sens de la lettre

(8) Instr. 4 avr. 2008, 4 D-2-08 n° 70.

(9) Le « commencement de la location » s'apprécie fictivement dans cet article comme aligné sur l'achèvement, ou la livraison de l'immeuble, par renvoi au 6e alinéa du VII de l'article 151 *septies* du Code général des impôts.

de la loi : dans ce cas, la question pourrait se poser de savoir si la date à retenir est celle de l'achèvement/livraison de l'immeuble, ou de son exploitation effective (signature du bail).

Pour aller plus loin

186. – Exemple pratique. Vous avez acheté un immeuble, en 2010, en l'état futur d'achèvement. En 2010 et 2011, vous avez supporté un déficit s'élevant à 45 000 €. L'immeuble vous est livré en 2012, et vous respectez, cette même année, les critères de qualification de LMP. Dans ce cas, votre déficit de 45 000 € pourra s'imputer à hauteur de (45 000 € / 3 = 15 000 €) en 2012, en 2013 et en 2014.

Bien entendu, la faiblesse de cet avantage réside dans le risque (évoqué plus haut) de perdre la qualité de LMP, en raison du troisième critère de définition (les recettes de location doivent excéder les revenus du foyer) : l'instruction 4 F-3-09 précise qu'en cas de perte de la qualité de LMP (et même si le loueur redevenait LMP), **cette possibilité d'imputation prendrait fin de manière définitive** (Instr. préc., n° 45). Les déficits qui resteraient à imputer suivraient alors le régime applicable aux déficits subis en LMNP.

Chapitre 3

RÈGLES SPÉCIFIQUES À LA LOCATION EN MEUBLÉ NON PROFESSIONNELLE (LMNP)

187. – Les loueurs non professionnels ne bénéficient pas des mêmes avantages fiscaux que les loueurs professionnels, en matière d'impôt sur les plus-values professionnelles, de report des déficits, et d'impôt de solidarité sur la fortune.

§ 1. – Une définition liée au non-respect des conditions de la LMP

188. – En cas de non-respect de l'une des conditions étudiées plus haut pour bénéficier du statut de loueur en meublé professionnel, le loueur aurait alors la qualité de **loueur non professionnel**.

Sont ainsi considérés comme non professionnels :

– les loueurs (ou un membre de leur foyer fiscal) non-inscrits au RCS (ou ne pouvant justifier d'une copie du refus du greffe du tribunal de commerce invoquant le caractère civil de la location) ;

– les loueurs qui, bien qu'inscrits au RCS (ou pouvant produire une décision de refus du greffe motivée uniquement par le caractère civil de l'opération), réaliseraient un seuil de recettes annuel soit inférieur à 23 000 €, soit inférieur aux revenus d'activité et de remplacement du foyer fiscal.

Il est rappelé que dans les sociétés de personnes ou autres groupements, les conditions de seuils de recettes s'apprécient en retenant les recettes revenant à chaque associé au prorata de ses droits dans les bénéfices sociaux.

La définition de la LMNP n'est que l'« ombre négative » de la définition de la LMP, avec un régime fiscal spécifique.

§ 2. – Le régime fiscal de la LMNP

A. – Régime des plus-values immobilières des particuliers

189. – 1) Régime applicable en cas de détention directe de l'immeuble loué (rappel). Les loueurs en LMNP ne bénéficient pas des dispositifs d'exonération existants des loueurs en meublé professionnels.

Les plus-values ou moins-values réalisées par les particuliers loueurs en meublé non professionnels continuent de relever du régime des plus-values immobilières des particuliers, sans changement. À cet égard, il est important de rappeler que selon l'instruction 4 F-3-09, **seuls les loueurs ayant la qualité de LMP au moment même de la cession** pourraient revendiquer le régime des plus-values professionnelles, alors que le régime des plus-values immobilières privées s'appliquerait dans tous les autres cas.

L'administration ajoute que le contribuable qui douterait de sa qualité l'année de la cession pourrait soumettre la plus-value aux règles qui découlent du statut qui était le sien l'année précédente et, si nécessaire, régulariserait le montant dû lors de l'imposition des revenus de l'année de cession. Cette régularisation pourra s'effectuer sans pénalités ni intérêts de retard (1).

Il est souligné que si l'immeuble cédé est détenu **directement** par une **personne physique** (domiciliée en France), la plus-value de cession sera taxée au taux global de 34,5 % (19 % au titre de l'impôt proportionnel et 15,5 % au titre des prélèvements sociaux).

L'assiette imposable des plus-values de cession, quant à elle, n'inclut pas les amortissements comptabilisés durant la période de location en meublé, alors même que ceux-ci ont été pris en compte pour réduire le résultat fiscal du loueur.

Par ailleurs, si l'immeuble a fait successivement partie du patrimoine privé et du patrimoine professionnel, une seule plus-value devra malgré tout être déterminée, selon le régime des plus-values immobilières des particuliers : l'abattement pour durée de détention se calculera sur le nombre d'années de détention du bien depuis son acquisition.

La plus-value sera notamment diminuée d'un abattement fixé à 2 % pour chaque année de détention de l'immeuble de la sixième année jusqu'à la dix-septième année, de 4 % de la dix-huitième année à la vingt-quatrième année, et de 8 % de la vingt-cinquième à la trentième année (2).

La plus-value sera ainsi **totalement exonérée** d'impôt (et de contributions sociales) après trente ans de détention de l'immeuble.

190. – 2) Régime applicable en cas de détention indirecte de l'immeuble loué. En cas d'exploitation **par l'intermédiaire d'une société de personnes** (non transparente et non soumise à l'IS), par exemple une « SARL de famille » (c'est-à-dire ayant opté pour l'impôt sur le revenu), la plus-value de cession des droits sociaux sera soumise au **même régime fiscal**, à condition d'être considérée comme « **à prépondérance immobilière** » (3).

Ce critère est rempli si la société comporte un actif qui est, **à la clôture des trois exercices qui précèdent la cession,** constitué pour plus de 50 % de sa valeur réelle par des immeubles ou des droits portant sur des immeubles, **non affectés à sa propre exploitation** industrielle, commerciale, agricole ou à l'exercice d'une profession non commerciale.

---

(1) Sous réserve des cas visés à l'article 1729 du Code général des impôts.

(2) CGI, art. 150 VC ; seconde loi de finances rectificative pour 2011, 19 sept. 2011.

(3) Au sens de l'article 150 UB du Code général des impôts.

En revanche, et à la différence d'une cession « en direct » d'un bien immobilier, lorsqu'un associé cède les parts qu'il détient dans une société ou un groupement relevant du régime des sociétés de personnes (cas d'une SARL de famille fiscalement translucide exerçant une activité de location meublée), le résultat de cette opération doit en principe être calculé pour assurer la neutralité de l'application de la loi fiscale compte tenu du régime spécifique de ces sociétés.

En effet, conformément à la jurisprudence rendue par le Conseil d'État le 16 février 2000 (arrêt n° 133296, *SA Éts Quémener*), dans un objectif de neutralité fiscale, le prix de revient des parts doit être déterminé à partir de leur prix d'acquisition majoré du montant des bénéfices imposés et des pertes comblées et minoré des bénéfices distribués et des pertes déduites.

Notons que ce mécanisme de correction n'est pas applicable aux cessions de parts de société soumises à l'impôt sur les sociétés.

Cette logique de neutralité avait été retenue en la matière par un arrêt *Baradé* (CE, 9 mars 2005, n° 248825), mais sous le régime en vigueur avant 2004, en dépit d'une définition plus précise fixée par l'article 150 VB du Code général des impôts du prix d'acquisition à prendre en compte. À la supposer acquise (ce qui n'est pas le cas), l'extension de la jurisprudence *Quemener* aux plus-values immobilières des particuliers pose toutefois des difficultés pratiques d'application. La mise en œuvre de la solution jurisprudentielle nécessite, en effet, un suivi comptable permanent dans le temps des résultats des sociétés de personnes et du prix de revient fiscal des parts. Il n'est cependant pas assuré que les associés patrimoniaux soient dans une situation documentaire confortable au moment de reconstituer le prix d'acquisition de leurs parts.

Des juridictions du fond (TA Dijon, 13 janv. 1998, n° 95-3326 et CAA Lyon, 16 mai 2002, n° 98-1018 confirmé par la décision *Baradé*) s'étaient déjà prononcées pour la généralisation du mécanisme de neutralisation fiscale imaginé par le Conseil d'État dans la jurisprudence *Quemener*. Mais dans ces affaires, auxquelles on peut ajouter une décision de la cour administrative d'appel de Nancy – qui a été annulée depuis par le Conseil d'État, la société étant soumise à l'IS et non à l'impôt sur le revenu (CE, 13 juill. 2006, n° 280251, *Min. c/ Nicolas*), les juges ont suivi un raisonnement différent de celui du Conseil d'État. Ils estiment que le prix d'acquisition doit comprendre l'ensemble des apports consentis par l'associé à la société, c'est-à-dire non seulement les apports effectués lors de la souscription du capital social mais aussi les apports qui résultent de la mise en réserve ou de la capitalisation ultérieure des bénéfices sociaux. Cette méthode doit donc être considérée avec prudence dans l'attente d'une nouvelle confirmation par le Conseil d'État.

Une fois l'assiette de plus-value déterminée, celle-ci sera taxable au taux global de 34,5 % (dont 15,5 % de prélèvements sociaux), après application d'un abattement fixé à 2 % pour chaque année de détention des titres au-delà de la cinquième, 4 % pour chaque année de détention au-delà de la dix-septième, et 8 % pour chaque année de détention au-delà de la vingt-quatrième.

Par ailleurs, la plus-value de cession d'un bien immobilier vendu par une SARL de famille ou par une SNC, à prépondérance immobilière, n'ayant pas opté pour l'IS, est également taxable au taux de 34,5 %. Là encore, il y a, au préalable, application du même jeu d'abattement (2 %, 4 % et 8 %) pour durée de détention du bien immobilier par la société.

Pour aller plus loin

191. – L'article 150 UB, I du Code général des impôts précise que, lorsque la société dont les droits sociaux sont cédés n'a pas encore clos son troisième exercice, la prépondérance immobilière doit être appréciée à la clôture du ou des seuls exercices clos ou, à défaut, à la date de la cession. Cette dernière disposition (4) s'applique aux cessions réalisées depuis le 1er janvier 2008.

Au cas présent, s'agissant de location en meublé, les sociétés concernées auront un actif, le plus souvent, essentiellement constitué par l'immeuble affecté à l'activité de location. Dans la mesure où, pour déterminer la prépondérance immobilière, la loi exclut expressément les immeubles affectés à l'exploitation, comment traiter la plus-value subséquente ?

L'administration avait estimé, avant 2004, que les **immeubles donnés en location** doivent, en règle générale, être **pris en considération** pour apprécier la notion de prépondérance immobilière, même si les locations étaient effectuées en meublé (à titre professionnel ou non) ou concernaient des immeubles munis des moyens d'exploitation nécessaires à l'activité du locataire (5).

Les praticiens admettent cette solution antérieure à la réforme des plus-values immobilières, mais l'instruction 4 F-3-09 (n° 35) fait référence à l'instruction 8 M-1-04 qui, elle, exclut les immeubles affectés à l'exploitation (n° 91) ; des éclaircissements seront donc bienvenus sur ce point pour éviter toute insécurité en cas de contrôle.

B. – L'imputation des déficits en LMNP

192. – La location en meublé à titre habituel est une activité commerciale au plan fiscal, même à titre non professionnel. Les revenus de cette activité relèvent de la catégorie des bénéfices industriels et commerciaux non professionnels dans le cas de la LMNP. Ces activités peuvent aussi être soumises à l'impôt sur les sociétés (IS), mais alors les éventuels déficits ne seront déductibles que des résultats de la société à l'IS, ou reportables sur les prochains résultats bénéficiaires de la société, sans jamais être transmis aux actionnaires (comme en matière de LMP). Les règles d'imputation ici examinées visent les locations directes, et indirectes dans le cadre d'une société relevant de l'IR (SARL de famille par exemple).

Avant la loi de finances pour 2009, les déficits étaient imputables sur les bénéfices provenant de l'ensemble des activités **non professionnelles** taxables dans la catégorie des bénéfices industriels et commerciaux réalisés au cours de la même année et des **six années** suivantes.

Cette règle constituait, déjà, une restriction par rapport au régime du LMP (dont les déficits sont imputables sur le **revenu global** de l'année, l'excédent du déficit étant reporté successivement sur le revenu global des années suivantes, jusqu'à la sixième année inclusivement).

Depuis 2009, les déficits ne sont imputables **que sur les bénéfices ayant la même nature (donc issus de location meublée non professionnelle)**, et non plus sur les autres bénéfices industriels et commerciaux non professionnels. En revanche, cette imputation peut avoir lieu au titre de l'année en cours mais aussi des **dix années suivantes** (au lieu de six auparavant).

Au plan pratique, cela signifie que les déficits subis en LMNP ne pourront être imputés que sur les éventuels bénéfices acquis de la LMNP des dix années suivantes.

---

(4) Issue de l'article 27 de la loi n° 2007-1822 du 24 décembre 2007.

(5) Rép. min. Türk : *JO* Sénat 8 déc. 1994, p. 2898, nos 6897, 7097 et 7098.

Pour aller plus loin

193. – Étant rappelé que la définition de la LMNP est l'« ombre négative » de la définition de la LMP, le loueur rencontrera également un **risque de rupture** de la chaîne d'imputation des déficits s'il devient **professionnel** en application du critère de seuil de recettes (si les recettes de location excédaient les revenus d'activité et de remplacement du foyer au titre d'une année, les autres conditions devant être aussi remplies). En effet, dans une telle hypothèse, les déficits d'origine conservant leur caractère non professionnel, il existerait un risque que l'administration limite leurs facultés d'imputation.

L'instruction 4 F-3-09 confirme que si le loueur acquiert ultérieurement la qualité de LMP, les déficits constatés en période de LMNP ne pourraient être déduits ni de son revenu global, ni de son activité de LMP. En revanche, si ce loueur retrouve ensuite la qualité de LMNP, ces déficits pourront être imputés sur les bénéfices comptabilisés en LMNP, **pour autant qu'il se soit écoulé moins de dix années depuis leur constitution**. Cette position n'est pas particulièrement clémente : compte tenu des risques de basculement d'une qualité à l'autre, on aurait pu espérer que l'administration admette de ne pas décompter la durée de dix années propre au LMNP pendant la période où le loueur aurait la qualité de LMP.

C. – Possibilité d'opter pour une réduction d'impôt inspirée du dispositif Scellier (loi Censi-Bouvard)

194. – Depuis 2009, certains investissements immobiliers directs réalisés par les particuliers (fiscalement domiciliés en France) à vocation de location en meublé non professionnelle relevant des bénéfices industriels et commerciaux peuvent donner lieu à une **réduction d'impôt**. Cette réduction s'élevait à 25 % du prix de revient des logements acquis en 2009 et 2010 (Instr. 29 déc. 2009, 5 B-2-10, n° 20), puis à 18 % pour les investissements réalisés en 2011 (20 % avec « rabot » de 10 %, la loi du 29 décembre 2010 ayant cependant prévu des dispositions transitoires). Le taux est désormais ramené en théorie à 14 % pour les acquisitions réalisées en 2012, dernière année au cours de laquelle un investissement ouvrant droit à la réduction d'impôt peut en principe être réalisé (CGI, art. 199 *sexvicies*).

Mais en combinant ce taux de 14 % avec la réduction générale des « niches fiscales » de 15 % (L. fin. 2010, art. 83), le taux de la réduction d'impôt est **en fait** ramené à **11 % pour les investissements réalisés en 2012**. Néanmoins, la diminution du taux de la réduction d'impôt ne s'applique pas aux acquisitions liées à un engagement de réaliser un investissement immobilier, souscrit au plus tard le 31 décembre 2011. À titre transitoire, cet engagement peut prendre la forme d'une réservation, à condition qu'elle soit enregistrée chez un notaire ou au service des impôts avant le 31 décembre 2011 et que l'acte authentique soit passé au plus tard le 31 mars 2012.

Les taux de la réduction d'impôt applicables aux investissements réalisés en 2012 ont fait l'objet d'un rescrit publié le 14 février 2012 (6). Ils sont récapitulés dans le tableau ci-après (7) :

(6) Sous la référence RES n° 2012/4(FP).
(7) Cf. Instr. fisc. 30 mars 2012, n° 21 (*BOI* 5 B-16-12).

Tableau récapitulatif

DATE ET MODALITÉS DE L'ENGAGEMENT DE RÉALISER UN INVESTISSEMENT IMMOBILIER	DATE DE L'ACTE AUTHENTIQUE D'ACHAT	TAUX DE RÉDUCTION D'IMPÔT APPLICABLE
Acquisition en l'état futur d'achèvement (régime de la VEFA)		
Enregistrement du contrat de réservation au plus tard le 31 décembre 2011	Acte authentique d'achat du 1er janvier au 31 mars 2012	18 %
	Acte authentique d'achat du 1er avril au 31 décembre 2012	11 %
Pas d'enregistrement du contrat en 2011	Acte authentique d'achat en 2012	11 %
Autres acquisitions (logements neufs, logements achevés depuis au moins quinze ans)		
Promesse synallagmatique ou promesse d'achat au plus tard le 31 décembre 2011	Acte authentique d'achat en 2012	18 %
Promesse synallagmatique ou promesse d'achat à compter du 1er janvier 2012		11 %

Prorogation sous conditions de la réduction d'impôt

Par dérogation, la réduction d'impôt s'appliquera aussi aux logements acquis avant le 1er janvier 2015 :

1° neufs ou en l'état futur d'achèvement ayant fait l'objet d'une demande de permis de construire avant le 1er janvier 2012 et faisant partie d'un ensemble immobilier dont un logement au moins a été acquis neuf ou en l'état futur d'achèvement avant le 30 juin 2012 (8) ;

2° achevés depuis au moins quinze ans, ayant fait l'objet ou faisant l'objet des travaux mentionnés au même article et faisant partie d'un ensemble immobilier dont un logement au moins a été acquis avant le 1er janvier 2012 et qui a fait ou qui fait l'objet des mêmes travaux.

Le taux de la réduction d'impôt applicable est celui en vigueur au 1er janvier 2012.

Pour plus de précisions sur les conditions de prorogation de la réduction d'impôt pour les logements acquis avant le 1er janvier 2015, V. infra, *Annexes, partie « instructions administratives ».*

En outre, la réduction d'impôt est prise en compte par le **plafonnement global des avantages fiscaux** (CGI, art. 200-0 A) : le montant global des avantages fiscaux entrant dans le champ de ce dispositif a été plafonné pour 2009 à la somme forfaitaire de 25 000 € majorée de 10 % du revenu imposable

(8) L. fin. rect. 2012, art. 2, IX-F.

du foyer fiscal, à 20 000 € majorés de 8 % du revenu imposable du foyer fiscal pour 2010 (9), et à 18 000 € majorés de 6 % du revenu imposable pour 2011 (sauf exceptions visées par l'article 106 de la loi n° 2010-1657 du 29 décembre 2010). L'article 84 de la loi de finances pour 2012 fixe le plafond à **18 000 € majorés de 4 % du revenu imposable pour 2012. Par exception**, la réduction d'impôt restera soumise au plafond antérieur lorsqu'elle sera accordée au titre de l'acquisition de logements pour lesquels une promesse d'achat ou une promesse synallagmatique a été souscrite par l'acquéreur avant le 1er janvier 2012 (10).

Le **plafond de la base de l'avantage fiscal** est quant à lui fixé à 300 000 €, calculé sur le prix de revient des logements (prix d'acquisition majoré des frais afférents à l'acquisition, comme les honoraires de notaire, commissions versées aux intermédiaires, droits d'enregistrement ou taxe de publicité foncière ; pour certains immeubles achevés depuis au moins quinze ans, le prix de revient peut être majoré du prix des travaux de réhabilitation ou de rénovation). Le contribuable peut bénéficier de la réduction d'impôt à raison de l'acquisition de plusieurs logements, au titre d'une même année d'imposition, mais la base de l'avantage fiscal, toutes acquisitions confondues, ne peut excéder la somme totale de 300 000 € au titre d'une même année d'imposition.

Si cette réduction d'impôt est revendiquée, elle est, en outre, accompagnée d'une mesure défavorable (CGI, art. 39 G) : seule pourra faire l'objet d'**amortissements** déductibles la fraction du prix de revient de l'immeuble excédant le montant retenu pour le calcul de la réduction d'impôt. Par exemple, si un logement a un prix de revient de 400 000 €, seule la fraction qui excède 300 000 € pourra donner lieu à amortissement (soit la somme de 100 000 €).

Remarques :

– les meubles sont amortis dans les conditions de droits communs et ne sont pas concernés par l'article 39 G du Code général des impôts ;

– la limitation de l'amortissement est sans incidence pour les contribuables placés sous le régime micro.

Ainsi, le contribuable bénéficierait, avec la base maximale de prix de revient (soit 300 000 €), d'un choix entre :

– une réduction d'impôt sur le revenu s'élevant à 33 000 € (sous réserve d'un taux de 11 % pour 2012 et d'une absence d'incidence du plafonnement global des avantages fiscaux) répartie sur les neuf premières années ;

– ou un amortissement s'élevant à 200 000 € si l'on retient comme hypothèse de travail une quote-part de terrain égale à 1/3 du prix de revient, soit 82 000 € d'économie d'impôt sur le revenu sur la période d'amortissement (pour un contribuable présentant une tranche marginale d'impôt sur le revenu de 41 %), et une économie de 31 000 € de prélèvements sociaux au taux de 15,5 % (11) (soit 113 000 € au total à droit constant).

La réduction d'impôt s'impute sur le montant de l'impôt progressif par tranches, **à l'exclusion des impositions à taux proportionnel** ; elle est **répartie sur neuf années**, pour un neuvième de son montant chaque année.

L'avantage fiscal **peut être reporté** : si la fraction de réduction à imputer au titre d'une année excède l'impôt dû cette même année, le solde de la réduction pourra être imputé sur l'impôt dû jusqu'à la sixième année suivante.

---

(9) Sauf exceptions visées par l'article 81, II de la loi n° 2009-1673 du 30 décembre 2009.

(10) Le sort de la superposition des plafonds depuis 2009 devra être actualisé par l'administration avec le plafond 2012, à l'instar de l'instruction 5 B-19-10 du 28 juillet 2010 après la première modification.

(11) Taux de prélèvements sociaux applicables en 2012.

Cette réduction d'impôt vise les **acquisitions,** du 1er janvier 2009 et 31 décembre 2012 (date de l'acte authentique d'achat), de logements neufs ou en l'état futur d'achèvement, ou les acquisitions de logements achevés depuis au moins quinze ans ayant fait l'objet d'une réhabilitation ou d'une rénovation, en vue de leur location en meublé (travaux permettant de satisfaire à l'ensemble des performances techniques prévues à l'article 4 de l'arrêté du 19 décembre 2003).

Mais quelle que soit l'acquisition envisagée précédemment, les logements doivent êtres **situés** dans l'une des structures suivantes :
– établissement social ou médico-social qui accueille des personnes âgées (C. action soc. et fam., art. L. 312-1, I, 6°) ;
– établissement social ou médico-social qui accueille des personnes handicapées (C. action soc. et fam., art. L. 312-1, I, 7°) ;
– établissement délivrant des soins de longue durée (C. santé publ., art. L. 6143-5, 3°, al. 10) ;
– résidence avec services pour personnes âgées ou handicapées ayant obtenu l'agrément « qualité » (C. trav., art. L. 7232-3) ;
– résidence de tourisme classée ;
– résidence avec services pour étudiants ;
– ensemble de logements géré par un groupement de coopération social ou médico-social et affecté à l'accueil familial salarié de personnes âgées ou handicapées (C. action soc. et fam., art. L. 444-1 à L. 444-9).

En plus d'obligations déclaratives particulières (12), les loueurs doivent prendre un **engagement de location** à l'exploitant de l'établissement ou de la résidence dans lequel le logement se trouve, **pour une durée minimale de neuf ans**. En cas de rupture de cet engagement de location, de non-respect des conditions de mise en location ou de l'activité de location, de cession du logement pendant cette période, d'établissement, de résidence ou de travaux non éligibles, la réduction d'impôt serait **remise en cause** (sauf certains cas d'invalidité, de licenciement, de décès du loueur ou de l'un des conjoints soumis à une imposition commune).

Par ailleurs, en cas de transfert du domicile fiscal du contribuable hors de France au cours de la période d'engagement de location, la réduction d'impôt ne serait pas remise en cause, mais elle ne pourrait pas être imputée pendant la période de non domiciliation fiscale en France ni ultérieurement ; la réduction ne reprendrait effet (ainsi que les fractions reportables nées lorsque le contribuable était encore domicilié fiscalement en France) qu'en cas de rétablissement de son domicile fiscal en France, pour les années d'imputation restant à courir.

(12) V. CGI, ann. III, art. 46 AZD et Instr. 29 déc. 2009, 5 B-2-10, fiche 8, nos 1 et s.

Chapitre 4

LES AUTRES TAXES APPLICABLES AUX LOUEURS EN MEUBLÉ

§ 1. – L'impôt de solidarité sur la fortune (ISF) et les possibilités d'exonération

195. – L'impôt de solidarité sur la fortune (ISF) est un impôt annuel forfaitaire dû par les personnes physiques dont le foyer fiscal détient un patrimoine net taxable (après déduction des passifs éventuels), apprécié au 1er janvier de chaque année, supérieur à un certain seuil.

Pour la déclaration au titre de l'année 2012, celui-ci est fixé à 1 300 000 €.

L'imposition à l'ISF s'effectue en prenant en compte la situation patrimoniale du foyer fiscal, c'est-à-dire de toutes les personnes composant le foyer au sens de l'ISF (dont enfants de moins de dix-huit ans).

L'actif taxable à l'ISF comprend notamment les immeubles, les terrains, les liquidités, les valeurs mobilières, les contrats d'assurance-vie ou de capitalisation, les meubles meublants, les bijoux et les véhicules.

La taxation s'opère au taux de 0,25 % pour les patrimoines dont la valeur nette est comprise entre 1 300 000 € et 3 000 000 € (et ce, dès le premier euro du patrimoine taxable) et de 0,5 % pour ceux dont la valeur est égale ou supérieure à 3 000 000 €.

Par conséquent, il va sans dire qu'au-delà de la période d'amortissement de l'emprunt ayant permis l'acquisition de locaux destinés à être loués en meublé, compte tenu de l'évolution des prix de l'immobilier (sauf peut-être en période de crise), l'ISF peut devenir un sujet important pour le candidat à la location meublée.

Il faut savoir, par ailleurs, que si le redevable de l'impôt oublie de déposer sa déclaration d'ISF, l'administration fiscale bénéficie d'un délai de reprise de **six années antérieures** en sus de l'année en cours pour exiger le dépôt cumulatif (le cas échéant) de six déclarations d'ISF, avec leur règlement augmenté des intérêts de retard et pénalités fiscales.

Cependant, la loi prévoit un certain nombre de cas d'exonérations d'ISF, parmi lesquels figurent les « biens professionnels », qui n'entrent pas dans l'assiette de cet impôt sous certaines conditions.

Selon l'article 885 R du Code général des impôts (location en meublé exercée sans structure sociétaire), sont considérés comme des biens professionnels au titre de l'impôt de solidarité sur la fortune les locaux d'habitation loués meublés ou destinés à être loués meublés par des personnes louant directement ou indirectement ces locaux, qui, inscrites au registre du commerce et des sociétés en qualité de loueurs professionnels, réalisent plus de 23 000 € de recettes annuelles et retirent de cette activité plus de 50 % des revenus à raison desquels le foyer fiscal auquel elles appartiennent est soumis à l'impôt sur le revenu dans les catégories des traitements et salaires, bénéfices industriels et commerciaux, bénéfices agricoles, bénéfices non commerciaux, revenus des gérants et associés mentionnés à l'article 62.

Nous verrons que les conditions cumulatives posées par la loi pour bénéficier de l'exonération d'ISF, bien que proches en apparence des critères de définition de la LMP étudiés précédemment, comportent des différences non négligeables, étant précisé que ce dispositif n'a pas été directement modifié par la loi de finances pour 2009.

A. – Condition d'inscription au RCS et seuil de 23 000 € de recettes annuelles

196. – Selon l'administration, la condition d'**inscription au registre du commerce** et des sociétés peut être considérée comme remplie lorsque l'intéressé peut justifier que la non-inscription résulte du seul fait du greffe, motivé par le caractère non commercial de l'activité (1).

Comme en matière de bénéfices industriels et commerciaux, la preuve du motif du refus, en matière d'ISF, doit être apportée par le redevable qui présente à cet effet une copie de la décision du greffe (2).

Selon une décision jurisprudentielle antérieure au texte de loi, pour l'appréciation de l'importance de l'activité de loueur en meublé, les **recettes annuelles** tirées de la location s'entendent du montant réel des sommes perçues en vertu des contrats de location à titre de loyers, charges, taxes et remboursements de frais (3).

En conséquence, le respect des conditions d'inscription au RCS et de dépassement du seuil de 23 000 € de recettes annuelles s'apprécie comme en matière de bénéfices industriels et commerciaux.

B. – Seuil de 50 % des revenus du foyer

197. – Les personnes concernées doivent retirer de cette activité **plus de 50 % des revenus** à raison desquels le **foyer fiscal** auquel elles appartiennent est soumis à l'impôt sur le revenu dans les catégories des traitements et salaires, bénéfices industriels et commerciaux, bénéfices agricoles, bénéfices non commerciaux, revenus des gérants et associés mentionnés à l'article 62.

Cette condition de seuil ne doit pas être confondue avec le troisième critère de définition de la LMP en matière de bénéfices industriels et commerciaux (plus restrictive), qui prévoit que les recettes issues de la location en meublé doivent **excéder les revenus d'activité et de remplacement du foyer fiscal** soumis à l'impôt sur le revenu détaillés précédemment (y compris les pensions et rentes).

(1) Rép. min. Lambert : *JO* Sénat 13 avr. 1995, p. 880, n° 6809.
(2) Instr. 1er juin 1999, 7 S-6-99 n° 9. – Doc. adm. DGI, 7 S-3311, n° 16, 1er oct. 1999.
(3) Cass. com., 16 janv. 1990, n° 68 P, *Balian*.

Selon l'administration fiscale, pour apprécier la condition de seuil de 50 % des revenus en matière d'ISF, il convient de retenir le bénéfice industriel et commercial net annuel dégagé par l'activité de location meublée, afin de permettre la comparaison avec l'ensemble des revenus professionnels du foyer fiscal, **y compris le bénéfice tiré de la location**. Le bénéfice imposable au titre des bénéfices industriels et commerciaux, à retenir pour l'établissement de l'impôt sur le revenu, est le bénéfice net déterminé dans les conditions prévues à l'article 38, 2 du Code général des impôts. Par conséquent, ce bénéfice, conformément aux règles comptables et fiscales de droit commun, s'entend de l'excédent des valeurs d'actif sur le total formé au passif par les créances des tiers, les amortissements et les provisions justifiés (4).

Pour aller plus loin

198. – De nombreux praticiens considèrent depuis longtemps que les **pensions de retraite** n'ont pas à être prises en compte pour la détermination de ce seuil de 50 %, car il ne s'agit pas de **revenus d'activité**. L'article 885 R du Code général des impôts et la jurisprudence étant silencieux à cet égard, cette interprétation ne peut être efficacement soutenue que depuis la réponse Kert. Depuis le 6 mars 2007, l'administration admet que les revenus à prendre en compte sont les **revenus professionnels** du foyer fiscal (à l'exclusion des pensions et rentes nécessairement), dissipant le doute qui pesait sur l'interprétation de l'expression légale « traitements et salaires ».

C. – Que dire en cas de location indirecte (société) ?

199. – Selon l'administration fiscale, l'exonération d'ISF s'applique aux seuls locaux d'habitation loués meublés **détenus directement par le redevable (CGI, art. 885 R).**

Par suite, en cas de détention et d'exploitation des locaux loués meublés **par une SARL de famille,** la participation des associés dans cette société est imposable à l'ISF dans les conditions de droit commun, à l'exception des **parts détenues par le gérant** dès lors que les conditions prévues aux articles 885 O (sociétés soumises au régime fiscal des sociétés de personnes dites translucides) ou 885 O *bis* du Code général des impôts (sociétés soumises à l'IS) sont remplies (5).

On observe que cette doctrine est différente de celle retenue au titre de la notion de location indirecte en matière de bénéfices industriels et commerciaux (qui admet la location par l'intermédiaire d'une société de personnes).

En droit commun, les titres de sociétés (relevant de l'article 8 du Code général des impôts ou passibles de l'IS) peuvent, sous certaines conditions, se voir reconnaître la qualification de biens professionnels. Au cas présent, seuls les titres de SARL de famille (ayant ou non opté pour le régime des sociétés de personnes) détenus par le gérant peuvent être exonérés d'ISF. En outre, le gérant doit respecter les autres conditions prévues par les articles 885 O et 885 O *bis* du Code général des impôts.

Dans l'hypothèse où le loueur formerait le projet d'exercer son activité à travers une structure sociétaire, cette particularité importante en matière d'ISF devrait être analysée, en plus des conditions fixées en matière de bénéfices industriels et commerciaux.

(4) Rép. min. Kert : *JOAN* 6 mars 2007, p. 2426, n° 114639.
(5) Rép. min. Zocchetto : *JO* Sénat 24 oct. 2002, p. 2467, n° 991.

D. – Les loueurs en meublé non professionnels et l'ISF

200. – Comme il a précédemment été spécifié, le loueur exerçant une activité de meublé en direct est soumis, au plan de l'ISF, aux règles édictées par l'article 885 R du Code général des impôts, non retouché par la loi de finances pour 2009. Celles-ci ne dépendent théoriquement pas du caractère professionnel ou non du loueur en matière de bénéfices industriels et commerciaux.

Ainsi, à titre d'exemple, un loueur, célibataire, sans enfant, pourrait très bien se retrouver dans la situation suivante :

– au titre de l'impôt sur le revenu :

• condition de RCS supposée remplie,

• recettes meublées annuelles supérieures à 23 000 €,

• présentant une pension de retraite comme unique source de revenu, supérieure aux recettes locatives meublées brutes annuelles.

Conclusion : ce loueur ne peut être qualifié de professionnel au plan de l'impôt sur le revenu, ses pensions de retraite, prises en compte pour l'appréciation du seuil de 50 %, étant supérieures aux montants des recettes ;

– au titre de l'ISF :

• condition de RCS supposée remplie,

• recettes meublées annuelles supérieures à 23 000 €,

• présentant une pension de retraite comme unique source de revenu.

Conclusion : ce loueur remplit bien la condition des 50 % puisque les pensions de retraite ne sont pas considérées comme des revenus professionnels.

Par conséquent, dans un tel cas, il y a lieu de s'interroger si des loueurs en meublé non professionnels concernés pourraient revendiquer l'exonération d'ISF sur les biens donnés en location.

Là encore, il conviendra d'obtenir rapidement une position de l'administration sur ce sujet.

§ 2. – La question de la TVA

201. – Il ressort de l'article 261 D, 4° du Code général des impôts que les locations occasionnelles, permanentes ou saisonnières de logements meublés ou garnis à usage d'habitation sont en principe exonérées de taxe sur la valeur ajoutée (TVA).

Il existe cependant des cas, limitativement énumérés par ce texte, de locations imposables à la TVA.

Cet assujettissement a pour contrepartie la faculté de récupération de la TVA prélevée en amont sur l'achat de logements en résidences services.

Pour ce faire, les loueurs placés sous le régime de la « franchise en base » devront notifier à l'administration fiscale leur souhait d'être assujettis à la TVA en optant pour un régime réel d'imposition.

A. – Locations imposables à la TVA

202. – Sont imposables à la taxe sur la valeur ajoutée (6) :

– les prestations d'hébergement fournies dans les **hôtels de tourisme** classés ;

(6) CGI, art. 261 D, 4°.

– les prestations d'hébergement fournies dans les **villages de vacances** classés ou agréés ;

– les prestations d'hébergement fournies dans les **résidences de tourisme** classées destinées à l'hébergement des touristes et louées par un contrat d'une durée d'au moins neuf ans à un ou plusieurs exploitants qui ont souscrit un engagement de promotion touristique à l'étranger ;

– les prestations de **mise à disposition d'un local meublé** effectuées à titre onéreux et de manière habituelle, **comportant en plus de l'hébergement au moins trois des prestations** suivantes, rendues dans des conditions similaires à celles proposées par les établissements d'hébergement à caractère hôtelier exploités de manière professionnelle : le petit déjeuner, le nettoyage régulier des locaux, la fourniture de linge de maison, et la réception, même non personnalisée, de la clientèle ;

– les locations de locaux meublés consenties à l'exploitant d'un établissement d'hébergement qui remplit les conditions fixées aux points évoqués ci-dessus (7) ;

– les prestations d'hébergement fournies dans les villages résidentiels de tourisme, lorsque ces derniers sont destinés à l'hébergement des touristes et qu'ils sont loués par un contrat d'une durée d'au moins neuf ans à un exploitant (8).

Certaines de ces catégories d'hébergement soumis à la TVA appellent des précisions, que le lecteur trouvera ci-après.

203. – 1) Les villages de vacances classés ou agréés. Les villages de vacances concernés sont ceux ayant obtenu leur classement par le préfet après avis de la commission départementale de l'action touristique (modalités du 8 décembre 1982) ou agréés par le ministre de l'Équipement après examen de la demande par la commission nationale d'agrément (selon l'arrêté du 27 mars 1969).

À noter que ce dispositif s'applique en principe sans préjudice du statut de l'exploitant, qui peut par exemple avoir choisi la forme d'une association ou d'une société. Une note de la Direction générale des impôts a cependant précisé que l'exonération de TVA s'applique de plein droit aux associations, à condition que les critères de gestion désintéressée et de non-lucrativité soient respectés par l'association (9).

204. – 2) Les résidences de tourisme classées. Les prestations d'hébergement qui y sont fournies sont soumises à TVA lorsque ces résidences (selon CGI, art. 261 D, 4° *a*) sont destinées à l'hébergement des touristes et qu'elles sont louées par un contrat d'une durée d'au moins neuf ans à un exploitant qui a souscrit un engagement de promotion touristique à l'étranger. Le **taux réduit** est applicable à la fourniture de logement dans ce dispositif, avec faculté de récupération de la TVA ayant majoré le prix d'acquisition.

La **décision de classement** est prise par le préfet après avis de la commission départementale de l'action touristique, lorsque la résidence de tourisme répond aux normes techniques requises pour le classement qui sont définies à l'annexe II de l'arrêté du 14 février 1986 (10). La liste des critères techniques généraux permettant de qualifier une résidence de tourisme classée est consultable au sein des commentaires de l'administration (11).

---

(7) À l'exclusion de celles consenties à l'exploitant d'un établissement de logement-foyer.

(8) Ces villages résidentiels de tourisme s'inscrivent dans une opération de réhabilitation de l'immobilier de loisirs définie par l'article L. 318-5 du Code de l'urbanisme.

(9) Note DGI à la Délégation interministérielle à l'innovation sociale et à l'économie sociale, 26 avr. 1999.

(10) Instr. 9 juill. 1991, 3 A-13-91, n° 14. – Doc. adm. DGI, 3 A-1152, n° 27, 20 oct. 1999.

(11) Instr. 9 juill. 1991, 3 A-13-91, n°s 2 et 3. – Doc. adm. DGI, 3 A-1152, n° 22, 20 oct. 1999.

La résidence de tourisme classée doit, comme énoncé *supra*, être **affectée à l'hébergement des touristes** : si la résidence devait accueillir une clientèle non touristique de façon habituelle, l'activité serait alors exonérée de TVA. À noter aussi que les copropriétaires ou multipropriétaires qui se réserveraient des périodes de séjour dans les locaux devraient acquitter à l'exploitant un prix au moins égal à 75 % du prix public, qui serait soumis à TVA.

La résidence de tourisme doit être louée à un exploitant unique par un **contrat d'une durée d'au moins neuf ans**. Il est nécessaire de mentionner expressément cette durée dans le contrat, pour éviter toute contestation par l'administration fiscale. Néanmoins, cette condition de location par contrat est **sans objet dans deux cas** : lorsque le propriétaire unique est aussi l'exploitant, et lorsque le propriétaire unique exploite sous son nom et sous sa responsabilité commerciale la résidence de tourisme classée par l'intermédiaire d'un mandataire agissant pour son compte en vertu d'un contrat de mandat. En revanche, cette condition de location par contrat doit impérativement être respectée pour les résidences en **copropriété ou en multipropriété**, les deux dérogations précédentes ne s'appliquant pas.

L'assujettissement à la TVA suppose, en outre, que la condition de location par contrat de neuf ans concerne **la totalité de la résidence**, tant à l'origine qu'au cours de l'exploitation de la résidence. Pour les résidences comportant au moins 100 lits, l'administration tolère que 70 % au moins des locaux qui composent l'immeuble classé fassent l'objet du contrat (12).

Dans tous les cas, **l'exploitant** (et non le propriétaire, sauf si celui-ci est exploitant) doit souscrire un **engagement de promotion touristique à l'étranger**.

Concernant le **contenu de l'engagement**, l'article 176 de l'annexe II au Code général des impôts précise que l'exploitant de la résidence doit s'engager pendant les vingt-quatre premiers mois d'exploitation :

– soit à dépenser une somme au moins égale à 1,5 % des recettes d'exploitation perçues au titre de la résidence pour la recherche de la clientèle étrangère (dépenses engagées pour implanter des bureaux de représentation à l'étranger, dépenses de publicité par annonce ou brochures dans les publications diffusées à l'étranger, cotisations ou participations versées à des organismes ayant pour vocation la promotion touristique à l'étranger...) (13). Cette condition s'apprécie résidence par résidence ;

– soit à conclure avec des organisateurs de voyages ou de séjours des contrats de mise à disposition (il peut s'agir de simples contrats de contingentement qui permettent à l'agent de voyages de rétrocéder à l'exploitant à une certaine date des lits « invendus » aux étrangers), tels que 20 % au moins des unités d'hébergement de la résidence soient réservées à des touristes étrangers (14).

Le non-respect de ces différentes conditions peut entraîner d'importantes sanctions fiscales (V. ci-après « Pour aller plus loin ») aux dépens du propriétaire.

---

(12) Instr. 9 juill. 1991, 3 A-13-91, n°s 18 et 19. – Doc. adm. DGI, 3 A-1152, n°s 31 et 32, 20 oct. 1999.

(13) Doc. adm. DGI, 3 A-1152, n° 35.

(14) Instr. 9 juill. 1991, 3 A-13-91, n° 21. – Doc. adm. DGI, 3 A-1152, n° 34, 20 oct. 1999.

Pour aller plus loin

205. – Au plan formel, l'engagement est souscrit par l'exploitant sur papier libre, envoyé avant le début de l'exploitation au centre des impôts. Une copie de cette déclaration d'engagement est remise par l'exploitant aux propriétaires pour qu'ils puissent justifier l'application de la TVA aux locations consenties.

L'administration propose en fait le modèle suivant (15) :

« Je soussigné, M…, gestionnaire de la société…, exploitant de la résidence de tourisme classée…, m'engage à réaliser la promotion touristique à l'étranger prévue par l'article 176 de l'annexe II au Code général des impôts. »

Il est important de rappeler que si l'engagement de promotion touristique à l'étranger est pris par l'exploitant, les conséquences fiscales d'une rupture de cet engagement par l'exploitant seront supportées **par le propriétaire des locaux**.

La résidence qui cesse d'être exploitée dans le respect des conditions qui permettent l'assujettissement à la TVA des locations, « retombe » généralement dans le cadre de la location meublée **exonérée de TVA**. Dans certains cas, la taxe irrégulièrement déduite depuis le début de l'exploitation doit être intégralement **reversée** (alors que la taxe facturée reste due au Trésor).

Bien entendu, des « sanctions » fiscales comparables peuvent être infligées au propriétaire en cas de déclassement de la résidence par le préfet (sous réserve de régularisations) ou d'interruption du contrat initial de location de neuf ans (16).

En pratique, il est donc recommandé au propriétaire de faire entrer ces paramètres dans la négociation initiale avec le futur exploitant, de sorte que ce dernier garantisse au propriétaire, dans leur contrat, l'indemnisation de ses propres défaillances… même si, à défaut de prévision contractuelle, une action en responsabilité pour faute pourrait toujours être étudiée par le propriétaire.

206. – 3) Les prestations d'hébergement fournies dans des conditions proches de l'hôtellerie exploitées de manière professionnelle. L'administration apporte certains détails sur les différents services para-hôteliers qui peuvent être proposés aux locataires (17) :

– le petit déjeuner : celui-ci doit être fourni selon les usages professionnels, c'est-à-dire au choix de l'exploitant, soit dans les chambres ou appartements, soit dans un local aménagé permettant la consommation sur place des denrées, situé dans l'immeuble ou l'ensemble immobilier ;

– le nettoyage des locaux : il doit être effectué de manière régulière. Cette condition sera considérée comme établie lorsque, bien que ne fournissant pas effectivement un service régulier de nettoyage, l'exploitant dispose des moyens lui permettant de proposer un tel service au client durant son séjour, selon une périodicité régulière ;

– la fourniture pendant le séjour du linge de maison à l'ensemble des locataires ;

– un service de réception même non personnalisé de la clientèle. Cet accueil peut être confié à un mandataire qui l'assure en un lieu unique différent du local loué lui-même. L'administration accepte également tout système d'accueil électronique pour remplir cette condition.

Sur la base de ces critères, l'imposition est susceptible de s'appliquer notamment à l'exploitation de chambres d'hôtes, de maisons ou appartements meublés, de résidences pour étudiants, de maisons de retraite…

207. – 4) Les locations dites « indirectes ». Pour l'application de la taxe sur la valeur ajoutée, la location d'un local meublé ou nu dont la destination finale est le logement meublé est toujours considérée comme une opération

(15) Instr. 9 juill. 1991, 3 A-13-91, n° 24. – Doc. adm. DGI, 3 A-1152, n° 37, 20 oct. 1999.

(16) Si cette interruption est le fait du preneur, elle est sans incidence lorsque le nouveau preneur poursuit les engagements du précédent.

(17) Instr. fisc. 3 A-2-03, 30 avr. 2003.

de fourniture de logement meublé quelles que soient l'activité du preneur et l'affectation qu'il donne à ce local (18).

Par ailleurs, la loi de finances pour 2007 a étendu à toutes les locations de locaux nus, meublés ou garnis consenties à des exploitants d'établissements d'hébergement à caractère hôtelier le régime jusqu'à présent réservé aux seules locations conclues par bail commercial. Toutes ces locations sont donc désormais taxables de plein droit à la TVA. Elles doivent être taxées quelles que soient les exonérations de TVA dont pourraient bénéficier, à un autre titre, les preneurs pour leurs propres opérations (19).

La loi du 5 mars 2007 instituant le droit au logement opposable et portant diverses mesures en faveur de la cohésion sociale a exonéré de plein droit de TVA les locations de locaux nus, meublés ou garnis consenties aux exploitants d'établissements mentionnés à l'article L. 633-1 du Code de la construction et de l'habitation dont l'activité n'ouvre pas droit à déduction.

Sont en pratique concernés les exploitants de logements-foyers, c'est-à-dire les établissements destinés au logement collectif à titre de résidence principale de personnes dans des immeubles comportant à la fois des locaux privatifs meublés ou non et des locaux communs affectés à la vie collective, à condition toutefois que les sommes qu'ils perçoivent au titre de leur propre activité de location soient elles-mêmes exonérées de TVA ou placées hors du champ d'application de cette taxe.

Le fait que l'activité de l'exploitant ouvre droit à déduction ou non est apprécié par immeuble ou ensemble d'immeubles formant un secteur distinct d'activité.

208. – 5) Les prestations d'hébergement fournies dans les villages résidentiels de tourisme. Le village résidentiel de tourisme (VRT) est un établissement commercial d'hébergement classé qui s'inscrit dans le périmètre d'une opération de réhabilitation de l'immobilier de loisirs définie par l'article L. 318-5 du Code de l'urbanisme. Il est constitué d'un ensemble de locaux d'habitation meublés et est doté d'équipements et de services communs dans des locaux situés à proximité (20).

Les locaux d'habitation sont proposés à la location à une clientèle touristique qui n'y élit pas domicile, pour une occupation à la journée, à la semaine ou au mois.

Le village résidentiel de tourisme est géré par une seule personne dans le cadre d'un contrat de location d'une durée au moins égale à neuf ans. Durant cette période, les propriétaires des locaux peuvent bénéficier d'un droit de réservation prioritaire pour une période limitée à l'intérieur de l'année.

En outre, le VRT doit répondre à une procédure de classement, qui comprend différentes catégories désignées par un nombre d'étoiles croissant, en fonction de critères élaborés par le groupement d'intérêt économique « Atout France, agence de développement touristique de la France » (21). Informations sur le site Internet *http://www.classement.atout-france.fr*.

Les prestations d'hébergement sont alors soumises au taux réduit de TVA, avec faculté de récupération de la TVA dans les conditions de droit commun.

(18) CGI, art. 260 D.
(19) Instr. 23 janv. 2007, 3 A-1-07. – L. n° 2006-1666, 21 déc. 2006.
(20) C. tourisme, art. R. 323-1.
(21) C. tourisme, art. D. 323-4 et s.

Pour aller plus loin

209. – Option pour l'assujettissement des loyers à la TVA. La TVA qui a grevé le prix d'acquisition peut être récupérée par le loueur en meublé si le logement est neuf, c'est-à-dire de moins de cinq ans et qui à l'intérieur de ce délai n'a jamais fait l'objet d'une cession à une personne autre qu'un marchand de biens.

Une déclaration d'existence (imprimé P0 pour les personnes physiques louant en direct ou imprimé M0 en cas d'exercice au travers d'une société) doit être remplie dès la signature de l'acte notarié et à retourner au centre de formalités des entreprises du lieu de résidence du loueur en meublé.

Il conviendra également d'adresser à la recette des impôts de son lieu de résidence une lettre d'assujettissement volontaire à la TVA (pli recommandé avec demande d'avis de réception conseillé), qui peut être rédigée comme suit :

« Monsieur l'Inspecteur,

Je vous prie de bien vouloir prendre en compte mon souhait d'option pour le régime simplifié (*ou* : réel) d'imposition des bénéfices et pour le paiement de la TVA à compter du 1er janvier 2010 *(exemple)*.

Je vous prie de recevoir, Monsieur, l'expression de mes salutations distinguées.

Date et signature »

Après le premier loyer mensuel, ou le premier trimestre, selon le cas, le loueur en meublé pourra adresser à l'administration fiscale une demande de remboursement de TVA, remboursement qui interviendra en principe dans les six semaines qui suivront.

B. – Règle d'imposition et taux de TVA applicable

210. – Les locations en meublé sont imposables en France, comme les autres opérations d'hébergement, dès lors que les immeubles y sont situés, y compris si elles sont faites au profit de personnes ne résidant pas en France.

1° Les différents régimes de TVA

211. – Il existe trois régimes différents de TVA :
– la franchise en base ;
– le réel simplifié ;
– le réel normal.

a) La franchise en base de TVA

212. – La franchise en base est une dispense de déclaration et de paiement de la taxe sur la valeur ajoutée. Il n'y a donc à l'inverse pas de possibilité de déduction et de remboursement de la TVA (notamment celle acquittée par l'investisseur lors de l'achat du bien).

Le régime s'applique de plein droit en présence d'un chiffre d'affaires (22) annuel pour 2011 inférieur ou égal à :

– 81 500 € HT lors de l'année civile précédente pour les activités de prestations de fourniture de logement (activités de location de gîtes ruraux, de meublés de tourisme ou de chambres d'hôtes).

Tempérament : si l'investisseur dépasse 81 500 € de chiffre d'affaires mais ne dépasse pas un chiffre d'affaires de 89 600 €, alors le régime de franchise en base reste applicable pendant deux ans. En revanche, si l'investisseur dépasse un chiffre d'affaires de 89 600 €, alors ce dernier est soumis au régime réel de TVA ;

– 32 600 € HT lors de l'année civile précédente pour les activités de location meublée qualifiée de prestations de services (activités autres que la location de gîtes ruraux, de meublés de tourisme ou de chambres d'hôtes).

(22) Cf. Instr. fisc. 3 F-1-11, 3 janv. 2011.

La franchise est aussi maintenue l'année suivant celle du dépassement de seuil si le chiffre d'affaires de l'année ne dépasse pas 34 600 € s'agissant des autres prestations de service.

Le loueur en meublé peut opter, si souhaité, pour le paiement de la TVA. Il choisira alors sur option un des régimes réels d'imposition (simplifié ou normal) de la TVA.

Il est cependant à noter que l'option pour le paiement de la TVA entraîne l'exclusion du régime du micro-BIC par ailleurs.

Obligations comptables : établissement de factures portant la mention « TVA non applicable, article 293 B du CGI ».

b) Le régime du réel simplifié d'imposition

213. – Le régime réel simplifié s'applique de plein droit, aux entreprises individuelles et sociétés dont le chiffre d'affaires annuel pour 2011 est supérieur à :

– 32 600 € HT et n'excède pas 234 000 € HT pour les activités de location meublée qualifiées de prestations de services ;

– 81 500 € HT et n'excède pas 777 000 € HT pour les entreprises de fourniture de logement ;

Le régime réel simplifié s'applique également :

– sur option, aux redevables relevant de plein droit du régime de franchise en base mais ayant opté pour l'assujettissement à TVA ;

– sur option, les entreprises relevant du régime réel simplifié mais ayant opté pour le régime normal.

Ce régime se caractérise essentiellement par l'absence d'obligations déclaratives des entreprises en cours d'année. Les entreprises doivent simplement acquitter quatre acomptes trimestriels qui feront l'objet d'une régularisation lors du dépôt de la déclaration annuelle de TVA.

Dispense de versement si la taxe due (hors TVA déductible sur immobilisations) au titre de l'année civile ou de l'exercice précédent est inférieure à 1 000 €.

c) Le régime du réel normal d'imposition

214. – C'est le régime d'imposition de plein droit des entreprises dont le chiffre d'affaires hors taxes annuel est supérieur à :

– 777 000 € pour les ventes et les prestations d'hébergement ;

– 234 000 € pour les prestations de services.

Obligations fiscales : dépôt d'une déclaration n° 3310 CA3 chaque mois et paiement de la taxe correspondante (option possible pour un dépôt et un paiement trimestriel si la TVA exigible annuellement est inférieure à 4 000 €).

2° Le taux de TVA applicable

215. – Les prestations d'hébergement soumises à la TVA bénéficient en principe du **taux réduit** (actuellement de 7 %) (23) : c'est le cas en général pour les établissements d'hébergement, pour les maisons de retraite et les établissements accueillant des handicapés, pour les campings classés, pour les repas aux résidents des résidences services, sous certaines conditions.

Néanmoins, sont passibles du **taux normal** les établissements qui ne constituent pas des établissements d'hébergement au sens de l'article 279, *a* du Code général des impôts. Il s'agit :

(23) En Corse, la fourniture de logement bénéficie d'un taux spécifique de 2,1 %.

– d'une part, des caravanes automotrices ou non (sauf exceptions), des roulottes hippomobiles, des navires de plaisance habitables affectés à la navigation en rivière (*house-boats*) qui doivent être considérés comme des exploitations de nature mobilière ;

– et, d'autre part, des établissements qui n'ont pas pour objet principal la fourniture de logement (par ex. : établissements de soins à l'exclusion des maisons de retraite) (24).

Remarque : la présence d'un taux réduit de TVA sur la fourniture de logement ne s'applique qu'au prix de location des chambres, studios, appartements, villas et caravanes statiques meublés. Tous les services annexes facturés en sus (téléphone, télévision, petit déjeuner, blanchissage, garage pour automobiles, soins de coiffure ou de beauté, droit d'usage d'installations sportives...), toutes les ventes (cartes postales, bibelots...) ainsi que les recettes annexes (publicité, location de vitrines, location de chevaux...) doivent être soumis au taux qui leur est propre (25).

C. – Locations exonérées de TVA

216. – Rappelons que l'exonération des locations de logements meublés ou garnis à usage d'habitation est **le principe** : les hypothèses d'imposition à la TVA, vues précédemment, relèvent de l'exception.

Il s'agit des **locaux** qui sont destinés à l'**habitation** et qui comportent les **éléments mobiliers** ayant pour effet de leur conférer un minimum d'habitabilité, quel que soit le montant des loyers perçus. En revanche, la location à l'heure, à la journée, à la semaine ou au mois de roulottes, camping-cars, péniches, bateaux, etc., s'analyse comme une location de biens meubles corporels obligatoirement imposable à la TVA au taux normal (26).

La fourniture de certaines prestations annexes n'empêche pas l'exonération de TVA de la fourniture de logement proprement dite. Ces prestations annexes demeurent imposables en toute hypothèse et au taux qui leur est propre (taux normal de manière générale) dès lors qu'elles ne sont pas habituellement incluses dans le prix de location d'un logement meublé, sous réserve de la franchise de TVA prévue à l'article 293 B du Code général des impôts.

Lorsque les prestations annexes sont fournies dans les conditions fixées au *b* de l'article 261 D, 4 du Code général des impôts, l'opération est considérée dans son ensemble comme relevant d'une activité hôtelière ou para-hôtelière et devient imposable (27).

D. – Taxe de séjour et TVA

217. – La taxe de séjour « classique », instituée par les localités ayant le caractère de stations balnéaires, thermales, climatiques ou touristiques et dont les hôteliers et les logeurs collectent le montant pour le compte de la municipalité est exclue de la base d'imposition à la TVA (28).

La taxe de séjour « forfaitaire », quant à elle, devait suivre le même régime, par mesure de simplification (note ministérielle, 11 sept. 1989). Toutefois,

(24) Instr. 13 mars 1978, 3 C-8-78. – Doc. adm. DGI, 3 C-314, n° 2, 30 mars 2001.
(25) Instr. 13 mars 1978, 3 C-8-78. – Doc. adm. DGI, 3 C-2211, n° 7, 30 mars 2001.
(26) Doc. adm. DGI, 3 C-2211, n° 27, 30 mars 2001.
(27) Instr. 20 avr. 2003, 3 A-2-03, n° 5.
(28) Instr. 14 févr. 1994, 3 B-1-94.

cette disposition était compatible avec l'article 267, II-2° du Code général des impôts et la sixième directive TVA, de sorte que depuis le 24 mars 1994, les sommes dues par les logeurs et hôteliers au titre de la taxe de séjour forfaitaire ne sont plus exclues de la base d'imposition à la TVA (29).

L'administration justifie sa position dans la réponse Reitzer (*JOAN* 31 oct. 1994, n° 15101, p. 5422) :

> « La taxe de séjour forfaitaire est due par les hôteliers et les logeurs, et elle est calculée en fonction du nombre d'unités de capacité d'accueil de l'établissement et du nombre de nuitées. Cette taxe fait donc partie des charges d'exploitation des professionnels concernés au même titre que les autres impôts dont ils sont redevables. Elle doit donc, comme pour les autres impositions, être incorporée dans la base d'imposition à la TVA. Il s'agit d'un principe fondamental de la TVA auquel il ne peut pas être dérogé tant au regard de la législation interne que de la réglementation communautaire. »

§ 3. – La contribution économique territoriale (CET)

218. – L'article 2 de la loi de finances pour 2010 (30) supprime, à compter de 2010, la taxe professionnelle et institue la contribution économique territoriale (CET), composée d'une cotisation foncière des entreprises (CFE) et d'une cotisation sur la valeur ajoutée des entreprises (CVAE).

A. – La cotisation foncière des entreprises

219. – Comme en matière de taxe professionnelle, la location ou sous-location de locaux meublés constitue par nature une activité professionnelle passible de la CFE.

Les loueurs en meublé sont donc, selon l'administration, imposables à cette taxe, quelle que soit l'importance des revenus qu'ils tirent de cette activité, et qu'ils soient loueurs professionnels ou non au regard de l'impôt sur le revenu.

C'est l'un des inconvénients majeurs de la location meublée, par rapport aux locations nues de locaux à usage d'habitation, exonérées de CFE.

Le Conseil d'État a cependant exclu de l'assujettissement (31) les activités consistant à donner un logement meublé en location à une société de gestion qui le sous-loue pour son propre compte. La Haute cour a exigé la mobilisation d'un minimum de moyens matériels et intellectuels pour caractériser l'activité professionnelle.

1) Assiette de la cotisation

La CFE a pour base la valeur locative des biens passibles d'une taxe foncière situés en France. Elle fait l'objet d'une cotisation minimale établie à partir d'une assiette (comprise entre 200 € et 2 000 €) fixée par le conseil municipal de la commune où est situé le local.

2) Les cas d'exonération

La loi prévoit des cas d'exonération en faveur de certaines locations ou sous-locations meublées à usage d'habitation, rendues applicables à la CFE (32).

---

(29) Doc. adm. DGI, 3 B-1111, n° 45, 18 sept. 2000. – Instr. 14 févr. 1994, 3 B-1-94.
(30) L. n° 2009-1673, 30 déc. 2009.
(31) CE, 24 mars 2006 n° 269716.
(32) CGI, art. 1459.

Sont ainsi exonérés de la cotisation foncière des entreprises :

1° les propriétaires ou locataires qui louent accidentellement une partie de leur habitation personnelle (33), lorsque d'ailleurs cette location ne présente aucun caractère périodique ;

2° les personnes qui louent ou sous-louent en meublé une ou plusieurs pièces de leur habitation principale, sous réserve que les pièces louées constituent pour le locataire ou le sous-locataire en meublé sa résidence principale, et que le prix de location demeure fixé dans des limites raisonnables ;

3° sauf délibération contraire des collectivités territoriales et de leurs groupements dotés d'une fiscalité propre :

a) les personnes qui louent tout ou partie de leur habitation personnelle à titre de gîte rural,

b) les personnes qui louent en meublé des locaux classés en meublé de tourisme, lorsque ces locaux sont compris dans leur habitation personnelle,

c) les personnes autres que celles visées aux 1° et 2° du présent article ainsi qu'aux 3°*a)* et 3°*b)* ci-dessus, qui louent ou sous-louent en meublé tout ou partie de leur habitation personnelle.

Par ailleurs, étaient exonérés de taxe professionnelle et sont exonérés de CFE de plein droit et de manière temporaire sous réserve le cas échéant de respecter un certain nombre de conditions les loueurs en meublé exerçant leur activité sous le statut d'auto-entrepreneur.

Cette exonération est valable durant les deux années suivant celle de la création de leur entreprise.

Détail de l'article 1464 K du Code général des impôts (34) :

« Les contribuables ayant opté pour le régime micro-social sont exonérés de la cotisation foncière des entreprises pour une période de deux ans à compter de l'année qui suit celle de la création de leur entreprise.

L'exploitant, son conjoint, le partenaire auquel il est lié par un pacte civil de solidarité, ses ascendants et descendants ne doivent pas avoir exercé, au cours des trois années qui précèdent la création, une activité similaire à celle de l'entreprise nouvellement créée.

Pour bénéficier de l'exonération, l'option pour le régime micro-social doit être exercée au plus tard le 31 décembre de l'année de création de l'entreprise ou, en cas de création après le 1er octobre, dans un délai de trois mois à compter de la date de création de l'entreprise. »

B. – La cotisation sur la valeur ajoutée des entreprises

220. – En pratique, seules les personnes qui exercent à titre habituel une activité professionnelle non salariée et dont le chiffre d'affaires est supérieur ou égal à 500 000 € HT doivent acquitter la cotisation sur la valeur ajoutée des entreprises.

Toutefois, les entreprises dont le chiffre d'affaires est supérieur à 152 500 € sont soumises à une obligation déclarative.

(33) C'est-à-dire l'habitation principale ou secondaire dont le contribuable se réserve la disposition en dehors de la période de location.

(34) Mod. L. n° 2010-1657, 29 déc. 2010, art. 137.

C. – Plafonnement de la CET

221. – Sur demande du redevable, la contribution économique territoriale de chaque entreprise est plafonnée à 3 % de sa valeur ajoutée (35), l'excédent pouvant alors faire l'objet d'un dégrèvement.

Le montant de ce dégrèvement s'impute sur cette cotisation.

§ 4. – La question de la taxe d'habitation

222. – La taxe d'habitation est due principalement par toute personne qui a, à quelque titre que ce soit, la disposition ou la jouissance de locaux meublés affectés à l'habitation.

La base d'imposition à la taxe d'habitation est égale à la valeur locative des locaux imposables, éventuellement diminuée en ce qui concerne les habitations principales d'abattements obligatoires pour charges de famille et d'abattements facultatifs à la base.

La taxe d'habitation est établie pour l'année entière d'après les faits existants au 1er janvier de l'année de l'imposition (36).

La situation des locaux loués en meublé, au regard de la taxe d'habitation, doit être examinée du point de vue du loueur en meublé et du locataire en meublé (37).

A. – La taxe d'habitation du point de vue du bailleur

223. – La taxe d'habitation n'est pas due par les propriétaires et principaux locataires de locaux qu'ils louent ou sous-louent en meublé sous réserve que ces derniers ne constituent pas leur habitation personnelle (38) et, étant spécialement aménagés pour la location, sont en principe imposables à la cotisation foncière des entreprises (39).

Lorsque les locaux meublés sont à usage mixte, c'est-à-dire qu'ils sont affectés à la fois à un usage personnel et à une activité commerciale, comme la location meublée, ces locaux sont imposables à la taxe d'habitation alors même qu'ils seraient passibles de la cotisation foncière des entreprises (40). La documentation administrative (41) cite, à cet égard, deux exemples :

– les pièces faisant partie intégrante de l'habitation du loueur et louées en meublé de manière saisonnière ;

– un appartement loué en meublé durant quelques mois seulement et dont le contribuable conserve la disposition pendant le reste de l'année (42).

Selon le Conseil d'État (43), l'appréciation du critère de la disposition du logement implique la recherche de l'intention du propriétaire au 1er janvier de l'année d'imposition. Par conséquent, au 1er janvier de l'année d'imposition, le

(35) CGI, art. 1647 B *sexies*.
(36) CGI, art. 1415.
(37) Doc. adm. DGI, 6 D-1231.
(38) L'habitation personnelle s'entend du logement dont le propriétaire, le locataire principal ou leur famille entend, au 1er janvier de l'année d'imposition, se réserver la disposition, à titre de résidence principale ou secondaire, en dehors des périodes de location, CE, 30 nov. 2007, n° 291252.
(39) CGI, art. 1407.
(40) CE, 20 févr. 1991, n° 72338.
(41) Doc. adm. DGI, 6 D-1231.
(42) CE, 28 févr. 1938, *Dame X.* : *RO*, p. 152.
(43) CE, 30 nov. 2007 n° 291252.

propriétaire qui donne en location un logement meublé et qui entend le louer en saisonnier en conservant la jouissance en dehors des périodes de location, sera redevable de la taxe d'habitation.

Le cas des zones de revitalisation rurale : dans les zones de revitalisation rurale, les communes ont la faculté de prononcer des exonérations de taxe d'habitation en faveur des locaux meublés à titre de gîte rural, des locaux classés meublés de tourisme et des chambres d'hôtes. La délibération prise par la commune produit ses effets pour la détermination de la part de la taxe d'habitation afférente à ces locaux revenant à chaque collectivité territoriale et établissement public de coopération intercommunale doté d'une fiscalité propre. Elle peut concerner une ou plusieurs catégories de locaux.

Remarque : pour bénéficier de cette exonération, le redevable de la taxe d'habitation adresse au service des impôts du lieu de situation du bien, avant le 1er janvier de chaque année au titre de laquelle l'exonération est applicable, une déclaration accompagnée de tous les éléments justifiant de l'affectation des locaux.

B. – La taxe d'habitation du point de vue du locataire

224. – Les locataires ou sous-locataires de logements loués en meublé, occupés de manière permanente et exclusive, qui reste à leur disposition même pendant leur absence, sont redevables de la taxe d'habitation, que le bailleur soit ou non redevable de la cotisation foncière des entreprises (44).

En revanche, lorsque l'occupation n'est que temporaire ou en cas de séjours limités, aucune imposition ne saurait être établie.

Il en est de même, lorsque la location en meublé est conclue pour la durée de la « saison » et pour plusieurs années (45).

§ 5. – La question de la taxe foncière et des taxes annexes

225. – La taxe foncière est un impôt direct local perçu au profit des communes et de leurs groupements (syndicats, EPCI), des départements et des régions. Sont imposables les propriétaires ou usufruitiers pour les immeubles qu'ils possèdent au 1er janvier de l'année d'imposition, qu'ils exercent ou non une activité de loueur en meublé. Les cotisations sont dues pour l'année entière et recouvrées par voie de rôle (l'avis d'imposition indique le montant à payer et la date limite de paiement).

La taxe foncière sur les propriétés bâties est établie d'après leur valeur locative cadastrale. Un abattement de 50 % est toutefois opéré pour tenir compte des frais de gestion, d'assurances, d'amortissement, d'entretien et de réparation des biens (46).

Chaque propriété ou fraction de propriété est appréciée d'après sa consistance (il est tenu compte de tous les travaux équipements ou éléments d'équipement existant au jour de l'évaluation), son affectation, sa situation et son état, à la date de l'évaluation.

Pour tenir compte de l'évolution des loyers, un coefficient de revalorisation annuel applicable aux valeurs locatives foncières est voté par le Parlement dans la loi de finances.

---

(44) CE, 20 avr. 1984, n° 42673.
(45) Doc. adm. DGI, 6 D-1231, n° 6.
(46) CGI, art. 1388.

Il est à noter que le propriétaire (ou l'usufruitier) est également redevable de la taxe d'enlèvement des ordures ménagères (principale source de financement des services locaux de collecte et de traitement des déchets) et de la taxe d'équipement (affectée au financement des dépenses générales d'urbanisation de la commune).

NB : la taxe foncière ainsi que les taxes annexes sont déductibles du résultat si les locaux ont été inscrits à l'actif du bilan du loueur en meublé.

Il existe plusieurs cas d'exonération de taxe foncière pour les loueurs en meublé.

– L'exonération temporaire de deux ans : les constructions nouvelles, reconstructions et additions de construction sont exonérées de la taxe foncière sur les propriétés bâties durant les deux années qui suivent celle de leur achèvement (47).

NB : pour obtenir cette exonération, le loueur en meublé doit produire un imprimé fiscal spécifique au centre des finances publiques dans les quatre-vingt-dix jours suivant l'achèvement des travaux.

Cette exonération totale (parts communale, départementale et régionale) ne concerne cependant que les immeubles à usage d'habitation.

À cet égard, il semble que certains centres des impôts considèrent que les résidences services ne peuvent pas bénéficier de l'exonération de part communale au motif que les locaux acquis ne sont pas des biens à usage d'habitation mais à usage commercial (services para-hôteliers fournis par l'exploitant preneur de bail).

– L'exonération liée à une situation géographique particulière : les collectivités locales peuvent, pour la part qui leur revient, exonérer totalement de taxe foncière les chambres d'hôtes, les gîtes ruraux et les meublés de tourisme lorsque ces locaux sont situés en zones de revitalisation rurale (48).

– L'exonération temporaire de cinq ans liée aux travaux d'économies d'énergie (CGI, art. 1383-0 B et 1383-0 B *bis*) : les collectivités locales peuvent, pour la part qu'il leur revient, exonérer pendant une durée de cinq ans de la taxe foncière sur les propriétés bâties à concurrence de 50 % ou de 100 % (au choix de la collectivité) les logements achevés avant le 1er janvier 1989 qui ont fait l'objet de dépenses d'équipement liées aux économies d'énergie (acquisition et pose de matériaux d'isolation thermique, acquisition de régulation de chauffage, etc.).

Le montant total des dépenses payées au cours de l'année qui précède la première année d'application de l'exonération doit être supérieur à 10 000 € par logement (ou 15 000 € sur les trois années qui précèdent).

Une exonération identique a été prévue pour les constructions de logements neufs achevées à compter du 1er janvier 2009 dont le niveau élevé de performance énergétique globale, déterminé dans des conditions fixées par décret, est supérieur à celui qu'impose la législation en vigueur.

Pour bénéficier de l'exonération, le propriétaire doit adresser au service des impôts du lieu de situation de la construction, avant le 1er janvier de la première année au titre de laquelle l'exonération est applicable, une déclaration comportant tous les éléments d'identification des biens.

Cette déclaration doit être accompagnée de tous les éléments justifiant de la nature des dépenses et de leur montant pour les locaux achevés avant 1989 ou,

(47) CGI, art. 1383.
(48) CGI, art. 1383 E *bis* et Instr. adm. 3 mars 2008 : *BOI* 6 C-1-08.

pour les autres (locaux achevés à compter du 1er janvier 2009), des éléments justifiant que la construction remplit tous les critères requis de performance énergétique.

§ 6. – La question de la contribution sur les revenus locatifs (CRL)

226. – En pratique, très peu de loueurs en meublé ne sont assujettis à la CRL. En effet, la CRL n'est due qu'en présence de trois conditions cumulatives :

– la CRL, en premier lieu, n'est due **que par les personnes morales** suivantes : personnes morales passibles de l'impôt sur les sociétés, organismes sans but lucratif, personnes morales non imposables et sociétés de personnes (et assimilées) dont un membre au moins est soumis à l'impôt sur les sociétés dans les conditions de droit commun ;

– en deuxième lieu, la CRL n'est due que si la personne morale concernée est **exonérée de TVA** (49) ou bénéficie de la franchise en base ;

– en dernier lieu, les immeubles concernés doivent être **achevés depuis quinze ans** au moins.

§ 7. – La taxe sur les loyers élevés des logements de petite surface

227. – La loi de finances pour 2012 a créé la « taxe sur les loyers élevés des logements de petite surface » (50). Cette taxe, applicable aux loyers perçus depuis le 1er janvier 2012, a pour but de lutter contre les loyers considérés comme trop élevés dans certaines communes de France, que le bailleur soit une personne physique, ou une personne morale taxable à l'IR ou à l'IS.

Les logements visés par la taxe doivent être donnés en **location meublée** ou nue pour une durée minimale de neuf mois. Cette durée minimale permet d'appréhender les locations à titre de résidence principale, puisque pour les locations meublées la durée minimale est de neuf mois pour les étudiants, et de un an dans les autres cas.

La taxe s'applique aux loyers **exonérés de la TVA** conformément aux dispositions de l'article 261 D, 2° et 4° du Code général des impôts (hormis donc les résidences services), perçus au titre de logements dont la surface habitable est inférieure ou égale à **quatorze mètres carrés** au sens du Code de la construction et de l'habitation (surface de plancher construite, après déduction des surfaces occupées par les murs, cloisons, marches et cages d'escaliers, gaines, embrasures de portes et de fenêtres).

Les logements doivent être situés dans des **communes classées** dans des zones géographiques se caractérisant par un déséquilibre particulièrement important entre l'offre et la demande de logements. Un arrêté des ministres chargés du budget et du logement, révisé au moins tous les trois ans, établit le classement des communes par zones.

---

(49) CGI, art. 261 D, 4°.
(50) CGI, art. 234.

La taxe est applicable si le montant du **loyer** mensuel (charges non comprises) **excède un montant** fixé par décret, compris entre 30 et 45 € par mètre carré de surface habitable. À noter que pour les **locations meublées**, le décret pourra majorer ce montant (au maximum de 10 %), voire le moduler selon la tension du marché locatif au sein des zones géographiques concernées. Ces montants et seuils seront révisés au 1er janvier de chaque année.

La taxe est assise sur le montant des loyers perçus au cours de l'année civile au titre des logements répondant aux conditions visées plus haut. La notion de loyers perçus laisse entendre qu'il s'agit des loyers bruts.

Le taux de la taxe est fixé en fonction de l'écart constaté entre le montant du loyer mensuel, charges non comprises, et la valeur du loyer mensuel de référence, établi par la loi de la manière suivante :

ÉCART	TAUX DE LA TAXE
Inférieur à 15 %	10 %
Supérieur ou égal à 15 % et inférieur à 30 %	18 %
Supérieur ou égal à 30 % et inférieur à 55 %	25 %
Supérieur ou égal à 55 % et inférieur à 90 %	33 %
Supérieur ou égal à 90 %	40 %

Pour les **personnes physiques,** la taxe est établie, contrôlée et recouvrée comme en matière d'impôt sur le revenu et sous les mêmes garanties et sanctions. Le montant des loyers soumis à la taxe devra être déclaré sur un imprimé particulier. Pour les **redevables de l'impôt sur les sociétés,** la taxe doit être déclarée, contrôlée et recouvrée selon les règles s'appliquant à cet impôt, sous les mêmes garanties et sanctions. Pour les **sociétés de personnes,** les règles de l'impôt sur le revenu ou de l'impôt sur les sociétés s'appliquent au prorata des droits des associés selon leur régime fiscal.

La taxe n'est **pas déductible** des revenus soumis à l'impôt sur le revenu ni du résultat imposable à l'impôt sur les sociétés.

§ 8. – La contribution exceptionnelle sur les hauts revenus

228. – Les loueurs en meublé peuvent également être redevables d'un nouvel impôt direct, appelé contribution exceptionnelle sur les hauts revenus.

Cette nouvelle taxe s'applique à compter de l'imposition des revenus de 2011 et jusqu'à l'imposition des revenus de l'année au titre de laquelle le déficit public des administrations publiques sera ramené à zéro (L. n° 2011-1977, 28 déc. 2011, art. 2).

Les personnes imposables qui sont soumises à la contribution sont les contribuables passibles de l'impôt sur le revenu dont **le revenu fiscal de référence du foyer fiscal** (incluant les bénéfices industriels et commerciaux professionnels ou non issus de location meublée) excède la limite de :

– 250 000 €, s'il s'agit de contribuables célibataires, veufs, séparés ou divorcés ;

– 500 000 € s'il s'agit de contribuables mariés ou liés par un Pacs, soumis à imposition commune.

NB : cette nouvelle contribution exceptionnelle n'impactera pas les revenus de location en meublé perçus par une structure sociétaire relevant de l'impôt sur les sociétés.

La contribution est assise sur le revenu fiscal de référence, avant application des règles du quotient et est calculée selon le barème progressif suivant (le montant obtenu étant arrondi à l'euro le plus proche) :

En l'état de la législation au 26 juin 2012

<table>
<tr><th rowspan="2">FRACTION DU REVENU FISCAL DE RÉFÉRENCE</th><th colspan="2">TAUX APPLICABLE</th></tr>
<tr><th>CONTRIBUABLE CÉLIBATAIRE, SÉPARÉ, DIVORCÉ, OU VEUF</th><th>CONTRIBUABLE MARIÉ OU PACSÉ, SOUMIS À IMPOSITION COMMUNE</th></tr>
<tr><td>Inférieure ou égale à 250 000 €</td><td>0 %</td><td rowspan="3">0 %</td></tr>
<tr><td>Comprise entre 250 001 €</td><td rowspan="2">3 %</td></tr>
<tr><td>et 500 000 €</td></tr>
<tr><td>Comprise entre 500 001 €</td><td rowspan="3">4 %</td><td rowspan="2">3 %</td></tr>
<tr><td>et 1 000 000 €</td></tr>
<tr><td>Supérieure à 1 000 000 €</td><td>4 %</td></tr>
</table>

En pratique, cet impôt frappera notamment les loueurs en meublé réalisant une plus-value immobilière. En effet, cette dernière est incluse dans le revenu fiscal de référence du foyer du loueur, après application de l'abattement pour durée de détention, le cas échéant.

À noter qu'il existe un mécanisme de lissage spécifique permettant d'atténuer l'imposition des contribuables qui franchissent le seuil d'imposition en raison d'un revenu exceptionnel.

Ce nouvel impôt direct est recouvré comme en matière d'impôt sur le revenu et acquitté dans les mêmes conditions que cet impôt. Il figure sur le même rôle que l'impôt sur le revenu et est individualisé sur l'avis d'imposition au niveau du net à payer.

Quatrième partie

RÉGIME SOCIAL DU LOUEUR EN MEUBLÉ

229. – Au-delà de l'opportunité patrimoniale d'un investissement dans l'immobilier de rapport, des critères de sélection de l'actif au regard de ses facteurs de valorisation, et de la possibilité de respecter le régime juridique et fiscal particulier afférent à de la location en meublé, le futur investisseur devra également s'intéresser aux aspects sociaux qui en découlent.

Nous examinerons notamment dans la suite de cet ouvrage les nouvelles conditions d'affiliation au régime social des indépendants, les principes du régime micro-social, ainsi que les modalités d'imposition des loueurs en meublé aux contributions sociales.

Chapitre 1

LES CONDITIONS D'AFFILIATION AU RÉGIME SOCIAL DES INDÉPENDANTS (RSI)

§ 1. – Principes d'affiliation avant et après le 1er janvier 2012

230. – Avant les revenus 2012, les conditions d'affiliation au régime social des indépendants (RSI) étaient différentes. Il y eut à cet égard deux périodes distinctes. Antérieurement au 1er janvier 2009, la doctrine des caisses considérait que les personnes qui louaient, de façon habituelle, plusieurs logements meublés assujettis à l'ancienne taxe professionnelle exerçaient une activité soumise à cotisations sociales.

Ils étaient assujettis aux régimes de retraite des commerçants et d'assurance maladie-maternité des travailleurs non-salariés non agricoles.

Même s'ils n'étaient pas inscrits au registre du commerce pour cette activité, les loueurs en meublé assujettis à la taxe professionnelle relevaient du régime ORGANIC (1) dans la mesure où il s'agissait notamment de la location habituelle d'au moins deux logements distincts de leur résidence principale (2).

Cependant, la Cour de cassation dans un arrêt du 18 janvier 2006 (3) a précisé que l'affiliation au régime d'assurance maladie des professions industrielles et commerciales était subordonnée à l'assujettissement à la taxe professionnelle et à la qualité de commerçant.

La doctrine des caisses ORGANIC (4) selon laquelle l'inscription au RCS n'était pas obligatoire pour assujettir les loueurs en meublé était par conséquent devenue incompatible avec cet arrêt, ce qui a entraîné de nombreux contentieux et a contraint le RSI à modifier ses règles.

C'est ainsi qu'une circulaire RSI en date du 18 mai 2009 indiqua, qu'à compter du 1er janvier 2009, la notion de loueur en meublé professionnel devait être entendue telle que définie par l'article 90 de la loi de finances pour 2009 au sens du droit fiscal.

---

(1) L'ORGANIC a été depuis intégré au RSI.
(2) CA Riom, 28 avr. 1998. – CA Besançon, 4 avr. 2000 ; *Docis* 2000 NS A 7 à A 10.
(3) 2e ch. civ., pourvoi n° 04-30491.
(4) Depuis le 1er janvier 2006, l'ORGANIC est remplacé par le régime social des indépendants (RSI).

Celle-ci précisa également les éléments suivants :

« L'autonomie du droit fiscal et la complexité de la définition de la location meublée professionnelle, notamment en matière de revenus, conduit le RSI à ne retenir qu'une des trois conditions visée par la loi de finances : **l'immatriculation au registre du commerce et des sociétés (RCS).**

Ainsi, toute nouvelle immatriculation au RCS en qualité de loueur en meublé entre le 1er janvier 2009 et le 1er janvier 2012 entraîna une affiliation auprès du RSI dans le groupe professionnel des commerçants.

En effet, l'immatriculation audit registre a pour effet l'assujettissement au RSI. »

La circulaire RSI évoqua aussi la situation des travailleurs indépendants déjà affiliés au RSI en qualité de loueurs en meublé : « leur affiliation doit être maintenue, sauf en cas de contestation et en l'absence d'immatriculation au registre du commerce et des sociétés. La radiation est alors rétroactive au 1er janvier 2009. »

Ainsi, entre le 1er janvier 2009 et le 1er janvier 2012, seuls les loueurs en meublé s'inscrivant au RCS étaient redevables des cotisations sociales.

Ensuite, l'article 37 de la loi de financement de la sécurité sociale pour 2012 a modifié la rédaction de l'article L. 613-1 du Code de la sécurité sociale.

Désormais, à compter des revenus 2012, l'affiliation du loueur en meublé réalisant l'activité en nom propre est conditionnée à la qualité de professionnel au sens de l'impôt sur le revenu.

Il est rappelé que la qualité de professionnel est reconnue aux loueurs en meublé si cumulativement :

– un membre du foyer fiscal est inscrit au registre du commerce et des sociétés en qualité de loueur professionnel ;
– les recettes annuelles retirées de cette activité par l'ensemble le foyer fiscal excèdent 23 000 € ;
– les recettes excèdent les revenus professionnels, y compris pensions de retraite, du foyer fiscal.

La rédaction de cet article L. 613-1 du Code de la sécurité sociale soulève cependant plusieurs questions.

En premier lieu, est stipulé que « Sont **obligatoirement affiliés** au régime (...) les personnes exerçant une activité de location directe ou indirecte de locaux d'habitation meublés ou destinés à être loués meublés **à titre professionnel** (...) ». À l'inverse, est-il possible pour un loueur en meublé non professionnel de s'affilier volontairement au RSI pour obtenir des prestations sociales, moyennant le paiement de cotisations ? En effet, certains loueurs non professionnels auront intérêt à rechercher l'affiliation aux cotisations sociales et donc l'inscription au RCS : il s'agit des personnes recherchant notamment une protection sociale, une assurance invalidité-décès ou des prestations de retraite.

En deuxième lieu, que se passe-t-il en cas d'assujettissement avant le 1er janvier 2012 ? Comme nous l'avons évoqué précédemment, la circulaire du 18 mai 2009, qui commentait la dernière modification des règles d'affiliation, énonçait que les travailleurs indépendants déjà affiliés au RSI en qualité de loueurs en meublé restaient affiliés au régime, sauf en cas de contestation et en l'absence d'immatriculation au Registre du commerce et des sociétés. Ainsi, si la même règle est maintenue, les loueurs affiliés au RSI au titre des règles antérieures au 1er janvier 2012 devraient pouvoir rester affiliés au RSI.

En troisième lieu, dans l'hypothèse d'un début d'activité de location en meublé postérieur au 1er janvier 2012, quelle sera la règle d'affiliation si le loueur change selon les années de statut professionnel en non professionnel, ou inversement ?

Des éclaircissements seront donc bienvenus sur ces points pour éviter toute insécurité en cas de contrôle.

Remarque sur l'affiliation au RSI en cas d'exercice de l'activité de loueur en meublé en direct : l'affiliation au RSI dans le groupe professionnel des commerçants ne concerne que la personne du foyer fiscal immatriculée au registre du commerce, même s'il existe dans celui-ci d'autres personnes exerçant l'activité de loueur en meublé professionnel.

Nous pouvons par conséquent observer la différence en matière fiscale, puisque le régime professionnel de loueur en meublé peut, pour sa part, s'appliquer à toutes les personnes du foyer fiscal exerçant cette activité, même non inscrites au RCS.

Remarque sur l'affiliation au RSI en cas d'exercice de l'activité par l'intermédiaire d'une société : en présence d'une SARL de famille, seul le gérant majoritaire est assujetti aux cotisations sociales RSI. Le gérant minoritaire ou égalitaire est, quant à lui, soumis au régime des salariés.

En revanche, dans une SNC, chaque associé est considéré comme commerçant. Ainsi, chacun doit, à ce titre, cotiser au RSI.

En pratique, les loueurs assujettis aux cotisations sociales doivent déclarer la quote-part des bénéfices sociaux leur revenant au titre de leur rémunération (le cas échéant) et de dividendes.

§ 2. – Statut de l'auto-entrepreneur et affiliation au RSI

231. – Depuis le 1er janvier 2009, le loueur en meublé peut opter pour le statut de l'auto-entrepreneur, c'est-à-dire l'option pour un prélèvement forfaitaire libératoire, ce qui a pour effet l'affiliation au RSI sans que l'inscription au RCS ne soit nécessaire.

Rappelons néanmoins que le régime de l'auto-entrepreneur est limité par des seuils et ne peut convenir à tous les loueurs.

§ 3. – Spécificités des chambres d'hôtes et gîtes ruraux

232. – En matière d'assujettissement aux cotisations sociales, les activités de loueurs de gîtes ruraux ne sont pas incluses dans le périmètre de la doctrine des caisses relative aux travailleurs non-salariés non agricoles.

En revanche, la loi de financement de la sécurité sociale pour 2011 (5) a ajouté les loueurs de chambres d'hôtes à l'article L. 613-1 du Code de la sécurité sociale, qui liste les personnes obligatoirement affiliées au régime

(5) L. n° 2010-1594, 20 déc. 2010, art. 22.

d'assurance maladie et d'assurance maternité des travailleurs non-salariés des professions non agricoles.

Néanmoins, cette affiliation ne concerne que ceux dont le revenu imposable de l'activité est supérieur au seuil d'exonération de faibles revenus professionnels non salariés non agricoles applicable en matière de cotisation d'allocations familiales (4 740 € pour 2012). Les structures d'accueil touristique situées sur une exploitation agricole ne sont pas concernées par cette disposition.

Les loueurs de chambres d'hôtes ainsi définis appartiennent au groupe des professions industrielles et commerciales, en application de l'article L. 622-4 du Code de la sécurité sociale modifié.

Il résulte de cette disposition que ces derniers sont également affiliés au régime d'assurance vieillesse des industriels et commerçants.

NB : si la chambre d'hôtes est située sur une exploitation agricole, l'affiliation doit, par voie de conséquence, être effectuée à la mutuelle sociale agricole (6).

§ 4. – Modalités de calcul et assiettes des cotisations

A. – Modalité de calcul des cotisations

233. – La déclaration des revenus doit être effectuée avant le 1er mai de chaque année sur un formulaire spécifique, soit en version électronique (*http://www.net-entreprises.fr*), soit en version papier.

En premier lieu, on calcule sur les revenus professionnels de l'avant-dernière année les cotisations retraite (de base et complémentaire), maladie-maternité, indemnités journalières, allocations familiales et CSG-CRDS. Ensuite, une régularisation doit être opérée l'année suivante avec les revenus réels.

La cotisation invalidité-décès, quant à elle, est calculée sur les seuls revenus professionnels de l'avant-dernière année. Le loueur n'a pas à opérer de régularisation.

B. – Assiette des cotisations sociales

234. – L'article L. 131-6 du Code de la sécurité sociale dispose que l'assiette des cotisations sociales est constituée par le revenu d'activité tel qu'il est pris en compte pour le calcul de l'impôt sur le revenu.

Les cotisations d'assurance maladie et maternité et d'allocations familiales des travailleurs non-salariés non agricoles et les cotisations d'assurance vieillesse des professions artisanales, industrielles ou commerciales sont assises sur le revenu professionnel non salarié ou, le cas échéant, sur des revenus forfaitaires.

Le revenu d'activité pris en compte est déterminé par référence à celui retenu pour le calcul de l'impôt sur le revenu.

---

(6) C. rur. pêche marit., art. L. 722-1, 1°.

Pour aller plus loin

235. – Ce revenu est majoré de certaines déductions et exonérations et il n'est pas tenu compte des reports déficitaires, des amortissements réputés différés au sens de l'article 39 du Code général des impôts, des plus-values et moins-values professionnelles à long terme, des provisions mentionnées aux articles 39 ***octies*** E et 39 ***octies*** F du même code et du coefficient multiplicateur mentionné au 7 de l'article 158 du même code.

Les cotisations sont établies sur une base annuelle. Elles sont calculées, à titre provisionnel, en pourcentage du revenu professionnel de l'avant-dernière année ou des revenus forfaitaires. Lorsque le revenu professionnel est définitivement connu, les cotisations font l'objet d'une régularisation.

Le montant des acomptes provisionnels de cotisations sociales dus au titre d'une année civile peut être calculé sur la base des revenus de cette année estimés par l'assuré sur demande de celui-ci à l'organisme de recouvrement. Une majoration de retard de 10 % est appliquée sur l'insuffisance de versement des acomptes provisionnels lorsque le revenu définitif au titre de la même période est supérieur de plus d'un tiers au revenu estimé par l'assuré.

Les cotisations mentionnées au premier alinéa dues au titre de la première année civile d'activité sont calculées à titre provisionnel sur une base forfaitaire qui ne peut excéder dix-huit fois la valeur de la base mensuelle de calcul des prestations familiales en vigueur au 1er octobre de l'année précédente ; celles dues au titre de la deuxième année civile d'activité sont calculées à titre provisionnel sur une base forfaitaire qui ne peut excéder vingt-sept fois cette valeur (7).

§ 5. – Les taux de cotisations obligatoires de Sécurité sociale pour 2012

236. – À titre indicatif, les taux des cotisations pour 2012 sont récapitulés dans le tableau ci-dessous :

LES DIFFÉRENTES COTISATIONS	LES ASSIETTES	LES TAUX APPLICABLES
Indemnités journalières	Dans la limite de 181 860 €	0,70 %
Maladie-maternité	Dans la limite de 36 372 €	6,50 %
	De 36 372 € à 181 860 €	5,90 %
Assurance vieillesse Retraite de base	Dans la limite de 36 372 €	16,65 %
Régime vieillesse complémentaire	Dans la limite de 109 116 €	6,50 %
Invalidité-décès	Dans la limite de 36 372 €	1,30 %
CSG-CRDS	Totalité du revenu professionnel + cotisations sociales obligatoires	8,00 %
Allocations familiales	Totalité du revenu professionnel	5,40 %

Remarque : au 1er janvier 2012, le plafond annuel de la sécurité sociale est de 36 372 € (8).

(7) CSS, art. L. 131-6.
(8) A. 31 déc. 2011 : *JO* n° 0303, p. 23066.

§ 6. – Cotisations sociales minimales pour l'année 2012

237. – Si les revenus sont inférieurs à un certain seuil, les cotisations sont calculées sur une base annuelle minimale.

À titre indicatif, les taux des cotisations pour 2012 sont récapitulés dans le tableau ci-dessous :

LES DIFFÉRENTES COTISATIONS MINIMALES	ASSIETTES MINIMALES	MINIMUM ANNUEL
Invalidité-décès	7 376 €	96 €
Retraite	1 844 €	427 €
Maternité / maladie et indemnités journalières	14 549 €	1 047 €

NB : il n'y a pas de cotisation minimale en matière de CSG-CRDS et d'allocations familiales.

§ 7. – Comment s'affilier ?

238. – L'inscription au répertoire des métiers ou registre du commerce se fait au centre de formalités des entreprises.

Le CFE transmet ensuite cette déclaration à tous les organismes concernés : URSSAF, INSEE, Impôts et à la caisse RSI qui procèdera à l'affiliation du loueur en meublé.

L'inscription prend effet à partir de la date de début de l'activité professionnelle, c'est-à-dire à partir de la date effective du début de la location si le loueur n'est pas sous structure sociétaire, et à la date de nomination comme gérant ou associé (coïncidant en général avec la date de création de la société) le cas contraire.

§ 8. – Les modalités de paiement

239. – Le loueur reçoit un seul avis d'appel regroupant la totalité de ses cotisations et contributions sociales personnelles par an :

– maladie-maternité ;
– indemnités journalières maladie ;
– vieillesse de base et complémentaire ;
– invalidité-décès ;
– allocations familiales ;
– CSG-CRDS et formation professionnelle (pour les commerçants uniquement).

Le RSI envoie un échéancier de paiement pour les cotisations provisionnelles chaque année au plus tard le 15 décembre de l'année civile précédente :

– si le loueur est en prélèvement automatique mensuel, cet échéancier vaudra avis d'appel de cotisations ;
– si le loueur a opté pour un paiement trimestriel, un avis d'appel de cotisations lui sera transmis avant chaque échéance trimestrielle.

En octobre de chaque année, le loueur reçoit un avis de régularisation pour les cotisations et contributions sociales de l'année précédente. Un complément de cotisations peut alors lui être demandé. En cas de trop-versé, il lui est remboursé.

A. – Détails du mode de paiement

240. – Toutes les cotisations et contributions sociales du loueur sont appelées à la même date, doivent être payées à la même échéance et réglées avec un seul mode de paiement.

a) En principe, un paiement mensuel des cotisations

Le décret n° 2007-703 du 3 mai 2007 prévoit que l'ensemble des cotisations doit être acquitté par versements mensuels effectués par prélèvement automatique.

La date de prélèvement mensuel pouvant être choisie est le 5 ou le 20 de chaque mois. Les cotisations et contributions sociales provisionnelles seront prélevées sur dix échéances de même montant du mois de janvier au mois d'octobre.

La régularisation des cotisations et contributions sociales de l'année précédente sera prélevée en une ou deux échéances en novembre et décembre suivant le montant dû.

Le paiement mensuel par chèque n'est pas autorisé. En cas de premier incident de paiement au cours de l'année civile, le montant non payé est reporté sans pénalités sur l'échéance mensuelle suivante.

b) Par exception, un paiement trimestriel

Sur option, le loueur peut demander à payer ses cotisations et contributions sociales trimestriellement par prélèvement automatique ou par chèque.

En l'absence d'autorisation de prélèvement, c'est également le paiement trimestriel qui s'applique. Ses cotisations provisionnelles seront versées en quatre fractions égales aux dates suivantes :

- 5 février ;
- 5 mai ;
- 5 août ;
- 5 novembre.

La régularisation de ses cotisations et contributions sociales de l'année précédente devra être versée à l'échéance du 5 novembre.

c) Cas du loueur débutant son activité : des modalités de paiement qui diffèrent

Lorsque le loueur débute une activité professionnelle entraînant son rattachement au RSI, il dispose d'un délai de quatre-vingt-dix jours pour payer ses premières cotisations sociales.

– Si le loueur opte pour un paiement par prélèvements mensuels

Report du premier paiement de quatre-vingt-dix jours à compter de la date de son début d'activité. Ses cotisations et contributions seront recouvrées en autant de versements égaux qu'il restera d'échéances entre la date du premier prélèvement suivant la période de quatre-vingt-dix jours et le 31 décembre de sa première année d'activité ou le cas échéant, réparties sur les échéances provisionnelles de sa deuxième année civile d'activité.

– Si le loueur opte pour un paiement par paiements trimestriels

Report de quatre-vingt-dix jours de la date d'exigibilité de ses cotisations et contributions. Le versement s'effectuera en fractions égales sur les échéances trimestrielles restantes entre la date d'exigibilité et le 31 décembre de l'année de son début d'activité ou le cas échéant, sur les échéances trimestrielles de sa deuxième année civile d'activité.

B. – Le changement de mode de paiement

241. – 1) Le loueur paye ses cotisations par trimestre et souhaite opter pour un paiement mensuel. Il peut à tout moment opter pour le paiement automatique mensuel :

– s'il paye ses cotisations par chèque : il doit demander à sa caisse RSI un imprimé d'autorisation de prélèvement et le lui retourner en précisant la date de prélèvement choisie, le 5 ou le 20 du mois ;

– s'il paye ses cotisations par prélèvement : il doit adresser une lettre à sa caisse RSI en précisant la date de prélèvement mensuel choisie le 5 ou le 20 du mois.

Le prélèvement mensuel sera applicable au plus tard le deuxième mois suivant la date de la demande. Le loueur recevra en retour un nouvel avis d'appel de cotisations indiquant le montant des prélèvements mensuels.

Il sera tenu compte des paiements que le loueur aura déjà effectués dans l'année.

NB : renseignements et imprimés à télécharger sur : *http://www.le-rsi.fr*

2) Le loueur paye ses cotisations par prélèvement mensuel et souhaite opter pour un paiement trimestriel.

Il doit adresser une lettre à sa caisse RSI avant le 1er novembre de l'année en cours pour une prise d'effet au 1er janvier de l'année suivante.

§ 9. – Exercice de plusieurs activités

242. – Le loueur en meublé exerce fréquemment, dans le même temps, une seconde activité professionnelle (autre régime non salarié, salarié, etc.).

Dans cette hypothèse de pluralité d'activités, il convient de déterminer le régime applicable en matière sociale.

1) Exercice simultané d'une activité salariée et d'une activité de loueur en meublé

Assurance maladie-maternité. Le cumul d'une activité salariée et non salariée implique sur le plan social une application simultanée du régime des salariés et du régime des non-salariés pour chacune des deux activités (9).

Ainsi, les cotisations doivent être versées aux deux régimes concernés. Elles sont calculées sur la fraction des ressources relevant de chaque régime.

Concernant les prestations, c'est l'activité principale qui détermine le régime applicable en matière d'assurance maladie-maternité.

Par défaut, l'activité non salariée (donc l'activité de location meublée) est présumée être exercée à titre principal. L'activité salariée est réputée être l'activité principale dès lors qu'elle a représenté un volume de 1 200 heures de travail sur une année et qu'elle a procuré un revenu au moins égal à celui retiré des activités non salariées (10).

---

(9) CSS, art. L. 613-4.
(10) CSS, art. R. 613-3.

En cas de pluriactivité au cours d'une année civile (année N), le régime applicable est déterminé au plus tard le 31 décembre de l'année civile N + 1, pour prendre effet, le cas échéant, au 1er janvier N + 2. Aucun changement de régime ne peut intervenir au cours des années N + 2 à N + 4 incluse, sauf dans le cas où l'intéressé cesse d'exercer l'activité principale qui a déterminé le rattachement au régime dont il relève (11).

La cotisation minimale d'assurance maladie-maternité des non-salariés non agricoles ne s'applique pas lorsque l'activité non salariée non agricole n'est pas exercée à titre principal.

Assurance vieillesse. Lorsqu'une personne exerce simultanément une activité salariée et une activité non salariée, elle est affiliée à l'organisation d'assurance vieillesse dont relève son activité non salariée, fût-elle accessoire, en sus de son affiliation au régime salarié et acquiert des droits à pension dans tous les régimes auxquels elle cotise (12).

Allocations familiales. Les personnes exerçant concurremment une activité salariée et une activité non salariée non agricole sont assujetties au titre de cette dernière à la cotisation personnelle d'allocations familiales. Il en est ainsi même si l'activité non salariée non agricole est exercée à titre accessoire (13).

2) Exercice simultané d'une profession indépendante non agricole et d'une activité de location meublée

Les travailleurs non salariés exerçant simultanément plusieurs activités non salariées non agricoles relevant de régimes d'assurance vieillesse différents (professions libérales et régime social des indépendants : RSI) sont affiliés pour l'assurance maladie-maternité à la caisse de base du groupe professionnel auquel ils se trouvent rattachés pour l'assurance vieillesse (14).

Les cotisations d'assurance maladie-maternité et d'allocations familiales sont assises sur la somme des revenus professionnels non salariés non agricoles, les déficits de certaines activités venant, le cas échéant, en déduction des bénéfices des autres, au cours d'un même exercice.

Au regard de l'assurance vieillesse, les intéressés sont affiliés au régime dont relève l'activité principale (15).

3) Cumul d'une pension de retraite avec une activité de location meublée

De nombreux cas de figure existent dont les paramètres sont complexes. Il est par conséquent conseillé aux loueurs en meublé de se rapprocher de leur caisse de retraite ou de leur caisse RSI pour obtenir les informations nécessaires.

(11) CSS, art. R. 613-6.
(12) CSS, art. L. 622-2.
(13) CSS, art. R. 241-2, al. 1.
(14) CSS, art. R. 613-12, al. 1.
(15) CSS, art. L. 622-1.

Chapitre 2

LE PRÉLÈVEMENT FORFAITAIRE LIBÉRATOIRE DES CHARGES SOCIALES

243. – La loi de modernisation de l'économie du 4 août 2008 a instauré un nouveau régime micro-social à compter du 1er janvier 2009.

§ 1. – Principe du régime micro-social

244. – Dans le régime micro-social, le montant des cotisations sociales est calculé en appliquant au chiffre d'affaires mensuel ou trimestriel un taux global de cotisations, qui varie en fonction de l'activité exercée :

- si le chiffre d'affaires est nul, l'entrepreneur ne paie pas de cotisations sociales minimales ;
- si l'entrepreneur exerce des activités de nature différente :
  - le chiffre d'affaires afférent à chaque activité doit être distinctement mentionné lors de la déclaration mensuelle ou trimestrielle,
  - pour chacune de ces activités, l'entrepreneur doit appliquer le taux de cotisations correspondant.

§ 2. – Entreprises concernées

245. – Ce nouveau régime micro-social, valable depuis le 1er janvier 2009, concerne :

- Les loueurs en meublé qui relèvent du régime fiscal de la micro-entreprise et qui optent pour le régime micro-social.
- Les micro-entrepreneurs qui bénéficient d'une dispense d'immatriculation au registre du commerce et des sociétés ou au répertoire des métiers (auto-entrepreneurs) relèvent obligatoirement du régime micro-social.

§ 3. – Cotisations concernées

246. – Le taux de cotisations comprend les cotisations sociales obligatoires versées au titre de :
– la cotisation d'assurance maladie-maternité ;
– la cotisation d'allocations familiales ;
– la cotisation invalidité-décès ;
– les cotisations de retraite de base et de retraite complémentaire ;
– la CSG et la CRDS.

§ 4. – Couverture sociale

247. – Maladie-maternité. L'entrepreneur bénéficie du remboursement de soins médicaux dès le début de son affiliation au RSI.

En revanche, une année d'affiliation est, en principe, nécessaire pour prétendre aux indemnités journalières versées en cas d'arrêt maladie.

248. – Droits à la retraite. L'assuré qui opte pour le régime micro-social simplifié voit ses droits à la retraite de base validés sur la base des cotisations qu'il aurait normalement dû régler, c'est-à-dire en fonction du chiffre d'affaires avec abattement forfaitaire du régime micro-BIC (71 % en cas de vente de marchandise, 50 % en cas de prestations de services BIC).

En cas d'année civile incomplète (début ou cessation d'activité en cours d'année), l'entrepreneur ne valide un trimestre de retraite que si son chiffre d'affaires est au moins égal à :
– 6 357 € pour une activité de vente de marchandises, fourniture de logement ou prestation d'hébergement ;
– 3 687 € pour une activité de prestations de services soumise aux bénéfices industriels et commerciaux.

§ 5. – Taux normal du régime micro-social appliqué selon la nature de l'activité

249. – Le taux du régime micro-social applicable est de :
– 12 % pour les activités de fourniture de logement au sens du régime micro-BIC. Il s'appliquerait ainsi aux meublés de tourisme, chambres d'hôtes, et gîtes ruraux ;
– 21,3 % pour les activités de prestations de services au sens du régime micro-BIC. Il s'appliquerait ainsi aux autres locations meublées.

Modalités d'adhésion : un imprimé unique et simplifié de déclaration propre aux auto-entrepreneurs est à remplir auprès du centre de formalités des entreprises (CFE) dont le loueur relève ou directement sur le site Internet officiel des URSSAF : *http://www.lautoentrepreneur.fr*

Chapitre 3

CONTRIBUTIONS SOCIALES

§ 1. – Principe d'assujettissement aux contributions sociales des loueurs en meublé

250. – La location meublée implique l'assujettissement aux contributions sociales. La contribution sociale généralisée (CSG) et la contribution au remboursement de la dette sociale (CRDS) sont des prélèvements fiscaux destinés à diversifier les sources de financement de la sécurité sociale.

La CSG, entrée en vigueur le 1er février 1991, a été créée pour diversifier les sources de financement de la Sécurité sociale.

La CRDS a été instaurée le 1er février 1996 pour une durée de treize ans. Finalement sa durée a été portée à dix-huit ans, soit jusqu'au 31 janvier 2014.

Elle a pour finalité d'apurer les déficits de la Sécurité sociale.

Le recouvrement de la CSG et de la CRDS est assuré par l'URSSAF selon les mêmes modalités que les cotisations en ce qui concerne les dates d'exigibilité et la périodicité.

§ 2. – Personnes imposées

251. – Vos revenus sont soumis à la CSG et à la CRDS si vous êtes :

– domicilié en France pour l'établissement de l'impôt sur le revenu ;

– et à la charge, à quelque titre que ce soit, d'un régime obligatoire français d'assurance maladie.

Par conséquent, les personnes détachées à l'étranger mais ayant conservé leur domicile fiscal en France sont assujetties tant qu'elles sont maintenues au régime français de Sécurité sociale.

En revanche, les personnes rattachées à un régime français de Sécurité sociale n'ont pas à acquitter la CSG et la CRDS dès lors qu'elles ne sont pas domiciliées fiscalement en France.

De même, échappe à la CSG et à la CRDS la personne qui n'est pas à la charge d'un régime d'assurance maladie français. C'est le cas notamment des salariés frontaliers, qui résidant en France, sont assujettis au régime d'assurance sociale de leur lieu de travail.

§ 3. – Le calcul des contributions sociales

252. – Les loueurs en meublé non soumis aux cotisations sociales sont soumis à la CSG et à la CRDS au titre des revenus du patrimoine. Le taux des prélèvements sociaux est de 15,5 % (1) avec une CSG déductible sur les revenus l'année de son paiement de 5,8 %.

Les loueurs en meublé soumis aux cotisations sociales sont soumis à la CSG et à la CRDS au titre des revenus d'activité. Le taux des prélèvements sociaux est de 8 % avec une CSG déductible l'année de son paiement de 5,1 %.

Il est à noter que la CSG déductible ne peut s'imputer que sur des revenus imposables au barème progressif et non sur des revenus imposés au taux proportionnel.

(1) 13,5 % pour les revenus perçus en 2011.

Chapitre 4

PRÉVOYANCE ET COUVERTURE COMPLÉMENTAIRE

§ 1. – Les contrats Madelin

253. – La loi du 11 février 1994, dite loi Madelin a pour objectif de permettre aux travailleurs non salariés non agricoles de bénéficier de compléments de pensions de retraite et de compléments de garanties de prévoyance personnelle constitués par des cotisations déductibles du bénéfice imposable, sous certaines limites.

Ce régime Madelin est notamment ouvert aux professionnels suivants :

– les non salariés relevant de la catégorie des bénéfices industriels et commerciaux (artisans, commerçants, industriels) ;

– les dirigeants de sociétés soumises à l'impôt sur les sociétés (gérant majoritaire de SARL, gérant de société en commandite par actions) ;

– le conjoint collaborateur du travailleur non salarié est également habilité à souscrire un contrat Madelin.

Sont donc éligibles à ce dispositif les loueurs en meublé dans le cadre de leurs investissements. Il permet à ces derniers de pallier des carences des régimes généraux en matière de protection sociale. Par ailleurs, il présente un avantage fiscal, puisque les cotisations sont déductibles du revenu imposable (étant ici précisé que les cotisations Madelin versées à l'assureur ne sont pas déductibles du résultat social permettant de déterminer le montant des cotisations sociales).

Ainsi, peuvent être garantis aux loueurs en meublé dans le cadre de la loi Madelin :

– le versement de prestations de prévoyance complémentaire (maladie, maternité, incapacité de travail, invalidité, décès, dépendance) et chômage ;

– une retraite complémentaire sous forme de rente viagère.

Les cotisations doivent être versées de façon régulière, sans que la périodicité des versements excède un an. Des versements exceptionnels, sous forme de prime unique, ne sont pas interdits.

La sortie anticipée du contrat n'est pas possible, sauf dans certains cas particuliers (1) :

– l'expiration des droits de l'assuré aux allocations chômage prévues par le Code du travail en cas de licenciement, ou le fait pour un assuré qui a exercé des fonctions d'administrateur, de membre du directoire ou de membre de conseil de surveillance, et n'a pas liquidé sa pension dans un régime obligatoire d'assurance vieillesse, de ne pas être titulaire d'un contrat de travail ou d'un mandat social depuis deux ans au moins à compter du non-renouvellement de son mandat social ou de sa révocation ;

– la cessation d'activité non salariée de l'assuré à la suite d'un jugement de liquidation judiciaire ou toute situation justifiant ce rachat selon le président du tribunal de commerce auprès duquel est instituée une procédure de conciliation ;

– l'invalidité de l'assuré lui empêchant d'exercer une activité professionnelle ;

– le décès du conjoint marié ou du partenaire lié par un pacte civil de solidarité ;

– toute situation de surendettement de l'assuré, sur demande adressée à l'assureur, soit par le président de la commission de surendettement des particuliers, soit par le juge lorsque le déblocage des droits individuels résultant de ces contrats paraît nécessaire à l'apurement du passif de l'intéressé.

§ 2. – L'éligibilité à la CMU sous conditions

254. – Depuis le 1er janvier 2000, la loi sur la couverture maladie universelle permet à toute personne, résidant en France de façon stable et régulière, n'étant couverte par aucun autre régime d'assurance maladie, de bénéficier de la sécurité sociale pour ses dépenses de santé. La loi sur la CMU offre également une couverture maladie complémentaire gratuite aux personnes disposant de faibles ressources, qui vient en complément des remboursements du régime obligatoire.

Ainsi, les loueurs en meublés qui n'exercent pas d'autres activités et qui ne dépassent pas un plafond annuel pourraient être éligibles à la couverture maladie universelle (CMU).

Au-dessus d'un plafond de ressources, les assurés doivent s'acquitter d'une cotisation de 8 % de leurs revenus fiscaux.

Le loueur peut en faire la demande auprès de la caisse primaire d'assurance maladie de son domicile (CPAM). Renseignements sur *http://www.cmu.fr*

Plafonds :

– CMU de base : les contribuables dont le « revenu fiscal de référence » est inférieur à 9 164 € (plafond de ressources valable du 1er octobre 2011 au 30 septembre 2012) bénéficient de l'exonération. Si le « revenu fiscal de référence » est supérieur ou égal à ce plafond, le bénéficiaire doit verser une cotisation s'élevant à 8 % des revenus perçus au cours de l'année civile précédente, déduction faite du plafond annuel de 9 164 € (2) ;

---

(1) C. assur., art. L. 132-23 et C. mut., art. L. 223-22.

(2) A. 11 juill. 2011 pris en application de l'article D. 380-4 du Code de la sécurité sociale, publié au *JO* du 14 juillet 2011.

– CMU complémentaire (cas général) : les ressources mensuelles de l'intéressé doivent être inférieures à un plafond qui varie en fonction de la composition du foyer et du nombre de personnes à charge (3). À titre d'information, le plafond est de 7 771,20 € (4) pour une personne seule résidant en métropole (montant en vigueur au 1er octobre 2011).

---

(3) Cas général : le plafond s'applique à l'ensemble des ressources effectivement perçues au cours des douze derniers mois précédant la demande, nettes des cotisations sociales obligatoires, de la CSG et de la CRDS. Les rémunérations d'activité peuvent faire l'objet d'un abattement de 30 %, notamment en cas de chômage ou d'interruption de travail de plus de six mois pour maladie. Les revenus non salariés font l'objet d'une évaluation particulière. Les charges consécutives aux versements des pensions et des obligations alimentaires sont déduites des ressources.

(4) CSS, art. D. 861-1.

Annexes

Annexe 1 : Modèles types d'un contrat de bail en location meublée :
1-1 Contrat de location meublée constituant la résidence principale du locataire .... p. 171
1-2 Contrat de location meublée saisonnière .... p. 178
Annexe 2 : Modèle d'inventaire détaillé du mobilier .... p. 183
Annexe 3 : Modèle de quittance .... p. 185
Annexe 4 : Modèle d'état des lieux d'entrée et de sortie .... p. 187
Annexe 5 : Modèle de déclaration en mairie de location d'un meublé de tourisme ou de chambre d'hôte .... p. 191
Annexe 6 : Textes (extraits) .... p. 197

Annexe 1

MODÈLES TYPES D'UN CONTRAT DE BAIL EN LOCATION MEUBLÉE

1.1 CONTRAT DE LOCATION MEUBLÉE CONSTITUANT LA RÉSIDENCE PRINCIPALE DU LOCATAIRE

Exemple de contrat de bail à personnaliser selon le contexte.

(Identification des parties)

ENTRE LES SOUSSIGNÉ(E)S

Pour une personne physique :
Nom Prénom, né(e) le …., à ….,
de nationalité …., demeurant à l'adresse suivante : ….
Situation de famille

Ou pour une personne morale :
Dénomination sociale
« Forme juridique de la société » au capital de …. euros, ayant son siège social à l'adresse suivante : ….
immatriculée au Registre du Commerce et des Sociétés sous le numéro …. RCS ….,
représentée par …., en qualité de …..

Nom de chaque associé,
de nationalité …., né le …., à ….,
demeurant à l'adresse suivante : ….
Ci-après dénommé l'ASSOCIÉ / LES ASSOCIÉS

Ci-après dénommé le « Propriétaire Bailleur »

D'UNE PART,

ET

Nom Prénom, né(e) le …., à ….,
de nationalité …., demeurant à l'adresse suivante : ….
Situation matrimoniale (célibataire, lié par un contrat de PACS, marié, veuf, ou divorcé)

Nom du conjoint, partenaire de la partie à l'acte le cas échéant :
Nom Prénom, né(e) le …., à ….,
de nationalité …., demeurant à l'adresse suivante : ….

Ci-après dénommé(e)(s) le(s) « Locataire(s) »

D'AUTRE PART,

Il a été convenu et arrêté ce qui suit :

Le Propriétaire Bailleur loue au Locataire pour la durée et selon les conditions et clauses indiquées ci-dessous, les locaux meublés à usage d'habitation désignés ci-après, avec les meubles meublant et objets s'y trouvant, inscrits dans l'inventaire annexé au présent bail.

ARTICLE PREMIER – Lieu de situation et description des locaux
Locaux pris à bail situés à/au n°…., code postal …., Ville ….
Description des locaux donnés : un appartement/une maison composé(e) de …. pièces :
À décrire en détail, y compris les parties extérieures / dépendances le cas échéant dont le locataire a la jouissance (jardin, balcon, grenier, cave, parking, local à vélos/ poussettes, piscine, etc.).
Description pièce par pièce des équipements et mobiliers privés (téléphone, chauffage individuel au gaz / électrique, cuisine équipée, etc.).
Description des services et équipements collectifs utilisables par le Locataire (eau chaude collective, chauffage collectif, interphone, digicode, ascenseur, etc.).

ARTICLE 2 – État des lieux et Inventaire
Un état des lieux ainsi qu'un inventaire du mobilier sera établi de manière contradictoire entre les parties lors de la remise des clés au Locataire et à sa sortie des lieux.

ARTICLE 3 – Destination
Les locaux sont loués à usage exclusivement d'habitation à titre de résidence principale. Le Locataire ne pourra y exercer aucune activité commerciale, artisanale ou professionnelle même libérale.

ARTICLE 4 – Durée du contrat
Remarque : la durée d'un contrat de bail pour une résidence principale est au minimum de un an, sauf cas particuliers édictés à l'article L. 632-1 du Code de la construction et de l'habitation.

Ce contrat de bail est conclu pour une durée de …. à compter du ….
Il se terminera le …. à …., sans possibilité aucune pour le Propriétaire Bailleur de résilier le contrat en cours de location sauf application de la clause résolutoire.

ARTICLE 5 – Reconduction
En fin de bail, à défaut de congé signifié par l'une ou l'autre des parties dans les conditions et formes décrites à l'article 6 du présent bail, ou à défaut de manifestation de volonté de l'une ou l'autre des parties comme il est prévu à l'article 7, le bail est reconduit pour une durée identique à la durée initiale des présentes de manière tacite.
Le montant du loyer du bail reconduit fera l'objet d'une révision dans les conditions prévues à l'article 8.

ARTICLE 6 – Congé
6.1 Congé donné par le Locataire
Tout congé doit être signifié par lettre recommandée avec demande d'avis de réception ou par acte d'huissier, et n'a pas besoin d'être justifié.

Un préavis d'un mois, courant à compter de la réception de la lettre ou de l'acte, doit cependant être respecté par le Locataire.

6.2 Congé donné par le Propriétaire Bailleur

Le congé donné par le Propriétaire Bailleur ne peut être délivré que pour le terme du contrat initial ou renouvelé en respectant un préavis de trois mois. Sa signification doit être opérée par lettre recommandée avec demande d'avis de réception ou par acte d'huissier.

Le Propriétaire Bailleur peut donner congé au Locataire pour l'un des motifs suivants :

– la reprise des locaux ;

– la vente des locaux ;

– un motif légitime et sérieux (par exemple l'inexécution par le Locataire de l'une des obligations lui incombant).

ARTICLE 7 – Renouvellement avec modification

Le renouvellement du bail pourra être opéré avec modification, sous réserve d'en informer préalablement le Locataire par lettre recommandée avec demande d'avis de réception au moins trois mois avant l'arrivée à terme du contrat initial ou du contrat reconduit.

Si le Locataire accepte les nouvelles conditions proposées par le Propriétaire Bailleur, le contrat est renouvelé selon ces nouvelles conditions acceptées. Le Locataire indiquera son acceptation de ces nouvelles conditions, par lettre recommandée avec demande d'avis de réception adressée au Propriétaire Bailleur, au moins .... jours avant l'expiration du contrat.

ARTICLE 8 – Loyer et charges

La présente location est consentie et acceptée moyennant un loyer mensuel en principal (*ou :* trimestriel ou annuel) de .... euros *(en lettres et en chiffres)* qui sera payable d'avance (*ou :* à terme échu) le premier (*ou :* le dernier) jour de chaque mois (*ou :* trimestre), le paiement du premier terme devant avoir lieu lors de la remise des clés au locataire.

À ce loyer en principal s'ajoute le montant des charges locatives.

Révision du loyer – Il est expressément convenu que le loyer sera révisé annuellement à la date anniversaire du contrat en fonction de la variation à la hausse de l'Indice de Référence des Loyers publié chaque trimestre par l'Institut national de la statistique et des études économiques (INSEE) ou de tout autre indice qui viendrait à lui être substitué.

L'indice de référence étant celui du .... trimestre de l'année ....

• Si les charges locatives sont constituées sous forme de forfait :

En sus du loyer principal, le Preneur réglera au Propriétaire Bailleur les charges et prestations locatives liées au Bien loué.

Ces charges sont forfaitairement fixées à .... euros *(en lettres et en chiffres)* par mois/trimestre/année. Elles seront acquittées en même temps que le loyer et ce forfait sera indexé chaque année selon les mêmes conditions que le loyer principal.

Ce forfait de charges comprend (à détailler):

(À titre d'exemple les charges d'entretien courant ; les dépenses d'eau froide, d'eau chaude, de chauffage collectif, de fonctionnement et d'entretien des équipements commun ; la taxe annuelle d'enlèvement des ordures ménagères, etc.).

Les autres charges non énumérées ci-dessus sont expressément exclues de ce forfait et doivent être acquittées par le Locataire.

• Si les charges locatives sont remboursées au montant réel :

En sus du loyer principal, le Preneur remboursera au Propriétaire Bailleur les charges et prestations liées au Bien loué *(à détailler)* :

(À titre d'exemple les charges d'entretien courant ; les dépenses d'eau froide, d'eau chaude, de chauffage collectif, de fonctionnement et d'entretien des équipements commun ; la taxe annuelle d'enlèvement des ordures ménagères ; le salaire du concierge ; les coûts d'entretien des compteurs, etc.).

NB : les parties peuvent faire référence à la notion de « charges locatives » définies par le décret n° 87-713 du 26 août 1987. Si tel est le cas, la rédaction de la clause pourrait être la suivante :

En sus du loyer principal, le Preneur réglera au Propriétaire Bailleur sa quote-part des charges et prestations locatives liées au Bien loué. Les parties conviennent que ces charges et prestations locatives seront celles définies par le décret n° 87-713 du 26 août 1987 pris en application de la loi n° 86-1290 du 23 décembre 1986 applicable aux locations régies par la loi n° 89-462 du 6 juillet 1989.

Ces charges donneront lieu au versement d'une provision mensuelle/trimestrielle, payable en même temps que le loyer principal, fixée à la somme de ... euros *(en lettres et en chiffres)* pour la période initiale, et sera susceptible d'être réajustée chaque année, en fonction des charges réelles de l'année précédente et de l'état prévisionnel des dépenses pour l'année en cours.

ARTICLE 9 – Dépôt de garantie

Le Locataire verse immédiatement une somme de .... euros *(en lettres et en chiffres)* représentant .... mois de loyer en principal à titre de garantie de l'entière exécution de ses obligations et en cautionnement des dégâts qui pourraient être causés aux locaux et mobiliers/équipements loués.

Cette somme ne sera pas productive d'intérêts. Ce dépôt ne sera en aucun cas imputable sur les loyers, charges et accessoires dus et ne dispense en aucun cas le Locataire du paiement du loyer et des charges aux dates fixées.

Le dépôt de garantie sera restitué au Locataire en fin de bail, après déménagement et remise des clés, déduction faite de toute somme dont il pourrait être débiteur envers le Propriétaire Bailleur (frais de remplacement de mobiliers/équipements manquants ou détériorés, frais éventuels de remise en état, frais de nettoyage, etc.).

Si la somme ainsi versée à titre de garantie s'avérait être insuffisante, le Locataire réglerait toute somme complémentaire sur présentation des justificatifs par le Propriétaire Bailleur et ce dans le délai suivant : .... jours/semaines/mois.

ARTICLE 10 – Jouissance et obligations du Locataire

Le locataire usera paisiblement du bien loué ainsi que du mobilier et tout matériel annexe suivant la destination prévue dans le présent bail (usage de résidence principale). Il s'engage à ne pas modifier cette destination.

Les principales obligations du Locataire sont les suivantes :

– acquitter le montant du loyer principal et des charges dans les conditions prévues par le présent bail, expressément acceptées par le Locataire ;

– prendre les locaux dans l'état où ils se trouveront lors de l'entrée en jouissance et tels qu'ils auront été détaillés dans l'état des lieux, avec le mobilier, matériel et tous les objets mentionnés dans l'inventaire ;

– assurer l'entretien courant et l'ensemble des réparations locatives des lieux loués ;

– répondre des pertes et dégradations afférentes aux locaux dont il a la jouissance exclusive, à moins qu'il ne prouve qu'elles ont eu lieu par un cas de force majeure, par faute du Propriétaire Bailleur ou par le fait d'un tiers qui se serait introduit sans son accord ;

– entretenir les canalisations intérieures, les robinets d'eau, les canalisations et appareillages électriques, de gaz ou autres ;

– ramoner les cheminées et gaines de fumée aussi souvent que nécessaire ;

– utiliser et entretenir si besoin les mobiliers, équipements, matériels et objets garnissant les lieux, selon l'usage auquel ils sont destinés, puis les laisser dans les lieux à la remise des clés à son départ. Tout mobiliers, équipements, matériels et objets manquants ou détériorés, pour une cause autre que celle de l'usure normale, devront être soit remplacés à l'identique avec l'accord du Propriétaire Bailleur, soit remboursés intégralement après abattement tenant compte de sa vétusté ;

– ne transformer en rien les locaux et l'équipement les garnissant sans l'accord écrit préalable du Propriétaire Bailleur, sous peine d'une remise en l'état totale de ceux-ci à ses frais avant départ des lieux ;

– laisser exécuter dans les locaux loués les travaux dont l'urgence et la nécessité apparaîtraient pendant la période de location, sans pouvoir exiger une quelconque indemnité ;

– ne pas sous-louer ni céder ses droits au présent bail sans l'accord écrit du Propriétaire Bailleur, à peine de résiliation ;

– occuper les lieux et se comporter en bon père de famille. Le Locataire ne devra occasionner aucun trouble au voisinage ;

– se conformer au règlement intérieur de la copropriété *(le cas échéant)*, dont il reconnaît avoir eu connaissance par la remise par le Propriétaire Bailleur, d'une copie de ce règlement ;

– signaler immédiatement au Propriétaire Bailleur tout problème dans les locaux (dégât des eaux, incendie, vitre[s] cassée[s], acte de vandalisme, etc.) quelle qu'en soit la cause ;

– s'assurer contre les risques locatifs en sa qualité de Locataire, auprès d'une compagnie d'assurances, en souscrivant une police couvrant les risques d'incendie, vol, bris de glace, dégâts des eaux et recours des tiers portant sur les lieux loués, mais aussi sur les mobiliers, équipements, matériels et objets garnissant les lieux. Il devra justifier au Propriétaire Bailleur de ce contrat d'assurance et du règlement de la prime, au plus tard lors de la remise des clés puis chaque année, à première demande du Propriétaire Bailleur. À défaut, le présent bail sera purement et simplement résilié.

La Locataire devra immédiatement avertir la compagnie d'assurances ainsi que le Propriétaire Bailleur de tout sinistre ou dégradation se produisant dans les lieux loués et/ou au mobiliers, équipements, matériels et objets garnissant les lieux, sous peine d'être rendu personnellement responsable des suites du défaut de déclaration dans les temps impartis.

ARTICLE 11 – Obligations du Propriétaire Bailleur

11.1 Le Propriétaire Bailleur est tenu des principales obligations suivantes :

– fournir au Locataire un logement décent ne laissant apparaître aucun risque manifeste pouvant porter atteinte à la sécurité physique ou à la santé, et doté des éléments le rendant conforme à l'usage d'habitation et dont les caractéristiques correspondent à celles définies par le décret n° 2002-120 du 30 janvier 2002 ;

– s'assurer que le logement fourni au Locataire est en bon état d'usage et de réparation, avec ses mobiliers, équipements, matériels et objets, conforme à l'état descriptif qu'il en a fait et en bon état de fonctionnement ;

– assurer au Locataire la jouissance paisible des locaux pendant toute la durée du bail.

11.2 Information du Propriétaire Bailleur

– Sur la situation de l'immeuble au regard des risques naturels et technologiques (articles L. 125-5 et R. 125-23 du Code de l'environnement) :

Le Propriétaire Bailleur atteste qu'à ce jour :

Les locaux sont □ ne sont pas □ situés sur une commune ou une zone de la commune couverte par un plan de prévention des risques technologiques ou un plan des risques naturels prévisibles, prescrit ou approuvé (PPR), ou dans une zone de sismicité (voir les services d'urbanisme de la mairie ou la Préfecture).

Si les locaux, objets des présentes, entrent dans le champ d'application des articles L. 125-5 et R. 125-23 du Code de l'environnement relatifs aux risques technologiques, naturels et sismiques, le Propriétaire Bailleur annexe au présent contrat de bail un état des risques établi depuis moins de six mois à la date des présentes, et conforme à un modèle établi par arrêté ministériel du 13 octobre 2005, ainsi qu'une copie du plan et de ses annexes cartographiques permettant de localiser l'immeuble au regard de ces risques. Le Locataire déclare avoir pris connaissance de ces documents et faire son affaire personnelle de cette situation.

– Sur la situation de l'immeuble bâti à l'égard de sinistres antérieurs causés par une catastrophe naturelle ou technologique :

L'immeuble a été □ n'a pas été □ antérieurement touché par un sinistre dû à une catastrophe technologique ou naturelle.

Si l'immeuble a subi un sinistre ayant donné lieu au versement d'une indemnité d'assurance garantissant les risques de catastrophes – naturelles (article L. 125-2 du Code des assurances) – technologiques (article L. 128-2 du Code des assurances), le Propriétaire Bailleur annexe aux présentes un document indiquant la cause de (s) sinistre (s).

– Sur la Performance Énergétique du logement :
Le Propriétaire Bailleur remet au Locataire un Diagnostic de Performance Énergétique (DPE) établi en date du ...., établi par un professionnel remplissant les conditions de qualification exigées par la réglementation.

– Sur la situation de l'immeuble par rapport au plomb (si construction de l'immeuble avant le 1er janvier 1949) :
Le Propriétaire Bailleur remet au Locataire un Constat des Risques d'Exposition au Plomb (CREP) établi en date du ...., dressé par un professionnel remplissant les conditions de qualification exigées par la réglementation.

ARTICLE 12 – Clause résolutoire
Toutes les conditions du présent bail sont de rigueur. À défaut par le locataire d'exécuter une seule d'entre elles, la résiliation du bail sera encourue de plein droit, un mois après une mise en demeure de payer ou d'exécuter restée sans effet et énonçant la volonté du propriétaire d'user du bénéfice de la présente clause, sans qu'il soit besoin de remplir aucune formalité judiciaire et sans que l'effet de la résiliation ainsi encourue puisse être empêché ou suspendu par aucune offre ou consignation ultérieure.

Dans le cas où le Locataire refuserait de quitter les lieux, il suffira pour l'y contraindre d'une ordonnance de référé, exécutoire par provision et nonobstant appel.

Les frais de l'ordonnance de référé et de tous ceux qui en seraient la suite ou la conséquence seront à la charge exclusive du Locataire.

Dans le cas où le Locataire ne libèrerait pas les lieux à la date d'expiration du bail ou de sa résiliation, il s'engage dès à présent expressément et définitivement à verser au Propriétaire Bailleur, par jour de retard, une indemnité, stipulée à titre de dommages-intérêts fixés forfaitairement et non révisable, égale à .... fois *(nombre, par exemple 3)* le montant journalier du loyer exigible à l'époque du départ.

Par ailleurs, tout mois de loyer non payé à son échéance comme toutes les charges ou frais non réglés dans les mêmes conditions seront, en vertu de l'article 1226 du Code civil, majorés de .... % à titre de clause pénale, et ce, ... jours *(nombre)* après l'envoi, par le Propriétaire Bailleur, d'une lettre recommandée avec demande d'avis de réception, en réclamant le paiement et indiquant son intention de faire jouer la clause pénale ; et ce, sans qu'il soit dérogé à la clause résolutoire et sans préjudice des dommages et intérêts que le Propriétaire Bailleur pourrait être amené à réclamer en raison du manquement des obligations de la part du Locataire.

ARTICLE 13 – Documents annexés au contrat
– Un état des lieux des locaux à établir contradictoirement entre les parties lors de la remise des clés.
– Un inventaire du mobilier, équipements, matériels et objets à établir contradictoirement entre les parties lors de la remise des clés.
– Un Diagnostic de Performance Énergétique datant de moins de dix ans.
– Un Constat de Risque d'Exposition au Plomb(CREP) (si l'immeuble a été construit avant le 1er janvier 1949).
– Un État des Risques Naturels et Technologiques (ERNT) et des documents annexes, datant de moins de six mois.
– Un exposé écrit du Propriétaire Bailleur relatant tout sinistre suite à une catastrophe – naturelle – technologique ayant donné lieu au versement d'une indemnité d'assurance.
– Le règlement de la copropriété le cas échéant concernant la destination de l'immeuble, la jouissance et l'usage des parties communes et privatives.

AJOUTER éventuellement

ARTICLE 14 – Cautionnement solidaire

ET CHOISIR suivant le cas

1. Cautionnement par acte notarié

Cautionnement solidaire

Est / sont intervenu(s) aux présentes :
....

Le(a)(s) quel(le)(s), après avoir pris connaissance de ce qui précède, déclare(nt) se porter caution solidaire, et donc avec renonciation aux bénéfices de discussion et de division, du locataire envers le propriétaire, qui accepte, de l'exécution de toutes les obligations résultant du bail.

Le présent engagement garantit, outre le paiement des loyers et des charges que pourrait devoir le locataire, celui des impôts lui incombant ainsi que des indemnités accessoires suivantes : indemnités dues à titre de clause pénale, indemnités d'occupation éventuellement dues après la résiliation du bail. Ce même engagement garantit également la bonne exécution des réparations mises à la charge du locataire.

En conséquence, la caution s'oblige solidairement au paiement du loyer mensuel (*ou :* trimestriel *ou :* annuel) de ...., en ce compris le droit de bail, lequel loyer a été stipulé révisable annuellement en fonction de la variation à la hausse de l'Indice de Référence des Loyers publié chaque trimestre par l'Institut national de la statistique et des études économiques (INSEE) ou de tout autre indice qui viendrait à lui être substitué, soit pour toute la durée du bail *(ajouter éventuellement si une clause de tacite reconduction a été prévue et de son renouvellement)* la somme totale de .... et le cas échéant, toutes indemnités, pénalités ou intérêts de retard dus par le locataire, comme exposé ci-dessus.

En cas de décès de la caution, il y aura solidarité et indivisibilité entre ses héritiers ou représentants dans la mesure où ils seront tenus de la dette.

2. Cautionnement par acte sous seing privé

Cautionnement solidaire

Je soussigné(e) :
....

Déclare me porter caution solidaire de M(me) ...., locataire(s) désigné(s) dans l'acte contenant bail consenti à leur profit par M. et Mme ...., en date du ...., pour garantir le paiement des loyers, charges, accessoires, intérêts, dommages-intérêts, indemnités dues à titre de clause pénale, astreinte, frais et dépens, condamnation judiciaire, indemnité d'occupation ainsi que la bonne exécution des différentes clauses et conditions du bail sus-énoncé, notamment en matière de réparations.

En me portant caution solidaire de M(me) ...., dans les conditions indiquées ci-dessus, je m'engage à rembourser au propriétaire, les sommes dues, sur mes revenus et mes biens, si M(me) .... n'y satisfait pas lui(elle)-même.

En renonçant au bénéfice de discussion, défini à l'article 2298 du Code civil, et en m'obligeant solidairement avec M(me) ...., je m'engage à rembourser le propriétaire sans pouvoir exiger qu'il poursuive préalablement le locataire.

Conformément à la loi, la caution reproduira ci-dessous, et de sa main, la phrase suivante :

Bon pour caution solidaire, et donc sans bénéfice de discussion ni de division, dans la limite des sommes couvrant le paiement du loyer mensuel (*ou :* trimestriel *ou :* annuel) de ...., en ce compris le droit de bail, lequel loyer a été stipulé révisable annuellement en fonction de la variation à la hausse de l'Indice de Référence des Loyers publié chaque trimestre par l'Institut national de la statistique et des études économiques (INSEE) ou de tout autre indice qui viendrait à lui être substitué, soit pour toute la durée du bail *(ajouter éventuellement si une clause de tacite reconduction a été prévue et de son renouvellement)* la somme totale de .... et le cas échéant, toutes indemnités, pénalités ou intérêts de retard dus par le locataire.

FINIR par

Fait à ....,
Le ....,
En .... originaux dont un est remis à chacune des parties qui le reconnaît.

LE LOCATAIRE
« Lu et approuvé »

LE PROPRIÉTAIRE BAILLEUR
« Lu et approuvé »

1.2 CONTRAT DE LOCATION MEUBLÉE SAISONNIÈRE

Exemple de contrat de bail à personnaliser selon le contexte.

(Identification des parties)

ENTRE LES SOUSSIGNÉ(E)S

Pour une personne physique :
Nom Prénom, né(e) le ...., à ....,
de nationalité ...., demeurant à l'adresse suivante : ....
Situation de famille

Ou pour une personne morale :
Dénomination sociale
« Forme juridique de la société » au capital de .... euros, ayant son siège social à l'adresse suivante : ....
immatriculée au Registre du Commerce et des Sociétés sous le numéro .... RCS ....,
représentée par ...., en qualité de .....

Nom de chaque associé,
de nationalité ...., né le ...., à ....,
demeurant à l'adresse suivante : ....
Ci-après dénommé l'ASSOCIÉ / LES ASSOCIÉS

Ci-après dénommé le « Propriétaire Bailleur »

D'UNE PART,

ET

Nom Prénom, né(e) le ...., à ....,
de nationalité ...., demeurant à l'adresse suivante : ....
Situation matrimoniale (célibataire, lié par un contrat de PACS, marié, veuf, ou divorcé)

Nom du conjoint, partenaire de la partie à l'acte le cas échéant :
Nom Prénom, né(e) le ...., à ....,
de nationalité ...., demeurant à l'adresse suivante : ....

Ci-après dénommé(e)(s) le(s) « Locataire(s) »

D'AUTRE PART,

Il a été convenu et arrêté ce qui suit :

Le Propriétaire Bailleur loue au Locataire pour la durée et selon les conditions et clauses indiquées ci-dessous, les locaux meublés à usage d'habitation désignés ci-après, avec les meubles meublant et objets s'y trouvant, inscrits dans l'inventaire annexé au présent bail.

ARTICLE PREMIER – Lieu de situation et description des locaux

Locaux pris à bail situés à/au n°...., code postal ...., Ville ....

Description des locaux donnés : un appartement/une maison composé(e) de .... pièces :

À décrire en détail, y compris les parties extérieures / dépendances le cas échéant dont le locataire a la jouissance (jardin, balcon, grenier, cave, parking, local à vélos/ poussettes, piscine, etc.).

Description pièce par pièce des équipements et mobiliers privés (téléphone, chauffage individuel au gaz / électrique, cuisine équipée, etc.).

Description des services et équipements collectifs utilisables par le Locataire (eau chaude collective, chauffage collectif, interphone, digicode, ascenseur, etc.).

ARTICLE 2 – État des lieux et Inventaire

Un état des lieux ainsi qu'un inventaire du mobilier sera établi de manière contradictoire entre les parties lors de la remise des clés au Locataire et à sa sortie des lieux.

ARTICLE 3 – Destination

Les locaux sont loués à usage exclusivement d'habitation à titre de résidence saisonnière.

ARTICLE 4 – Durée du contrat

Le présent contrat est conclu pour une durée de .... jours/ mois à compter du .... pour se terminer le .... à .... heures. En aucun cas, la durée du contrat ne pourra être prorogée, sauf accord préalable et écrit du Propriétaire Bailleur. Le contrat initial et le contrat prorogé ne pourront porter la durée de la location à plus de quatre-vingt-dix jours maximum.

ARTICLE 5 – Loyer et charges

La présente location est consentie et acceptée moyennant le prix global de .... euros, incluant :

– le prix de l'occupation des lieux ;
– les charges locatives ci-après désignées :

(À titre d'exemple : un montant forfaitaire de consommation d'électricité et de consommation d'eau froide et/ou chaude pendant la durée du contrat, le montant de la taxe de séjour, un forfait de ménage à la restitution des locaux, l'assurance risques locatifs...)

Toute autres charges non énumérées ci-dessus sont expressément exclues de ce loyer, et devront être acquittées par le Locataire en sus du loyer pour la durée de son séjour.

5.1 Modalités de paiement du loyer et des charges

Le loyer et les charges comprises, sont payables de la manière suivante :

(À titre d'exemple : à concurrence de .... euros à la signature du présent bail et le solde, soit .... euros, à la remise des clés).

5.2 Nature du paiement liminaire effectué à la signature du présent bail

Toute somme réglée par le Locataire à la signature du présent bail, soit .... euros, constitue des arrhes, et viendra en déduction de la somme totale due au Propriétaire Bailleur au départ du Locataire.

ARTICLE 6 – Dépôt de garantie

Le Locataire verse immédiatement *(ou à la remise des clés si celle-ci est prévue à une date ultérieure)* une somme de .... euros *(en lettres et en chiffres)* à titre de garantie de l'entière exécution de ses obligations et en cautionnement des dégâts qui pourraient être causés aux locaux et mobiliers/équipements loués.

Cette somme ne sera pas productive d'intérêts. Ce dépôt ne sera en aucun cas imputable sur les loyers, charges et accessoires dus et ne dispense en aucun cas le Locataire du paiement du loyer et des charges aux dates fixées.

Le dépôt de garantie sera restitué au Locataire en fin de bail, dans les .... jours après déménagement et remise des clés, déduction faite de toute somme dont il pourrait être débiteur envers le Propriétaire Bailleur (frais de remplacement de mobiliers/équipements manquants ou détériorés, frais éventuels de remise en état, frais de nettoyage, etc.).

(INCLURE LE CAS ÉCHÉANT : « Dans le cas où le Locataire devrait s'acquitter en sus de consommations électrique, téléphonique, ou autres, la restitution de ce dépôt de garantie sera opérée après déduction de la part imputable au Locataire, après réception des relevés concernés »*).*

Si la somme ainsi versée à titre de garantie s'avérait être insuffisante, le Locataire réglerait toute somme complémentaire sur présentation des justificatifs par le Propriétaire Bailleur et ce dans le délai suivant : .... jours/semaines/mois.

ARTICLE 7 – Obligations du Locataire

Le Locataire est tenu des principales obligations suivantes :

– acquitter le montant du loyer principal et des charges dans les conditions prévues par le présent bail, expressément acceptées par le Locataire ;

– prendre les locaux dans l'état où ils se trouveront lors de l'entrée en jouissance et tels qu'ils auront été détaillés dans l'état des lieux, avec le mobilier, matériel et tous les objets mentionnés dans l'inventaire ;

– répondre des pertes et dégradations afférentes aux locaux dont il a la jouissance exclusive, à moins qu'il ne prouve qu'elles ont eu lieu par un cas de force majeure, par faute du Propriétaire Bailleur ou par le fait d'un tiers qui se serait introduit sans son accord ;

– éviter de jeter dans les canalisations tout objet ou substance de nature à les obstruer. Le Locataire sera redevable des frais occasionnés par la réparation et la remise en état de ces canalisations ;

– utiliser et entretenir si besoin les mobiliers, équipements, matériels et objets garnissant les lieux, selon l'usage auquel ils sont destinés, puis les laisser dans les lieux à la remise des clés à son départ. Tout mobiliers, équipements, matériels et objets manquants ou détériorés, pour une cause autre que celle de l'usure normale, devront être soit remplacés à l'identique avec l'accord du Propriétaire Bailleur, soit remboursés intégralement après abattement tenant compte de sa vétusté ;

– ne transformer en rien les locaux et l'équipement les garnissant sans l'accord écrit préalable du Propriétaire Bailleur, sous peine d'une remise en l'état totale de ceux-ci à ses frais avant son départ des lieux ;

– laisser exécuter dans les locaux loués les travaux dont l'urgence et la nécessité apparaîtraient pendant la période de location, sans pouvoir exiger une quelconque indemnité ;

– ne pas sous-louer ni céder ses droits au présent bail sans l'accord écrit du Propriétaire Bailleur, à peine de résiliation ;

– occuper les lieux et se comporter en bon père de famille. Le Locataire ne devra occasionner aucun trouble au voisinage ;

– se conformer au règlement intérieur de la copropriété *(le cas échéant)*, dont il reconnaît avoir eu connaissance par la remise par le Propriétaire Bailleur, d'une copie de ce règlement ;

– signaler immédiatement au Propriétaire Bailleur tout problème dans les locaux (dégât des eaux, incendie, vitre[s] cassée[s], acte de vandalisme, etc.) quelle qu'en soit la cause ;

– de ne pas faire occuper les lieux par un nombre de personnes supérieur au nombre maximum indiqué.

ARTICLE 8 – Obligations du Propriétaire Bailleur

8.1 Le Propriétaire Bailleur est tenu des principales obligations suivantes :

– délivrer au Locataire les locaux, avec son mobilier, équipements, matériels et objets, conformes à l'état descriptif qu'il en a fait ;

– s'assurer que le logement fourni au Locataire est en bon état d'usage et de réparation, avec son mobilier, équipements, matériels et objets, conformes à l'état descriptif qu'il en a fait et en bon état de fonctionnement ;

– assurer au Locataire la jouissance paisible des locaux pendant toute la durée du bail.

8.2 Information du Propriétaire Bailleur

– Sur la situation de l'immeuble au regard des risques naturels et technologiques (articles L. 125-5 et R. 125-23 du Code de l'environnement)

Le Propriétaire Bailleur atteste qu'à ce jour :

Les locaux sont □ ne sont pas □ situés sur une commune ou une zone de la commune couverte par un plan de prévention des risques technologiques ou un plan des risques naturels prévisibles, prescrit ou approuvé (PPR), ou dans une zone de sismicité (voir les services d'urbanisme de la mairie ou la Préfecture).

Si les locaux, objets des présentes, entrent dans le champ d'application des articles L. 125-5 et R. 125-23 du Code de l'environnement relatifs aux risques technologiques, naturels et sismiques, le Propriétaire Bailleur annexe au présent contrat de bail un état des risques établi depuis moins de six mois à la date des présentes, et conforme à un modèle établi par arrêté ministériel du 13 octobre 2005, ainsi qu'une copie du plan et de ses annexes cartographiques permettant de localiser l'immeuble au regard de ces risques. Le Locataire déclare avoir pris connaissance de ces documents et faire son affaire personnelle de cette situation.

– Sur la situation de l'immeuble bâti à l'égard de sinistres antérieurs causés par une catastrophe naturelle ou technologique

L'immeuble a été □ n'a pas été □ antérieurement touché par un sinistre dû à une catastrophe technologique ou naturelle.

Si l'immeuble a subi un sinistre ayant donné lieu au versement d'une indemnité d'assurance garantissant les risques de catastrophes – naturelles (article L. 125-2 du Code des assurances) – technologiques (article L. 128-2 du Code des assurances), le Propriétaire Bailleur annexe aux présentes un document indiquant la cause de(s) sinistre(s).

– Sur la Performance Énergétique du logement

Le Propriétaire Bailleur remet au Locataire un Diagnostic de Performance Énergétique (DPE) établi en date du ...., établi par un professionnel remplissant les conditions de qualification exigées par la réglementation.

– Sur la situation de l'immeuble par rapport au plomb (si construction de l'immeuble avant le 1er janvier 1949)

Le Propriétaire Bailleur remet au Locataire un Constat des Risques d'Exposition au Plomb (CREP) établi en date du ...., dressé par un professionnel remplissant les conditions de qualification exigées par la réglementation.

ARTICLE 9 – Assurance

Dans le cas où la souscription du contrat d'assurance serait à la charge du Locataire :

Le Locataire sera tenu de souscrire auprès d'une compagnie d'assurances une police couvrant les risques d'incendie, vol, bris de glace, dégâts des eaux et recours des tiers portant sur les locaux loués, les mobiliers, équipements, matériels et objets garnissant les lieux. Il devra justifier au Propriétaire Bailleur de ce contrat d'assurance et du règlement de la prime, au plus tard lors de la remise des clés des locaux.

À défaut, le présent bail sera purement et simplement résilié.

Dans le cas où le Bailleur souscrirait pour le compte du Locataire une assurance :

Le Propriétaire Bailleur souscrira pour le compte du Locataire une police d'assurance couvrant les risques incendie, vol, bris de glace, dégâts des eaux et recours des tiers portant sur les locaux loués, les mobiliers, équipements, matériels et objets garnissant les lieux. La charge de la prime d'assurance sera supportée par le Locataire.

ARTICLE 10 – Clause résolutoire

En cas d'impayés du loyer et des charges selon les modalités dans les présentes, ou en cas d'inexécution d'une des clauses du présent bail (notamment un défaut d'assurance ou de règlement de la prime si celle-ci est à la charge du Locataire), et CINQ JOURS francs après une simple sommation par lettre recommandée avec demande d'avis de réception restée infructueuse, le présent contrat sera immédiatement résilié et le Propriétaire Bailleur pourra se prévaloir de l'article 1590 du Code civil pour conserver les arrhes versées à titre des premiers dommages-intérêts.

ARTICLE 11 – Clause pénale – Arrhes

Les parties conviennent qu'en cas de désistement :

– de la part du Propriétaire Bailleur : celui-ci sera tenu d'indemniser le Locataire, dans les sept jours suivant son désistement, en lui versant le double des arrhes ;

– de la part du Locataire : celui-ci perdra les arrhes versées, s'il se désiste plus de .... jours / semaines avant la prise d'effet du bail. S'il se désiste moins de .... semaines avant la prise d'effet du bail, il versera, en sus au Propriétaire Bailleur, et à titre de clause pénale, la différence entre les arrhes et le montant du loyer total.

ARTICLE 12 – Documents annexés au contrat

– Un Plan et des photographies des lieux.

– Un état des lieux des locaux à établir contradictoirement entre les parties lors de la remise des clés.

– Un inventaire du mobilier, équipements, matériels et objets à établir contradictoirement entre les parties lors de la remise des clés.

– Un Diagnostic de Performance Énergétique datant de moins de dix ans.

– Un Constat de Risque d'Exposition au Plomb (CREP) (si l'immeuble a été construit avant le 1er janvier 1949).

– Un État des Risques Naturels et Technologiques (ERNT) et des documents annexes, datant de moins de six mois.

– Un exposé écrit du Propriétaire Bailleur relatant tout sinistre suite à une catastrophe – naturelle – technologique ayant donné lieu au versement d'une indemnité d'assurance.

– Le règlement de la copropriété le cas échéant concernant la destination de l'immeuble, la jouissance et l'usage des parties communes et privatives.

Fait à ....,

Le ....,

En .... originaux dont un est remis à chacune des parties qui le reconnaît

LE LOCATAIRE	LE PROPRIÉTAIRE BAILLEUR
« Lu et approuvé »	« Lu et approuvé »

Annexe 2

MODÈLE D'INVENTAIRE DÉTAILLÉ DU MOBILIER

INVENTAIRE DES MEUBLES ANNEXÉ AU CONTRAT DE LOCATION DE LOCAUX MEUBLÉS

NB : cet état descriptif des meubles de la location doit être annexé au contrat de location meublée. Il convient de rayer les mentions inutiles, compléter et indiquer l'état du mobilier.

RENSEIGNEMENTS GÉNÉRAUX
Adresse du logement loué en meublé :
Nom et adresse du Bailleur ou de son mandataire :
Nom du Preneur :
État d'entretien général du logement et des meubles :

LISTE DES MEUBLES LOUÉS ACCESSOIREMENT AU LOGEMENT
1. Cuisine
Le logement est doté d'une cuisine équipée et aménagée comprenant :
– un système de ventilation ;
– une hotte aspirante avec éclairage ;
– une table de cuisson (électrique ou à gaz), munie de .... plaques ou brûleurs ;
– un four (électrique ou à gaz), et ses accessoires ;
– un four à micro-ondes ;
– un réfrigérateur dont la contenance est de .... litres, doté d'un compartiment conservation ;
– une batterie de cuisine comprenant .... casseroles et .... poêles ;
– .... assiettes non dépareillées ;
– .... bols ;
– .... verres ;
– couverts non dépareillés ;
– une table ;
– .... placard(s), muni(s) de .... portes ;
– .... étagères ;
– ...
D'autre part, le Preneur s'engage à restituer, lors de son départ, l'équivalent des produits ménagers qu'il a trouvés lors de son entrée dans les lieux.

2. Sanitaires
Le logement comporte .... salle(s) d'eau et .... salle(s) de bains, ainsi que .... WC. Chaque salle de bains est munie d'un flexible de douche et d'un rideau de douche en bon état. D'autre part, elles comprennent :
– .... armoire(s) à .... portes ;
– un étendoir à linge ;

– …. porte(s) serviettes ;
– …. poubelles ;
– un sèche-cheveux ;
– …

3. Séjour
– …. table(s) ;
– …. chaises ;
– …. paires de rideaux ;
– une bibliothèque ;
– une armoire ;
– un vaisselier ;
– …. lampes ;
– …. tapis ;
– …

4. Chambres
– …. lits ;
– …. table(s) de nuit ;
– …. armoire(s) ;
– …. penderie(s) ;
– …. lampes ;
– …. rideaux ;
– …

5. Divers
– …. téléphone(s) ;
– …. poste(s) de télévision ;
– un lecteur de DVD ;
– un fer à repasser ;
– une planche à repasser ;
– un aspirateur ;
– …. miroirs ;
– …. drap(s) ;
– …. alèse(s) ;
– …. taies d'oreiller / housses de traversin ;
– …. housse(s) de couette ;
– …. couette(s) ;
– …. couverture(s) ;
– …. couvre-lit ;
– …

Fait à ….,
Le ….,
En …. originaux dont un est remis à chacune des parties qui le reconnaît

LE LOCATAIRE	LE PROPRIÉTAIRE BAILLEUR
« Lu et approuvé »	« Lu et approuvé »

Annexe 3

MODÈLE DE QUITTANCE

QUITTANCE DE LOYER

Quittance de loyer du mois de .... 20..

Adresse de la location :

JE SOUSSIGNÉ…., propriétaire du logement désigné ci-dessus,
DÉCLARE avoir reçu de ….,
la somme de …. euros *(en toutes lettres)* / …. euros *(en chiffres)*, au titre du paiement du loyer et des charges pour la période de location du …. au …. 20…. et lui en donne quittance, sous réserve de tous mes droits.

Détail du règlement
Loyer : …. euros
Provision pour charges : …. euros
Total du loyer : …. euros
Date du paiement : le …. 20..

FAIT À ….,
LE …. 20..
Signature

Cette quittance annule tous les reçus qui auraient pu être établis précédemment en cas de paiement partiel du montant du présent terme. Elle est à conserver pendant cinq ans par le locataire (article 2224 du Code civil).

Annexe 4

MODÈLE D'ÉTAT DES LIEUX D'ENTRÉE ET DE SORTIE

ÉTAT DES LIEUX

État des lieux d'entrée o État des lieux de sortie o

ADRESSE DU LOGEMENT
N°.... rue ....
Étage .... Porte ....
Ville ....

LE BAILLEUR
M./Mme : ....
Demeurant ....

LE PRENEUR
M./Mme ....
Demeurant ....

AMÉNAGEMENT
Aménagements particuliers intérieurs ou extérieurs au local
(Description de l'électroménager, des meubles intégrés, etc.)
Pour chaque pièce et pour chaque élément d'équipement, préciser dans la case correspondante « état neuf », « bon état », « état d'usage », « mauvais état », ou rayer la case si celle-ci est sans objet.

	MURS	SOL	PLAFOND	PORTES FENÊTRES PERSIENNES	AUTRES
Entrée					
Séjour					
Salon					
Chambre 1					
Chambre 2					
Chambre 3					

	MURS	SOL	PLAFOND	PORTES FENÊTRES PERSIENNES	AUTRES
Chambre 4					
Chambre 5					
Cuisine					
Pièce d'eau					
W.-C.					
Cave					
Garage					
Débarras					
Autre					

Indiquer les taches, déchirures, trous dans les murs, fuites constatées, etc.

ÉQUIPEMENT	OBSERVATIONS
TABLEAU ÉLECTRIQUE	
INTERRUPTEURS & P.C.	
ROBINETTERIE	
ÉVIER(S)	
LAVABO(S)	
DOUCHE(S)	
BAIGNOIRE(S)	
WC	
SERRURERIE	
AUTRES	

ÉLÉMENTS D'ÉQUIPEMENT
Sonnette/Alarme ....
Balcon, loggia, terrasse ....
Interphone ....
Double vitrage ....
Cheminée, trumeaux, glaces ....
Antenne TV...
Vide-ordures ....
Eau chaude *(a)* ....
Chauffage *(b)* ....

(a) (Cumulus électrique, chauffe-eau à gaz, eau chaude collective, contrat d'entretien, etc.)

(b) (Type de chauffage, nombre et état des radiateurs, chaudière, thermostat, contrat d'entretien, etc.).

OBSERVATIONS
……………………………………………………………………………………..

Fait à ….,
Le ….,
En …. originaux dont un est remis à chacune des parties qui le reconnaît.

LE LOCATAIRE	LE PROPRIÉTAIRE BAILLEUR
« Lu et approuvé »	« Lu et approuvé »

Annexe 5

MODÈLE DE DÉCLARATION EN MAIRIE DE LOCATION D'UN MEUBLÉ DE TOURISME OU DE CHAMBRE D'HÔTE

1°) DÉCLARATION EN MAIRIE DE LOCATION D'UN MEUBLÉ DE TOURISME (FORMULAIRE CERFA N° 14004*01)

cerfa

N° 14004*01

Imprimer

Réinitialiser

Liberté • Égalité • Fraternité
RÉPUBLIQUE FRANÇAISE

MINISTÈRE DE L'ÉCONOMIE DE L'INDUSTRIE ET DE L'EMPLOI

DECLARATION EN MAIRIE DES MEUBLES DE TOURISME

La loi vous oblige à remplir ce formulaire et à l'adresser au maire de la commune de l'habitation concernée *en application des articles L. 324-1-1 et D. 324-1-1 du code du tourisme (1)*

A - IDENTIFICATION DU DECLARANT

VOTRE NOM : VOTRE PRENOM :

VOTRE ADRESSE :

CODE POSTAL : COMMUNE :

VOTRE N° TELEPHONE (facultatif) :

Adresse du meublé de tourisme :

CODE POSTAL : COMMUNE :

B - IDENTIFICATION DU MEUBLE DE TOURISME

NOMBRE DE PIECES COMPOSANT LE MEUBLE :

NOMBRE MAXIMAL DE LITS (soit nombre de personnes susceptibles d'être accueillies dans le meublé) :

Facultatif : MAISON INDIVIDUELLE ☐ APPARTEMENT ☐ étage

C - PERIODES PREVISIONNELLES DE LOCATION

TOUTE L'ANNEE :

SI NON, PRECISER LES PERIODES :

LE SOUSSIGNE DECLARE QUE L'HABITATION EST EN CONFORMITE AVEC LES DISPOSITIONS DES ARTICLES D. 324-1 ET SUIVANTS DU CODE DU TOURISME.

FAIT A LE

SIGNATURE

* Tout changement concernant les informations fournies ci-dessus devra faire l'objet d'une nouvelle déclaration en mairie.

(1) Déclaration à effectuer préalablement à l'exercice de l'activité ou au plus tard le 30 juin 2010 s'agissant d'un loueur exerçant cette activité au 27 décembre 2009 (décret n°2009-1652 du 23 décembre 2009 publié au Journal officiel du 27 décembre 2009).

La loi n°78-17 du 6 janvier 1978 modifiée relative à l'informatique, aux fichiers et aux libertés s'applique aux réponses faites à ce formulaire. Elle garantit un droit d'accès et de rectification pour ces données auprès du secrétariat de la mairie du lieu où la déclaration a été effectuée. Les données recueillies sont susceptibles de faire l'objet d'un traitement pour le compte de la commune du lieu de déclaration aux fins d'établir une liste des meublés de tourisme pour l'information du public conformément aux dispositions de l'article D. 324-1-1 du code du tourisme.

REPUBLIQUE FRANCAISE

MAIRIE de

N° 14004*01

Récipissé de déclaration en mairie de location de meublé de tourisme

Il est donné récépissé de la déclaration en mairie de mise en location d'un meublé de tourisme pour un accueil maximal de .... personnes situé à :

Adresse :

Code postal:

Commune :

NOM, Prénom du déclarant :

Adresse :

Code postal:

Commune :

Fait à le

Cachet de la mairie

2°) DÉCLARATION EN MAIRIE DE LOCATION DE CHAMBRE D'HÔTE (FORMULAIRE CERFA N° 13566*02)

cerfa

Liberté • Égalité • Fraternité
RÉPUBLIQUE FRANÇAISE

MINISTÈRE DE L'ÉCONOMIE DES FINANCES ET DE L'EMPLOI

N° 13566*02

DECLARATION EN MAIRIE DE LOCATION DE CHAMBRE D'HÔTE

La loi vous oblige à remplir ce formulaire et à l'adresser au maire de la commune de l'habitation concernée
en application des articles L. 324-4 et D. 324-15 du code du tourisme (1)

A - IDENTIFICATION DU DECLARANT (2)

VOTRE NOM : I_I_I_I_I_I_I_I_I_I_I_I_I_I_I_I_I_I_I_I_I_I_I_ VOTRE PRENOM : I_I_I_I_I_I_I_I_I_I_I_I_I_I_I_I_I_I_I_I_I_

VOTRE ADRESSE: I_I_I_I_I_I_I_I_I_I_I_I_I_I_I_I_I_I_I_I_I_I_I_I_I_I_I_I_I_I_I

CODE POSTAL : I_I_I_I_I_I COMMUNE: I_I_I_I_I_I_I_I_I_I_I_I_I_I_I_I_I_I_I_I_I_I

VOTRE N° TELEPHONE (facultative) : I_I_I_I_I_I_I_I_I_I_I

Votre adresse postale si elle est différente de celle des chambres en location :

I_I_I_I_I_I_I_I_I_I_I_I_I_I_I_I_I_I_I_I_I_I_I_I_I_I_I_I_I_I_I_I_I

CODE POSTAL : I_I_I_I_I_I COMMUNE: I_I_I_I_I_I_I_I_I_I_I_I_I_I_I_I_I_I_I_I_I_I

VOTRE N° TELEPHONE (facultative) : I_I_I_I_I_I_I_I_I_I_I

B - IDENTIFICATION DES CHAMBRES D'HOTES (3)

MAISON INDIVIDUELLE APPARTEMENT étage

NOMBRE DE CHAMBRES MISES EN LOCATION (maximum 5) :

NOMBRE MAXIMAL DE PERSONNES SUSCEPTIBLES D'ÊTRE ACCUEILLIES (maximum 15) :

C - PERIODES PREVISIONNELLES DE LOCATION

TOUTE L'ANNEE :

SI NON, PRECISER LES PERIODES :

LE SOUSSIGNE DECLARE QUE L'HABITATION EST EN CONFORMITE AVEC LES DISPOSITIONS DES ARTICLES D.324-13 à D. 324-15 DU CODE DU TOURISME.

FAIT A .... LE

SIGNATURE

* Tout changement concernant les informations fournies ci-dessus devra faire l'objet d'une nouvelle déclaration en mairie (cf. art. D.324-15 du décret n°2007-1173 du 3 août 2007).

(1)Décret n°2007-1173 du 3 août 2007 (Journal officiel du 4 août 2007)
(2) Déclaration à effectuer préalablement à l'exercice de l'activité et au plus tard le 31 décembre 2007 s'agissant d'un loueur exerçant cette activité au 4 août 2007.
(3) Les chambres d'hôtes doivent être conformes aux dispositions des articles D. 324-13 et D. 324-14 du code du tourisme : accueil par l'habitant, fourniture groupée de la nuitée et du petit déjeuner, fourniture du linge de maison, accès à une salle d'eau et à un WC.

La loi n°78-17 du 6 janvier 1978 relative à l'informatique, aux fichiers et aux libertés s'applique aux réponses faites à ce formulaire. Elle garantit un droit d'accès et de rectification pour ces données auprès du secrétariat de la mairie du lieu où la déclaration a été effectuée. Les données recueillies sont susceptibles de faire l'objet d'un traitement pour le compte de la commune du lieu de déclaration aux fins d'établir une liste des chambres d'hôtes pour l'information du public, des organismes locaux de tourisme et des autorités visées à l'article 1er du décret n°2007-1173 du 3

REPUBLIQUE FRANCAISE

cerfa

MAIRIE de ……………………………………….

N° 13566*02

Récépissé de déclaration en mairie de location de chambre d'hôte

Il est donné récépissé de la déclaration en mairie de mise en location de ……chambre (s) d'hôtes pour un accueil maximal de …….. personnes situées à :

Adresse : I_I_I_I_I_I_I_I_I_I_I_I_I_I_I_I_I_I_I_I_I_I_I_I
I_I_I_I_I_I_I_I_I_I_I_I_I_I_I_I_I_I_I_I_I_I_I_I_I_I_I_I_I

Code postal: I_I_I_I_I_I Commune : I_I_I_I_I_I_I_I_I_I_I

NOM, Prénom du déclarant :

Adresse (1) :
I_I_I_I_I_I_I_I_I_I_I_I_I_I_I_I_I_I_I_I_I_I_I_I
I_I_I_I_I_I_I_I_I_I_I_I_I_I_I_I_I_I_I_I_I_I_I_I_I_I_I_I_I

Code postal: I_I_I_I_I_I Commune : I_I_I_I_I_I_I_I_I_I_I

Fait à……………, le………………

Signature du déclarant :

Cachet de la mairie

(1) A remplir dans le cas particulier où le déclarant est domicilié à une autre adresse.

Annexe 6

TEXTES (EXTRAITS)

DÉCRET N° 87-712 DU 26 AOÛT 1987 RELATIF AUX RÉPARATIONS LOCATIVES

Art. 1. – Sont des réparations locatives les travaux d'entretien courant, et de menues réparations, y compris les remplacements d'éléments assimilables auxdites réparations, consécutifs à l'usage normal des locaux et équipements à usage privatif.

Ont notamment le caractère de réparations locatives les réparations énumérées en annexe au présent décret.

Art. 1 *bis*. – Le présent décret est applicable en Polynésie française pour la mise en œuvre des dispositions du *d* de l'article 7 de la loi n° 89-462 du 6 juillet 1989.

Art. 2. – Le ministre d'État, ministre de l'Économie, des Finances et de la Privatisation, le garde des Sceaux, ministre de la Justice, et le ministre de l'Équipement, du Logement, de l'Aménagement du territoire et des Transports sont chargés, chacun en ce qui le concerne, de l'exécution du présent décret, qui sera publié au *Journal officiel* de la République française.

Annexes. – Liste de réparations ayant le caractère de réparations locatives

I. – Parties extérieures dont le locataire a l'usage exclusif.

a) Jardins privatifs :

Entretien courant, notamment des allées, pelouses, massifs, bassins et piscines ; taille, élagage, échenillage des arbres et arbustes ;

Remplacement des arbustes ; réparation et remplacement des installations mobiles d'arrosage.

b) Auvents, terrasses et marquises :

Enlèvement de la mousse et des autres végétaux.

c) Descentes d'eaux pluviales, chéneaux et gouttières :

Dégorgement des conduits.

II. – Ouvertures intérieures et extérieures.

a) Sections ouvrantes telles que portes et fenêtres :

Graissage des gonds, paumelles et charnières ;

Menues réparations des boutons et poignées de portes, des gonds, crémones et espagnolettes ; remplacement notamment de boulons, clavettes et targettes.

b) Vitrages :

Réfection des mastics ;

Remplacement des vitres détériorées.

c) Dispositifs d'occultation de la lumière tels que stores et jalousies :
Graissage ;
Remplacement notamment de cordes, poulies ou de quelques lames.
d) Serrures et verrous de sécurité :
Graissage ;
Remplacement de petites pièces ainsi que des clés égarées ou détériorées.
e) Grilles :
Nettoyage et graissage ;
Remplacement notamment de boulons, clavettes, targettes.

III. – Parties intérieures.
a) Plafonds, murs intérieurs et cloisons :
Maintien en état de propreté ;
Menus raccords de peintures et tapisseries ; remise en place ou remplacement de quelques éléments des matériaux de revêtement tels que faïence, mosaïque, matière plastique ; rebouchage des trous rendu assimilable à une réparation par le nombre, la dimension et l'emplacement de ceux-ci.
b) Parquets, moquettes et autres revêtements de sol :
Encaustiquage et entretien courant de la vitrification ;
Remplacement de quelques lames de parquets et remise en état, pose de raccords de moquettes et autres revêtements de sol, notamment en cas de taches et de trous.
c) Placards et menuiseries telles que plinthes, baguettes et moulures :
Remplacement des tablettes et tasseaux de placard et réparation de leur dispositif de fermeture ; fixation de raccords et remplacement de pointes de menuiseries.

IV. – Installations de plomberie.
a) Canalisations d'eau :
Dégorgement :
Remplacement notamment de joints et de colliers.
b) Canalisations de gaz :
Entretien courant des robinets, siphons et ouvertures d'aération ;
Remplacement périodique des tuyaux souples de raccordement.
c) Fosses septiques, puisards et fosses d'aisance :
Vidange.
d) Chauffage, production d'eau chaude et robinetterie :
Remplacement des bilames, pistons, membranes, boîtes à eau, allumage piézo-électrique, clapets et joints des appareils à gaz ;
Rinçage et nettoyage des corps de chauffe et tuyauteries ;
Remplacement des joints, clapets et presse-étoupes des robinets ;
Remplacement des joints, flotteurs et joints cloches des chasses d'eau.
e) Éviers et appareils sanitaires :
Nettoyage des dépôts de calcaire, remplacement des tuyaux flexibles de douches.

V. – Équipements d'installations d'électricité.
Remplacement des interrupteurs, prises de courant, coupe-circuits et fusibles, des ampoules, tubes lumineux ; réparation ou remplacement des baguettes ou gaines de protection.

VI. – Autres équipements mentionnés au contrat de location.
a) Entretien courant et menues réparations des appareils tels que réfrigérateurs, machines à laver le linge et la vaisselle, sèche-linge, hottes aspirantes, adoucisseurs, capteurs solaires, pompes à chaleur, appareils de conditionnement d'air, antennes individuelles de radiodiffusion et de télévision, meubles scellés, cheminées, glaces et miroirs ;
b) Menues réparations nécessitées par la dépose des bourrelets ;
c) Graissage et remplacement des joints des vidoirs ;
d) Ramonage des conduits d'évacuation des fumées et des gaz et conduits de ventilation.

DÉCRET N° 87-713 FIXANT LA LISTE DES CHARGES RÉCUPÉRABLES

Art. 1. – La liste des charges récupérables prévue à l'article 18 de la loi du 23 décembre 1986 susvisée figure en annexe au présent décret.

Art. 2. – Pour l'application du présent décret :

a) Il n'y a pas lieu de distinguer entre les services assurés par le bailleur en régie et les services assurés dans le cadre d'un contrat d'entreprise. Le coût des services assurés en régie inclut les dépenses de personnel d'encadrement technique chargé du contrôle direct du gardien, du concierge ou de l'employé d'immeuble ; ces dépenses d'encadrement sont exigibles au titre des charges récupérables à concurrence de 10 % de leur montant. Lorsqu'il existe un contrat d'entreprise, le bailleur doit s'assurer que ce contrat distingue les dépenses récupérables et les autres dépenses ;

b) Les dépenses de personnel récupérables correspondent à la rémunération et aux charges sociales et fiscales ;

c) Lorsque le gardien ou le concierge d'un immeuble ou d'un groupe d'immeubles assure, conformément à son contrat de travail, l'entretien des parties communes et l'élimination des rejets, les dépenses correspondant à sa rémunération et aux charges sociales et fiscales y afférentes sont exigibles au titre des charges récupérables à concurrence de 75 % de leur montant, y compris lorsqu'un tiers intervient pendant les repos hebdomadaires et les congés prévus dans les clauses de son contrat de travail, ainsi qu'en cas de force majeure, d'arrêt de travail ou en raison de l'impossibilité matérielle ou physique temporaire pour le gardien ou le concierge d'effectuer seul les deux tâches.

Ces dépenses ne sont exigibles qu'à concurrence de 40 % de leur montant lorsque le gardien ou le concierge n'assure, conformément à son contrat de travail, que l'une ou l'autre des deux tâches, y compris lorsqu'un tiers intervient pendant les repos hebdomadaires et les congés prévus dans les clauses de son contrat de travail, ainsi qu'en cas de force majeure, d'arrêt de travail ou en raison de l'impossibilité matérielle ou physique temporaire pour le gardien ou le concierge d'effectuer seul cette tâche.

Un couple de gardiens ou de concierges qui assure, dans le cadre d'un contrat de travail commun, l'entretien des parties communes et l'élimination des rejets est assimilé à un personnel unique pour l'application du présent article.

Les éléments suivants ne sont pas retenus dans les dépenses mentionnées dans les deux premiers alinéas :

– le salaire en nature ;

– l'intéressement et la participation aux bénéfices de l'entreprise ;

– les indemnités et primes de départ à la retraite ;

– les indemnités de licenciement ;

– la cotisation à une mutuelle prise en charge par l'employeur ou par le comité d'entreprise ;

– la participation de l'employeur au comité d'entreprise ;

– la participation de l'employeur à l'effort de construction ;

– la cotisation à la médecine du travail ;

d) Lorsqu'un employé d'immeuble assure, conformément à son contrat de travail, l'entretien des parties communes ou l'élimination des rejets, les dépenses correspondant à sa rémunération et aux charges sociales et fiscales y afférentes sont exigibles, en totalité, au titre des charges récupérables.

Les éléments suivants ne sont pas retenus dans les dépenses mentionnées dans l'alinéa précédent :

– le salaire en nature ;

– l'intéressement et la participation aux bénéfices de l'entreprise ;

– les indemnités et primes de départ à la retraite ;

– les indemnités de licenciement ;

– la cotisation à une mutuelle prise en charge par l'employeur ou par le comité d'entreprise ;

– la participation de l'employeur au comité d'entreprise ;
– la participation de l'employeur à l'effort de construction ;
– la cotisation à la médecine du travail.

e) Le remplacement d'éléments d'équipement n'est considéré comme assimilable aux menues réparations que si son coût est au plus égal au coût de celles-ci.

Art. 3. – Pour l'application du présent décret, les dépenses afférentes à l'entretien courant et aux menues réparations d'installations individuelles, qui figurent au III du tableau annexé, sont récupérables lorsqu'elles sont effectuées par le bailleur au lieu et place du locataire.

Art. 3 *bis*. – Le présent décret est applicable en Polynésie française pour la mise en œuvre des dispositions de l'article 23 de la loi n° 89-462 du 6 juillet 1989.

Art. 4. – Le ministre d'État, ministre de l'Économie, des Finances et de la Privatisation, le garde des Sceaux, ministre de la Justice, et le ministre de l'Équipement, du Logement, de l'Aménagement du territoire et des Transports sont chargés, chacun en ce qui le concerne, de l'exécution du présent décret, qui sera publié au *Journal officiel* de la République française.

Annexes. – Liste des charges récupérables

I. – Ascenseurs et monte-charge.

1. Dépenses d'électricité.

2. Dépenses d'exploitation, d'entretien courant, de menues réparations :

a) Exploitation :
– visite périodique, nettoyage et graissage des organes mécaniques ;
– examen semestriel des câbles et vérification annuelle des parachutes ;
– nettoyage annuel de la cuvette, du dessus de la cabine et de la machinerie ;
– dépannage ne nécessitant pas de réparations ou fournitures de pièces ;
– tenue d'un dossier par l'entreprise d'entretien mentionnant les visites techniques, incidents et faits importants touchant l'appareil.

b) Fournitures relatives à des produits ou à du petit matériel d'entretien (chiffons, graisses et huiles nécessaires) et aux lampes d'éclairage de la cabine.

c) Menues réparations :
– de la cabine (boutons d'envoi, paumelles de portes, contacts de portes, ferme-portes automatiques, coulisseaux de cabine, dispositif de sécurité de seuil et cellule photo-électrique) ;
– des paliers (ferme-portes mécaniques, électriques ou pneumatiques, serrures électromécaniques, contacts de porte et boutons d'appel) ;
– des balais du moteur et fusibles.

II. – Eau froide, eau chaude et chauffage collectif des locaux privatifs et des parties communes.

1. Dépenses relatives :

À l'eau froide et chaude des locataires ou occupants du bâtiment ou de l'ensemble des bâtiments d'habitation concernés ;

À l'eau nécessaire à l'entretien courant des parties communes du ou desdits bâtiments, y compris la station d'épuration ;

À l'eau nécessaire à l'entretien courant des espaces extérieurs ;

Les dépenses relatives à la consommation d'eau incluent l'ensemble des taxes et redevances ainsi que les sommes dues au titre de la redevance d'assainissement, à l'exclusion de celles auxquelles le propriétaire est astreint en application de l'article L. 35-5 du Code de la santé publique ;

Aux produits nécessaires à l'exploitation, à l'entretien et au traitement de l'eau ;

À l'électricité ;

Au combustible ou à la fourniture d'énergie, quelle que soit sa nature.

2. Dépenses d'exploitation, d'entretien courant et de menues réparations :

a) Exploitation et entretien courant :

– nettoyage des gicleurs, électrodes, filtres et clapets des brûleurs ;

– entretien courant et graissage des pompes de relais, jauges, contrôleurs de niveau ainsi que des groupes moto-pompes et pompes de puisards ;

– graissage des vannes et robinets et réfection des presse-étoupes ;

– remplacement des ampoules des voyants lumineux et ampoules de chaufferie ;

– entretien et réglage des appareils de régulation automatique et de leurs annexes ;

– vérification et entretien des régulateurs de tirage ;

– réglage des vannes, robinets et tés ne comprenant pas l'équilibrage ;

– purge des points de chauffage ;

– frais de contrôles de combustion ;

– entretien des épurateurs de fumée ;

– opérations de mise en repos en fin de saison de chauffage, rinçage des corps de chauffe et tuyauteries, nettoyage de chaufferies, y compris leurs puisards et siphons, ramonage des chaudières, carneaux et cheminées ;

– conduite de chauffage ;

– frais de location d'entretien et de relevé des compteurs généraux et individuels ;

– entretien de l'adoucisseur, du détartreur d'eau, du surpresseur et du détendeur ;

– contrôles périodiques visant à éviter les fuites de fluide frigorigène des pompes à chaleur ;

– vérification, nettoyage et graissage des organes des pompes à chaleur ;

– nettoyage périodique de la face extérieure des capteurs solaires ;

– vérification, nettoyage et graissage des organes des capteurs solaires.

b) Menues réparations dans les parties communes ou sur des éléments d'usage commun :

– réparation de fuites sur raccords et joints ;

– remplacement des joints, clapets et presse-étoupes ;

– rodage des sièges de clapets ;

– menues réparations visant à remédier aux fuites de fluide frigorigène des pompes à chaleur ;

– recharge en fluide frigorigène des pompes à chaleur.

III. – Installations individuelles.

Chauffage et production d'eau chaude, distribution d'eau dans les parties privatives :

1. Dépenses d'alimentation commune de combustible ;

2. Exploitation et entretien courant, menues réparations :

a) Exploitation et entretien courant :

– réglage de débit et température de l'eau chaude sanitaire ;

– vérification et réglage des appareils de commande, d'asservissement, de sécurité d'aquastat et de pompe ;

– dépannage ;

– contrôle des raccordements et de l'alimentation des chauffe-eau électriques, contrôle de l'intensité absorbée ;

– vérification de l'état des résistances, des thermostats, nettoyage ;

– réglage des thermostats et contrôle de la température d'eau ;

– contrôle et réfection d'étanchéité des raccordements eau froide – eau chaude ;

– contrôle des groupes de sécurité ;

– rodage des sièges de clapets des robinets ;

– réglage des mécanismes de chasses d'eau.

b) Menues réparations :

– remplacement des bilames, pistons, membranes, boîtes à eau, allumage piézo-électrique, clapets et joints des appareils à gaz ;

– rinçage et nettoyage des corps de chauffe et tuyauteries ;

– remplacement des joints, clapets et presse-étoupes des robinets ;

– remplacement des joints, flotteurs et joints cloches des chasses d'eau.

IV. – Parties communes intérieures au bâtiment ou à l'ensemble des bâtiments d'habitation.

1. Dépenses relatives :

À l'électricité ;

Aux fournitures consommables, notamment produits d'entretien, balais et petit matériel assimilé nécessaires à l'entretien de propreté, sel.

2. Exploitation et entretien courant, menues réparations :

a) Entretien de la minuterie, pose, dépose et entretien des tapis ;

b) Menues réparations des appareils d'entretien de propreté tels qu'aspirateur.

3. Entretien de propreté (frais de personnel).

V. – Espaces extérieurs au bâtiment ou à l'ensemble de bâtiments d'habitation (voies de circulation, aires de stationnement, abords et espaces verts, aires et équipements de jeux).

1. Dépenses relatives :

À l'électricité ;

À l'essence et huile ;

Aux fournitures consommables utilisées dans l'entretien courant :

ampoules ou tubes d'éclairage, engrais, produits bactéricides et insecticides, produits tels que graines, fleurs, plants, plantes de remplacement, à l'exclusion de celles utilisées pour la réfection de massifs, plates-bandes ou haies.

2. *a)* Exploitation et entretien courant :

Opérations de coupe, désherbage, sarclage, ratissage, nettoyage et arrosage concernant :

– les allées, aires de stationnement et abords ;

– les espaces verts (pelouses, massifs, arbustes, haies vives, plates-bandes) ;

– les aires de jeux ;

– les bassins, fontaines, caniveaux, canalisations d'évacuation des eaux pluviales ;

– entretien du matériel horticole ;

– remplacement du sable des bacs et du petit matériel de jeux.

b) Peinture et menues réparations des bancs de jardins et des équipements de jeux et grillages.

VI. – Hygiène.

1. Dépenses de fournitures consommables :

Sacs en plastique et en papier nécessaires à l'élimination des rejets ;

Produits relatifs à la désinsectisation et à la désinfection, y compris des colonnes sèches de vide-ordures.

2. Exploitation et entretien courant :

Entretien et vidange des fosses d'aisances ;

Entretien des appareils de conditionnement des ordures.

3. Élimination des rejets (frais de personnel).

VII. – Équipements divers du bâtiment ou de l'ensemble de bâtiments d'habitation.

1. La fourniture d'énergie nécessaire à la ventilation mécanique.

2. Exploitation et entretien courant :

Ramonage des conduits de ventilation ;

Entretien de la ventilation mécanique ;

Entretien des dispositifs d'ouverture automatique ou codée et des interphones ;

Visites périodiques à l'exception des contrôles réglementaires de sécurité, nettoyage et graissage de l'appareillage fixe de manutention des nacelles de nettoyage des façades vitrées.

3. Divers :

Abonnement des postes de téléphone à la disposition des locataires.

VIII. – Impositions et redevances.

Droit de bail.

Taxe ou redevance d'enlèvement des ordures ménagères.

Taxe de balayage.

ARTICLES DU CODE DE LA CONSTRUCTION ET DE L'HABITATION

Art. L. 631-7. – La présente section est applicable aux communes de plus de 200 000 habitants et à celles des départements des Hauts-de-Seine, de la Seine-Saint-Denis et du Val-de-Marne. Dans ces communes, le changement d'usage des locaux destinés à l'habitation est, dans les conditions fixées par l'article L. 631-7-1, soumis à autorisation préalable.

Constituent des locaux destinés à l'habitation toutes catégories de logements et leurs annexes, y compris les logements-foyers, logements de gardien, chambres de service, logements de fonction, logements inclus dans un bail commercial, locaux meublés donnés en location dans les conditions de l'article L. 632-1.

Pour l'application de la présente section, un local est réputé à usage d'habitation s'il était affecté à cet usage au 1er janvier 1970. Cette affectation peut être établie par tout mode de preuve. Les locaux construits ou faisant l'objet de travaux ayant pour conséquence d'en changer la destination postérieurement au 1er janvier 1970 sont réputés avoir l'usage pour lequel la construction ou les travaux sont autorisés.

Toutefois, lorsqu'une autorisation administrative subordonnée à une compensation a été accordée après le 1er janvier 1970 pour changer l'usage d'un local mentionné à l'alinéa précédent, le local autorisé à changer d'usage et le local ayant servi de compensation sont réputés avoir l'usage résultant de l'autorisation.

Sont nuls de plein droit tous accords ou conventions conclus en violation du présent article.

NOTA : Loi n° 2008-776 du 4 août 2008 *JORF* du 5 août 2008 art. 13 X : Les modifications de l'article L. 631-7 du Code de la construction et de l'habitation, induites par la loi n° 2008-776, entrent en vigueur à compter du 1er janvier 2009 sous réserve de l'entrée en vigueur des dispositions, relevant de la loi de finances, prévoyant la compensation des charges assumées par les communes du fait du transfert de compétences prévu par les mêmes I à X de cette même loi.

Art. L. 631-7-1. – L'autorisation préalable au changement d'usage est délivrée par le maire de la commune dans laquelle est situé l'immeuble, après avis, à Paris, Marseille et Lyon, du maire d'arrondissement concerné. Elle peut être subordonnée à une compensation sous la forme de la transformation concomitante en habitation de locaux ayant un autre usage.

L'autorisation de changement d'usage est accordée à titre personnel. Elle cesse de produire effet lorsqu'il est mis fin, à titre définitif, pour quelque raison que ce soit, à l'exercice professionnel du bénéficiaire. Toutefois, lorsque l'autorisation est subordonnée à une compensation, le titre est attaché au local et non à la personne. Les locaux offerts en compensation sont mentionnés dans l'autorisation qui est publiée au fichier immobilier ou inscrite au livre foncier.

L'usage des locaux définis à l'article L. 631-7 n'est en aucun cas affecté par la prescription trentenaire prévue par l'article 2227 du Code civil.

Pour l'application de l'article L. 631-7, une délibération du conseil municipal fixe les conditions dans lesquelles sont délivrées les autorisations et déterminées les compensations par quartier et, le cas échéant, par arrondissement, au regard des objectifs de mixité sociale, en fonction notamment des caractéristiques des marchés de locaux d'habitation et de la nécessité de ne pas aggraver la pénurie de logements. Si la commune est membre d'un établissement public de coopération intercommunale compétent en matière de plan local d'urbanisme, la délibération est prise par l'organe délibérant de cet établissement.

NOTA : Loi n° 2008-776 du 4 août 2008 *JORF* du 5 août 2008 art. 13 X : Les modifications de l'article L. 631-7-1 du Code de la construction et de l'habitation, induites par la loi n° 2008-776, entrent en vigueur à compter du 1er janvier 2009 sous réserve de l'entrée en vigueur des dispositions, relevant de la loi de finances, prévoyant la compensation des charges assumées par les communes du fait du transfert de compétences prévu par les mêmes I à X de cette même loi.

Art. L. 632-1. – Toute personne qui loue un logement meublé, que la location s'accompagne ou non de prestations secondaires, bénéficie d'un contrat établi par écrit d'une durée d'un an dès lors que le logement loué constitue sa résidence principale. À l'expiration de ce contrat, le bail est tacitement reconduit pour un an sous réserve des dispositions suivantes.

Lorsque la location est consentie à un étudiant, la durée du bail peut être réduite à neuf mois. Dans ce cas, la clause de reconduction tacite prévue au premier alinéa est inapplicable.

Lorsque le contrat prévoit la révision du loyer, celle-ci intervient chaque année à la date convenue entre les parties ou, à défaut, au terme de chaque année du contrat. L'augmentation qui en résulte ne peut dépasser la variation de l'indice de référence des loyers mentionné au *d* de l'article 17 de la loi n° 89-462 du 6 juillet 1989 tendant à améliorer les rapports locatifs et portant modification de la loi n° 86-1290 du 23 décembre 1986.

Le bailleur qui souhaite, à l'expiration du contrat, en modifier les conditions doit informer le locataire avec un préavis de trois mois. Si le locataire accepte les nouvelles conditions, le contrat est renouvelé pour un an.

Le bailleur qui ne souhaite pas renouveler le contrat doit informer le locataire en respectant le même préavis et motiver son refus de renouvellement du bail soit par sa décision de reprendre ou de vendre le logement, soit par un motif légitime et sérieux, notamment l'inexécution par le locataire de l'une des obligations lui incombant.

Lorsque le bailleur est titulaire d'un bail commercial venant à expiration ou lorsque la cessation d'activité est prévue, le contrat peut être d'une durée inférieure à un an et doit mentionner les raisons et événements justificatifs.

Toutefois, si le bail commercial est renouvelé ou si l'activité est poursuivie, la durée du contrat est portée à un an.

Le locataire peut résilier le contrat à tout moment sous réserve du respect d'un préavis d'un mois.

À peine d'irrecevabilité de la demande, l'assignation par l'exploitant d'un établissement recevant du public aux fins d'hébergement, aux fins de constat de résiliation ou de prononcé de la résiliation du bail d'une personne dont le logement loué meublé constitue la résidence principale est notifiée, à la diligence de l'huissier de justice, au représentant de l'État dans le département, par lettre recommandée avec demande d'avis de réception, au moins un mois avant l'audience, afin qu'il informe les services compétents, notamment les organismes chargés du service des aides au logement et le fonds de solidarité pour le logement.

ARTICLES DU CODE GÉNÉRAL DES IMPÔTS

Art. 15. – (…) II. – Les revenus des logements dont le propriétaire se réserve la jouissance ne sont pas soumis à l'impôt sur le revenu. (…).

Art. 35 *bis*. – I. – Les personnes qui louent ou sous-louent en meublé une ou plusieurs pièces de leur habitation principale sont exonérées de l'impôt sur le revenu pour les produits de cette location sous réserve que les pièces louées constituent pour le locataire ou le sous-locataire en meublé sa résidence principale et que le prix de location demeure fixé dans des limites raisonnables.

II. – À compter du 1er janvier 2001, les personnes qui mettent de façon habituelle à la disposition du public une ou plusieurs pièces de leur habitation principale sont exonérées de l'impôt sur le revenu sur le produit de ces locations lorsque celui-ci n'excède pas 760 euros par an.

Art. 39 C. – I. – L'amortissement des biens donnés en location ou mis à disposition sous toute autre forme est réparti sur la durée normale d'utilisation suivant des modalités fixées par décret en conseil d'État.

Par dérogation aux dispositions du premier alinéa, les entreprises donnant en location des biens dans les conditions prévues aux 1 et 2 de l'article L. 313-7 du Code monétaire et financier et celles pratiquant des opérations de location avec option d'achat peuvent, sur option, répartir l'amortissement de ces biens sur la durée des contrats de crédit-bail ou de location avec option d'achat correspondants. La dotation à l'amortissement de chaque exercice est alors égale à la fraction du loyer acquise au titre de cet exercice, qui correspond à l'amortissement du capital engagé pour l'acquisition des biens donnés à bail.

Si l'option mentionnée au deuxième alinéa est exercée, elle s'applique à l'ensemble des biens affectés à des opérations de crédit-bail ou de location avec option d'achat. Toutefois, les sociétés mentionnées à l'article 30 de la loi n° 80-531 du 15 juillet 1980 relative aux économies d'énergie et à l'utilisation de la chaleur pourront exercer cette option contrat par contrat.

II. – 1. En cas de location ou de mise à disposition sous toute autre forme de biens situés ou exploités ou immatriculés en France ou dans un autre État partie à l'accord sur l'Espace économique européen qui a conclu avec la France une convention d'assistance administrative en vue de lutter contre la fraude et l'évasion fiscales, consentie par une société soumise au régime prévu à l'article 8, par une copropriété visée à l'article 8 *quater* ou 8 *quinquies* ou par un groupement au sens des articles 239 *quater*, 239 *quater* B, 239 *quater* C ou 239 *quater* D, le montant de l'amortissement de ces biens ou des parts de copropriété est admis en déduction du résultat imposable. Pendant une période de trente-six mois décomptée à partir du début de la mise en location ou de la mise à disposition, cet amortissement est admis en déduction, au titre d'un même exercice, dans la limite de trois fois le montant des loyers acquis ou de la quote-part du résultat de la copropriété.

La fraction des déficits des sociétés, copropriétés ou groupements mentionnés au premier alinéa correspondant au montant des dotations aux amortissements déduites, dans les conditions définies au même alinéa, au titre des douze premiers mois d'amortissement du bien est déductible à hauteur du quart des bénéfices imposables au taux d'impôt sur les sociétés de droit commun que chaque associé, copropriétaire, membre ou, le cas échéant, groupe au sens de l'article 223 A auquel il appartient retire du reste de ses activités.

En cas de location ou de mise à disposition sous toute autre forme de biens situés ou exploités ou immatriculés dans un État qui n'est pas partie à l'accord sur l'Espace économique européen ou qui n'a pas conclu avec la France une convention d'assistance administrative en vue de lutter contre la fraude et l'évasion fiscales, consentie par les sociétés, copropriétés ou groupements mentionnés au premier alinéa, le montant de l'amortissement de ces biens ou parts de copropriété est admis en déduction du résultat imposable, au titre d'un même exercice, dans la limite du montant du loyer acquis, ou de la quote-part du résultat de la copropriété, diminué du montant des autres charges afférentes à ces biens ou parts.

La limitation de l'amortissement prévue aux premier et troisième alinéas et du montant des déficits prévue au deuxième alinéa ne s'applique pas à la part de résultat revenant aux entreprises utilisatrices des biens, lorsque la location ou la mise à disposition n'est pas consentie indirectement par une personne physique.

2. En cas de location ou de mise à disposition sous toute autre forme de biens consentie directement ou indirectement par une personne physique, le montant de l'amortissement de ces biens ou parts de copropriété est admis en déduction du résultat imposable, au titre d'un même exercice, dans la limite du montant du loyer acquis, ou de la quote-part du résultat de la copropriété, diminué du montant des autres charges afférentes à ces biens ou parts.

3. L'amortissement régulièrement comptabilisé au titre d'un exercice et non déductible du résultat de cet exercice en application des 1 ou 2 peut être déduit du résultat des exercices suivants, dans les conditions et limites prévues par ces 1 ou 2.

Lorsque le bien cesse d'être donné en location ou mis à disposition pendant un exercice, l'amortissement non déductible en application des 1 ou 2 et qui n'a pu être déduit selon les modalités prévues au premier alinéa est déduit du bénéfice de cet exercice. Si ce bénéfice n'est pas suffisant pour que la déduction puisse être intégralement opérée, l'excédent d'amortissement est reporté et déduit des bénéfices des exercices suivants.

En cas de cession de ce bien, l'amortissement non déduit en application des 1 ou 2 majore la valeur nette comptable prise en compte pour le calcul de la plus-value ou de la moins-value de cession.

La fraction des déficits non admise en déduction en application du deuxième alinéa du 1 peut être déduite du bénéfice des exercices suivants sous réserve de la limite prévue au même alinéa au titre des douze premiers mois d'amortissement du bien.

Art. 39 G. – Pour l'application du 2° du 1 de l'article 39, les amortissements des immeubles ayant ouvert droit à la réduction d'impôt prévue à l'article 199 *sexvicies* ne sont admis en déduction du résultat imposable du bénéficiaire de cette réduction d'impôt qu'à hauteur de ceux pratiqués sur la fraction du prix de revient des immeubles excédant le montant retenu pour le calcul de cette réduction d'impôt.

Les 2 et 3 du II de l'article 39 C ne sont pas applicables à la part des amortissements qui n'a pas été admise en déduction du résultat imposable en application du premier alinéa.

Art. 151 *septies*. – I. – Les dispositions du présent article s'appliquent aux activités commerciales, industrielles, artisanales, libérales ou agricoles, exercées à titre professionnel.

II. – Les plus-values de cession soumises au régime des articles 39 *duodecies* à 39 *quindecies*, à l'exception de celles afférentes aux biens entrant dans le champ d'application du A de l'article 1594-0 G, et réalisées dans le cadre d'une des activités mentionnées au I sont, à condition que l'activité ait été exercée pendant au moins cinq ans, exonérées pour :

1° La totalité de leur montant lorsque les recettes annuelles sont inférieures ou égales à :

a) 250 000 euros s'il s'agit d'entreprises dont le commerce principal est de vendre des marchandises, objets, fournitures et denrées à emporter ou à consommer sur place ou de fournir le logement, à l'exclusion de la location directe ou indirecte de locaux d'habitation meublés ou destinés à être loués meublés, ou s'il s'agit d'entreprises exerçant une activité agricole ;

b) 90 000 euros s'il s'agit d'autres entreprises ou de titulaires de bénéfices non commerciaux ;

2° Une partie de leur montant lorsque les recettes sont supérieures à 250 000 euros et inférieures à 350 000 euros pour les entreprises mentionnées au *a* du 1° et, lorsque les recettes sont supérieures à 90 000 euros et inférieures à 126 000 euros, pour les entreprises mentionnées au *b* du 1°. Pour l'application de ces dispositions, le montant exonéré de la plus-value est déterminé en lui appliquant :

a) Pour les entreprises mentionnées au *a* du 1°, un taux égal au rapport entre, au numérateur, la différence entre 350 000 euros et le montant des recettes et, au dénominateur, le montant de 100 000 euros ;

b) Pour les entreprises mentionnées au *b* du 1°, un taux égal au rapport entre, au numérateur, la différence entre 126 000 euros et le montant des recettes et, au dénominateur, le montant de 36 000 euros.

Lorsque l'activité de l'entreprise se rattache aux deux catégories définies aux *a* et *b* du 1°, l'exonération totale n'est applicable que si le montant global des recettes est inférieur ou égal à 250 000 euros et si le montant des recettes afférentes aux activités définies au *b* du 1° est inférieur ou égal à 90 000 euros.

Lorsque ces conditions ne sont pas remplies, si le montant global des recettes est inférieur à 350 000 euros et si le montant des recettes afférentes aux activités définies au *b* du 1° est inférieur à 126 000 euros, le montant exonéré de la plus-value est déterminé en appliquant le moins élevé des deux taux qui aurait été déterminé dans les conditions fixées au 2° si l'entreprise avait réalisé le montant global de ses recettes dans les catégories visées au *a* du 1° ou si l'entreprise n'avait réalisé que des activités visées au *b* du 1°.

III. – Les plus-values réalisées à l'occasion de la cession de matériels agricoles ou forestiers par des entreprises de travaux agricoles ou forestiers sont exonérées dans les conditions applicables aux entreprises mentionnées au *a* du 1° du II. Un décret précise les modalités d'application du présent III.

IV. – Le montant des recettes annuelles s'entend de la moyenne des recettes, appréciées hors taxes, réalisées au titre des exercices clos, ramenés le cas échéant à douze mois, au cours des deux années civiles qui précèdent la date de clôture de l'exercice de réalisation des plus-values.

Pour les entreprises dont les recettes correspondent à des sommes encaissées, le montant des recettes annuelles s'entend de la moyenne des recettes, appréciées hors taxes, au cours des deux années civiles qui précèdent l'année de réalisation des plus-values.

Lorsque le contribuable exerce plusieurs activités, il est tenu compte du montant total des recettes réalisées dans l'ensemble de ces activités.

Il est également tenu compte des recettes réalisées par les sociétés mentionnées aux articles 8 et 8 *ter* et les groupements non soumis à l'impôt sur les sociétés dont il est associé ou membre, à proportion de ses droits dans les bénéfices de ces sociétés et groupements.

Pour l'application des troisième et quatrième alinéas, la globalisation des recettes est effectuée par catégorie de revenus.

Lorsque les plus-values sont réalisées par une société ou un groupement mentionnés au quatrième alinéa, le montant des recettes annuelles s'apprécie au niveau de la société ou du groupement.

V. – (...).

VI. – Les plus-values mentionnées aux II et III s'entendent des plus-values nettes déterminées après compensation avec les moins-values de même nature.

VII. – Les articles 150 U à 150 VH *[Note des auteurs : articles relatifs à l'imposition des plus-values à l'impôt sur le revenu lors d'une cession à titre onéreux de biens immobiliers ou droits relatifs à ces biens]* sont applicables aux plus-values réalisées lors de la cession de locaux d'habitation meublés ou destinés à être loués meublés et faisant l'objet d'une location directe ou indirecte lorsque cette activité n'est pas exercée à titre professionnel.

Art. 199 *sexvicies*. – I. – Les contribuables domiciliés en France au sens de l'article 4 B peuvent bénéficier d'une réduction d'impôt sur le revenu au titre de l'acquisition, à compter du 1er janvier 2009 et jusqu'au 31 décembre 2012, d'un logement neuf ou en l'état futur d'achèvement ou d'un logement achevé depuis au moins quinze ans ayant fait l'objet d'une réhabilitation ou d'une rénovation ou qui fait l'objet de travaux de réhabilitation ou de rénovation si les travaux de réhabilitation ou de rénovation permettent, après leur réalisation, de satisfaire à l'ensemble des performances techniques mentionnées au II de l'article 2 *quindecies* B de l'annexe III, qu'ils destinent à une location meublée n'étant pas exercée à titre professionnel et dont le produit est imposé dans la catégorie des bénéfices industriels et commerciaux lorsque ce logement est compris dans :

1° Un établissement mentionné aux 6° ou 7° du I de l'article L. 312-1 du Code de l'action sociale et des familles, une résidence avec services pour personnes âgées ou handicapées ayant obtenu l'agrément « qualité » visé à l'article L. 7232-1 du Code du travail ou l'ensemble des logements affectés à l'accueil familial salarié de personnes âgées ou handicapées, prévu par les articles L. 444-1 à L. 444-9 du Code de l'action sociale et des familles géré par un groupement de coopération sociale ou médico-sociale ;

2° Une résidence avec services pour étudiants ;

3° Une résidence de tourisme classée ;

4° Un établissement délivrant des soins de longue durée, mentionné au dixième alinéa du 3° de l'article L. 6143-5 du Code de la santé publique, et comportant un hébergement, à des personnes n'ayant pas leur autonomie de vie dont l'état nécessite une surveillance médicale constante et des traitements d'entretien.

II. – La réduction d'impôt est calculée sur le prix de revient des logements retenu pour sa fraction inférieure à 300 000 €. Lorsqu'elle est acquise au titre d'un logement achevé depuis au moins quinze ans et qui fait l'objet de travaux de réhabilitation, elle est calculée sur le prix d'acquisition majoré du montant de ces travaux.

Le taux de la réduction d'impôt est de 25 % pour les logements acquis en 2009 et en 2010, et de 18 % pour les logements acquis à compter de l'année 2011.

Toutefois, pour les logements acquis en 2012, le taux de la réduction d'impôt est de 14 %. Ces dispositions ne s'appliquent pas aux acquisitions pour lesquelles le contribuable justifie qu'il a pris, au plus tard le 31 décembre 2011, l'engagement de réaliser un investissement immobilier. Dans ce cas, la réduction d'impôt s'applique au taux en vigueur au 31 décembre 2011 pour les logements acquis en 2011. À titre transitoire, l'engagement de réaliser un investissement immobilier peut prendre la forme d'une réservation, à condition qu'elle soit enregistrée chez un notaire ou au service des impôts avant le 31 décembre 2011 et que l'acte authentique soit passé au plus tard le 31 mars 2012.

Lorsque le logement est détenu en indivision, chaque indivisaire bénéficie de la réduction d'impôt dans la limite de la quote-part du prix de revient, majoré le cas échéant des dépenses de travaux de réhabilitation, correspondant à ses droits dans l'indivision.

La réduction d'impôt est répartie sur neuf années.

Pour les logements acquis neufs, en l'état futur d'achèvement ou achevés depuis au moins quinze ans et ayant fait l'objet d'une réhabilitation, elle est accordée au titre de l'année d'achèvement du logement ou de celle de son acquisition si elle est postérieure, et imputée sur l'impôt dû au titre de cette même année puis sur l'impôt dû au titre de chacune des huit années suivantes à raison d'un neuvième de son montant total au titre de chacune de ces années.

Pour les logements achevés depuis au moins quinze ans et qui font l'objet de travaux de réhabilitation, elle est accordée au titre de l'année d'achèvement de ces travaux et imputée sur l'impôt dû au titre de cette même année puis sur l'impôt dû au titre de chacune des huit années suivantes à raison d'un neuvième de son montant total au titre de chacune de ces années.

Lorsque la fraction de la réduction d'impôt imputable au titre d'une année d'imposition excède l'impôt dû par le contribuable au titre de cette même année, le solde peut être imputé sur l'impôt dû au titre des années suivantes jusqu'à la sixième année inclusivement.

III. – Le propriétaire doit s'engager à louer le logement pendant au moins neuf ans à l'exploitant de l'établissement ou de la résidence. Cette location doit prendre effet dans le mois qui suit la date :

1° d'achèvement de l'immeuble ou de son acquisition si elle est postérieure, pour les logements acquis neuf ou en l'état futur d'achèvement ;

2° d'acquisition pour les logements neufs achevés depuis au moins quinze ans ayant fait l'objet d'une réhabilitation ;

3° d'achèvement des travaux pour les logements achevés depuis au moins quinze ans et qui font l'objet de travaux de réhabilitation.

En cas de non-respect de l'engagement de location ou de cession du logement, la réduction pratiquée fait l'objet d'une reprise au titre de l'année de la rupture de l'engagement ou de la cession. Toutefois, en cas d'invalidité correspondant au classement dans la deuxième ou la troisième des catégories prévues à l'article L. 341-4 du Code de la sécurité sociale, de licenciement ou de décès du contribuable ou de l'un des époux soumis à imposition commune, la réduction d'impôt n'est pas reprise.

La réduction n'est pas applicable au titre des logements dont le droit de propriété est démembré. Toutefois, lorsque le transfert de la propriété du bien ou le démembrement de ce droit résulte du décès de l'un des époux soumis à imposition commune, le conjoint survivant attributaire du bien ou titulaire de son usufruit peut demander la reprise à son profit, dans les mêmes conditions et selon les mêmes modalités, du bénéfice de la réduction prévue au présent article pour la période restant à courir à la date du décès.

IV. – Un contribuable ne peut, pour un même logement, bénéficier à la fois des réductions d'impôt mentionnées aux articles 199 *undecies* A et 199 *undecies* B et des dispositions du présent article.

Art. 261 D. – Sont exonérées de la taxe sur la valeur ajoutée :

1° à 3 ° (...)

4° Les locations occasionnelles, permanentes ou saisonnières de logements meublés ou garnis à usage d'habitation.

Toutefois, l'exonération ne s'applique pas :

a) Aux prestations d'hébergement fournies dans les hôtels de tourisme classés, les villages de vacances classés ou agréés et les résidences de tourisme classées lorsque ces dernières sont destinées à l'hébergement des touristes et qu'elles sont louées par un contrat d'une durée d'au moins neuf ans à un ou plusieurs exploitants qui ont souscrit un engagement de promotion touristique à l'étranger dans les conditions fixées par un décret en Conseil d'État ;

b) Aux prestations de mise à disposition d'un local meublé ou garni effectuées à titre onéreux et de manière habituelle, comportant en sus de l'hébergement au moins trois des prestations suivantes, rendues dans des conditions similaires à celles proposées par les établissements d'hébergement à caractère hôtelier exploités de manière professionnelle : le petit déjeuner, le nettoyage régulier des locaux, la fourniture de linge de maison et la réception, même non personnalisée, de la clientèle.

c) Aux locations de locaux nus, meublés ou garnis consenties à l'exploitant d'un établissement d'hébergement qui remplit les conditions fixées aux *a* ou *b*, à l'exclusion de celles consenties à l'exploitant d'un établissement mentionné à l'article L. 633-1 du Code de la construction et de l'habitation dont l'activité n'ouvre pas droit à déduction.

d) Aux prestations d'hébergement fournies dans les villages résidentiels de tourisme, lorsque ces derniers sont destinés à l'hébergement des touristes et qu'ils sont loués par un contrat d'une durée d'au moins neuf ans à un exploitant, dans des conditions fixées par décret en Conseil d'État.

Ces villages résidentiels de tourisme s'inscrivent dans une opération de réhabilitation de l'immobilier de loisirs définie par l'article L. 318-5 du Code de l'urbanisme.

Art. 885 O. – Sont également considérées comme des biens professionnels les parts de sociétés de personnes soumises à l'impôt sur le revenu visées aux articles 8 et 8 *ter* lorsque le redevable exerce dans la société son activité professionnelle principale.

Les parts détenues par le redevable dans plusieurs sociétés de personnes constituent un seul bien professionnel lorsque les sociétés ont des activités soit similaires, soit connexes et complémentaires.

Sont également considérées comme des biens professionnels les parts ou actions détenues par une personne mentionnée au premier alinéa du présent article dans une société soumise à l'impôt sur les sociétés si chaque participation, prise isolément, satisfait aux conditions prévues à l'article 885 O *bis* pour avoir la qualité de biens professionnels.

Art. 885 R. – Sont considérés comme des biens professionnels au titre de l'impôt de solidarité sur la fortune les locaux d'habitation loués meublés ou destinés à être loués meublés par des personnes louant directement ou indirectement ces locaux, qui, inscrites au registre du commerce et des sociétés en qualité de loueurs professionnels, réalisent plus de 23 000 euros de recettes annuelles et retirent de cette activité plus de 50 % des revenus à raison desquels le foyer fiscal auquel elles appartiennent est soumis à l'impôt sur le revenu dans les catégories des traitements et salaires, bénéfices industriels et commerciaux, bénéfices agricoles, bénéfices non commerciaux, revenus des gérants et associés mentionnés à l'article 62.

Art. 30 (CGI, ann. 2). – Les biens donnés en location sont amortis sur leur durée normale d'utilisation, quelle que soit la durée de la location.

ARTICLES DU CODE CIVIL

Art. 582. – L'usufruitier a le droit de jouir de toute espèce de fruits, soit naturels, soit industriels, soit civils, que peut produire l'objet dont il a l'usufruit.

Art. 589. – Si l'usufruit comprend des choses qui, sans se consommer de suite, se détériorent peu à peu par l'usage, comme du linge, des meubles meublants, l'usufruitier a le droit de s'en servir pour l'usage auquel elles sont destinées, et n'est obligé de les rendre à la fin de l'usufruit que dans l'état où elles se trouvent, non détériorées par son dol ou par sa faute.

Art. 1719. – Le bailleur est obligé, par la nature du contrat, et sans qu'il soit besoin d'aucune stipulation particulière :

1° De délivrer au preneur la chose louée et, s'il s'agit de son habitation principale, un logement décent. Lorsque des locaux loués à usage d'habitation sont impropres à cet usage, le bailleur ne peut se prévaloir de la nullité du bail ou de sa résiliation pour demander l'expulsion de l'occupant ;

2° D'entretenir cette chose en état de servir à l'usage pour lequel elle a été louée ;

3° D'en faire jouir paisiblement le preneur pendant la durée du bail ;

4° D'assurer également la permanence et la qualité des plantations.

Art. 1720. – Le bailleur est tenu de délivrer la chose en bon état de réparations de toute espèce.

Il doit y faire, pendant la durée du bail, toutes les réparations qui peuvent devenir nécessaires, autres que les locatives.

Art. 1721. – Il est dû garantie au preneur pour tous les vices ou défauts de la chose louée qui en empêchent l'usage, quand même le bailleur ne les aurait pas connus lors du bail.

S'il résulte de ces vices ou défauts quelque perte pour le preneur, le bailleur est tenu de l'indemniser.

Art. 1724. – Si, durant le bail, la chose louée a besoin de réparations urgentes et qui ne puissent être différées jusqu'à sa fin, le preneur doit les souffrir, quelque incommodité qu'elles lui causent, et quoiqu'il soit privé, pendant qu'elles se font, d'une partie de la chose louée.

Mais, si ces réparations durent plus de quarante jours, le prix du bail sera diminué à proportion du temps et de la partie de la chose louée dont il aura été privé.

Si les réparations sont de telle nature qu'elles rendent inhabitable ce qui est nécessaire au logement du preneur et de sa famille, celui-ci pourra faire résilier le bail.

Art. 1728. – Le preneur est tenu de deux obligations principales :

1° D'user de la chose louée en bon père de famille, et suivant la destination qui lui a été donnée par le bail, ou suivant celle présumée d'après les circonstances, à défaut de convention ;

2° De payer le prix du bail aux termes convenus.

Art. 1729. – Si le preneur n'use pas de la chose louée en bon père de famille ou emploie la chose louée à un autre usage que celui auquel elle a été destinée, ou dont il puisse résulter un dommage pour le bailleur, celui-ci peut, suivant les circonstances, faire résilier le bail.

Art. 1730. – S'il a été fait un état des lieux entre le bailleur et le preneur, celui-ci doit rendre la chose telle qu'il l'a reçue, suivant cet état, excepté ce qui a péri ou a été dégradé par vétusté ou force majeure.

Art. 1731. – S'il n'a pas été fait d'état des lieux, le preneur est présumé les avoir reçus en bon état de réparations locatives, et doit les rendre tels, sauf la preuve contraire.

Art. 1732. – Il répond des dégradations ou des pertes qui arrivent pendant sa jouissance, à moins qu'il ne prouve qu'elles ont eu lieu sans sa faute.

Art. 1735. – Le preneur est tenu des dégradations et des pertes qui arrivent par le fait des personnes de sa maison ou de ses sous-locataires.

Art. 1737. – Le bail cesse de plein droit à l'expiration du terme fixé, lorsqu'il a été fait par écrit, sans qu'il soit nécessaire de donner congé.

Art. 1738. – Si, à l'expiration des baux écrits, le preneur reste et est laissé en possession, il s'opère un nouveau bail dont l'effet est réglé par l'article relatif aux locations faites sans écrit.

Art. 1741. – Le contrat de louage se résout par la perte de la chose louée, et par le défaut respectif du bailleur et du preneur de remplir leurs engagements.

Art. 1754. – Les réparations locatives ou de menu entretien dont le locataire est tenu, s'il n'y a clause contraire, sont celles désignées comme telles par l'usage des lieux, et, entre autres, les réparations à faire :

Aux âtres, contre-cœurs, chambranles et tablettes de cheminées ;

Au recrépiment du bas des murailles des appartements et autres lieux d'habitation à la hauteur d'un mètre ;

Aux pavés et carreaux des chambres, lorsqu'il y en a seulement quelques-uns de cassés ;

Aux vitres, à moins qu'elles ne soient cassées par la grêle ou autres accidents extraordinaires et de force majeure, dont le locataire ne peut être tenu ;

Aux portes, croisées, planches de cloison ou de fermeture de boutiques, gonds, targettes et serrures.

Art. 1755. – Aucune des réparations réputées locatives n'est à la charge des locataires quand elles ne sont occasionnées.

Art. 1758. – Le bail d'un appartement meublé est censé fait à l'année, quand il a été fait à tant par an ;

Au mois, quand il a été fait à tant par mois ;

Au jour, quand il a été fait à tant par jour.

Si rien ne constate que le bail soit fait à tant par an, par mois ou par jour, la location est censée faite suivant l'usage des lieux.

Art. 1760. – En cas de résiliation par la faute du locataire, celui-ci est tenu de payer le prix du bail pendant le temps nécessaire à la relocation, sans préjudice des dommages et intérêts qui ont pu résulter de l'abus.

Art. 1844. – Tout associé a le droit de participer aux décisions collectives.

Les copropriétaires d'une part sociale indivise sont représentés par un mandataire unique, choisi parmi les indivisaires ou en dehors d'eux. En cas de désaccord, le mandataire sera désigné en justice à la demande du plus diligent.

Si une part est grevée d'un usufruit, le droit de vote appartient au nu-propriétaire, sauf pour les décisions concernant l'affectation des bénéfices, où il est réservé à l'usufruitier.

Les statuts peuvent déroger aux dispositions des deux alinéas qui précèdent.

RÉGIME SOCIAL DU LOUEUR EN MEUBLÉ

Circulaire RSI N° 2009/029 du 18 mai 2009

Textes de références : Loi n° 2008-1425 du 27 décembre 2008, CSS, art. L. 622-4.

À : Mesdames et Messieurs les Directeurs des caisses RSI / Mesdames et Messieurs les Agents comptables / Mesdames et Messieurs les Médecins conseils régionaux (…).

Loueurs en meublé – Affiliation des loueurs en meublé immatriculés au RCS auprès du RSI (groupe professionnel commerçant)

L'article 90 de la loi n° 2008-1425 de finances pour 2009 du 27 décembre 2008 modifie la définition fiscale des loueurs en meublé professionnels.

I. La définition fiscale du loueur en meublé professionnel :

La loi de finances pour 2009 a modifié la définition fiscale du loueur en meublé professionnel.

En effet, l'article 90 du texte dispose que : « L'activité de location directe ou indirecte de locaux d'habitation meublés ou destinés à être loués meublés est exercée à titre professionnel lorsque les trois conditions suivantes sont réunies :

1° Un membre du foyer fiscal au moins est inscrit au registre du commerce et des sociétés en qualité de loueur professionnel ;

2° Les recettes annuelles retirées de cette activité par l'ensemble des membres du foyer fiscal excèdent 23 000 € ;

3° Ces recettes excèdent les revenus du foyer fiscal soumis à l'impôt sur le revenu dans les catégories des traitements et salaires au sens de l'article 79, des bénéfices industriels et commerciaux autres que ceux tirés de l'activité de location meublée, des bénéfices agricoles, des bénéfices non commerciaux et des revenus des gérants et associés mentionnés à l'article 62. »

II. La condition d'assujettissement retenue par le RSI :

L'affiliation des loueurs en meublé auprès du RSI a entraîné plusieurs contentieux. L'étude de la jurisprudence, en la matière, met en exergue le fait que la Cour de cassation a statué en défaveur du RSI, dans les cas où l'activité de location meublée n'a pas fait l'objet d'une immatriculation au Registre du Commerce et des Sociétés.

À compter du 1er janvier 2009, la notion de loueur en meublé professionnel doit être entendue telle que définie par l'article 90 de la loi de finances pour 2009 au sens du droit fiscal.

L'autonomie du droit fiscal et la complexité de la définition de la location meublée professionnelle, notamment en matière de revenus, conduit le RSI à ne retenir qu'une des trois conditions visée par la loi de finances : l'immatriculation au Registre du Commerce et des Sociétés.

Ainsi, toute nouvelle immatriculation au Registre du Commerce et des Sociétés en qualité de loueur en meublé depuis le 1er janvier 2009 entraîne une affiliation auprès du RSI dans le groupe professionnel des commerçants.

En effet, l'immatriculation audit registre a pour effet l'assujettissement au RSI. L'article L. 622-4 du Code de la sécurité sociale dispose que : « Les professions industrielles et commerciales groupent toutes les personnes dont l'activité professionnelle comporte soit l'inscription au registre du commerce, soit l'assujettissement à la taxe professionnelle en tant que commerçant. »

S'agissant des travailleurs indépendants déjà affiliés au RSI en qualité de loueurs en meublé, leur affiliation doit être maintenue, sauf en cas de contestation et en l'absence d'immatriculation au Registre du Commerce et des Sociétés. La radiation est alors rétroactive au 1er janvier 2009.

Nous restons à votre disposition pour vous apporter tout complément d'information.

INSTRUCTIONS ADMINISTRATIVES

Extraits de l'instruction du 28 juillet 2009 – *BOI* 4 F-3-09

Inscription au registre du commerce et des sociétés (Sous-section 1)

11. Pour que la location meublée soit exercée à titre professionnel, il est nécessaire que l'un au moins des membres du foyer fiscal soit inscrit en qualité de loueur en meublé professionnel au Registre du Commerce et des Sociétés (RCS).

12. *A contrario*, la location meublée n'est jamais considérée comme exercée à titre professionnel lorsque aucun des membres du foyer fiscal n'est inscrit en qualité de loueur en meublé professionnel au RCS, et ce quand bien même les deux autres conditions rappelées au paragraphe n° 9 seraient satisfaites.

13. Il est rappelé qu'il y a lieu de reconnaître la qualité de loueurs en meublé professionnels aux personnes qui, remplissant par ailleurs les conditions relatives au montant des recettes, ne sont pas inscrites au Registre du Commerce et des Sociétés du seul fait du refus du greffe motivé par le caractère non commercial de l'activité. La preuve du motif de ce refus devra être apportée par le contribuable qui présentera à cet effet une copie de la décision du greffe (cf. documentation administrative 4 F 1113, n° 65).

14. Lorsque la location meublée est consentie par une société ou un groupement soumis au régime des sociétés de personnes ou une indivision, il n'est pas nécessaire que ses associés ou membres soient inscrits au RCS en leur nom dès lors que la société bailleresse ou l'indivision y est elle-même inscrite en qualité de loueur en meublé.

15. Lorsque l'un des membres du foyer fiscal est inscrit au RCS ou associé d'une société de personnes inscrite au RCS, la condition d'inscription au RCS est satisfaite pour l'ensemble des membres du foyer fiscal auquel il appartient.

Plus-values – Conséquences du changement de qualité – Loueurs en meublé professionnels (Chapitre 2 – Section 2 – [...])

50. Il est souligné que le passage de la qualité de loueur en meublé professionnel à celle de loueur en meublé non professionnel ne peut se présenter que pour les personnes dont l'un des membres du foyer fiscal est inscrit au RCS en qualité de loueur en meublé. En effet, les contribuables dont aucun des membres du foyer fiscal n'a effectué cette démarche sont toujours considérés comme des loueurs en meublé non-professionnels, quel que soit le montant des recettes qu'ils retirent de cette activité.

51. Le changement de qualité n'entraîne pas les conséquences fiscales d'une cessation d'activité au sens des articles 201 ou 202 *ter*.

52. En cas de cession d'immeuble par un contribuable ayant eu alternativement la qualité de loueur en meublé professionnel et de loueur en meublé non-professionnel, la plus-value afférente à cette cession est soumise au régime d'imposition applicable lors de la cession.

53. Le contribuable ne sachant pas nécessairement lors de la cession s'il sera considéré, au titre de l'année de cession, comme un loueur en meublé professionnel ou comme un loueur en meublé non professionnel, il pourra être admis que celui-ci soumette la plus-value aux règles qui découlent du statut qui était le sien l'année précédente et, si nécessaire, régularise le montant dû lors de l'imposition des revenus de l'année de cession. Sous réserve des cas visés à l'article 1729, cette régularisation pourra s'effectuer sans pénalités ni intérêts de retard.

54. Sauf dans l'hypothèse où le bien aurait figuré successivement dans le patrimoine privé puis dans le patrimoine professionnel du loueur en meublé, l'article 151 *sexies* n'est

pas applicable en cas de cession d'un bien par une personne ayant eu successivement la qualité de loueur en meublé non professionnel et de loueur en meublé professionnel.

55. Lorsque la plus-value relève du régime prévu aux articles 150 U à 150 VH, l'abattement pour durée de détention se calcule sur le nombre d'années de détention du bien depuis son acquisition. Dans cette hypothèse, une seule plus-value doit être déterminée selon les règles prévues aux articles 150 U à 150 VH, que l'immeuble ait ou non fait successivement partie du patrimoine privé et du patrimoine professionnel au sens de l'article 151 *sexies*.

Régime des micro-entreprises (Chapitre 3)

56. La location meublée, activité de fourniture de logement, relevait jusqu'en 2008 du seuil de 76 300 € et du taux d'abattement de 71 % pour l'application du régime des micro-entreprises.

57. À compter du 1er janvier 2009, les activités de location directe ou indirecte de locaux d'habitation meublés ou destinés à être loués meublés, autres que ceux mentionnés aux 1° à 3° du III de l'article 1407, relèvent, pour ce régime, du seuil de 32 000 € et du taux d'abattement de 50 % (1). Pour plus de précisions sur le régime des micro-entreprises, il conviendra de se reporter à l'instruction administrative 4 G-1-09 en date du 5 janvier 2009.

58. Les locaux mentionnés aux 1° à 3° du III de l'article 1407 sont :

– les locaux mis en location à titre de gîte rural ;

– les locaux mis en location en qualité de meublés de tourisme au sens de l'arrêté du 28 décembre 1976 relatif à la répartition catégorielle des meublés de tourisme et des Gîtes de France ;

– les chambres d'hôtes au sens de l'article L. 324-3 du Code du tourisme.

59. Pour plus de précisions sur ces différents types de logement, il conviendra de se reporter à l'instruction administrative 6 D-1-08 du 4 mars 2008, nos 18 et suivants.

60. Les revenus tirés des activités de location meublée de tels locaux continuent donc de relever, pour le régime des micro-entreprises, du seuil de 80 000 € et de l'abattement de 71 %, étant précisé qu'il n'est nullement requis que le local loué soit situé dans une zone de revitalisation rurale ou que d'autres prestations soient fournies ou proposées concomitamment à la location. Lorsque le contribuable change d'activité en cours d'année, pour passer d'une activité relevant du seuil de 32 000 € et du taux d'abattement de 50 % à une activité relevant du seuil de 80 000 € et du taux d'abattement de 71 %, ou inversement, il convient de comparer les recettes de chacune de ces périodes au seuil correspondant, ajusté *prorata temporis* et d'appliquer à ces recettes leur taux d'abattement respectif, étant précisé que le contribuable ne peut être admis au régime des micro-entreprises pour l'année considérée que dans le cas où aucune des deux limites n'a été franchie (cf. instruction administrative 4 G-2-99, paragraphe 21).

(...).

61. Pour les contribuables effectuant de la location en meublé de locaux relevant de seuils différents, les précisions données dans l'instruction administrative 4 G-2-99 (notamment nos 17 et 29) concernant les activités mixtes sont applicables.

---

(1) Il est précisé que l'article 90 de la loi de finances pour 2009 et l'article 15 de la deuxième loi de finances rectificative pour 2009 n'ont pas modifié les règles relatives au régime de la franchise en base de taxe sur la valeur ajoutée (articles 293 B et suivants).

Extraits de l'instruction administrative du 29 décembre 2009 – *BOI* 5 B-2-10

(...)

Modalités d'application de la réduction d'impôt (Section 1 : Fait générateur)

16. Le fait générateur de la réduction d'impôt, qui correspond à la première année au titre de laquelle elle est accordée, dépend de la nature de l'investissement. Il est indiqué dans le tableau ci-après :

Nature de l'investissement	Fait générateur
Acquisition d'un logement neuf achevé	Année d'acquisition. La date d'acquisition s'entend de la date de signature de l'acte authentique d'achat.
Acquisition d'un logement achevé depuis au moins quinze ans ayant fait l'objet d'une réhabilitation	
Acquisition d'un logement en l'état futur d'achèvement	Année d'achèvement du logement (voir n° 17. de la présente instruction).
Acquisition d'un logement achevé depuis au moins quinze ans ayant fait l'objet de travaux de réhabilitation	Année d'achèvement des travaux (la date d'achèvement des travaux est celle figurant sur l'état descriptif du logement après travaux prévu au n° 9. de la fiche n° 2 de la présente instruction).

17. Date d'achèvement du logement. Pour déterminer la date d'achèvement du logement ouvrant droit à la réduction d'impôt, il convient de se référer aux conditions d'application de l'exonération temporaire de taxe foncière sur les propriétés bâties pour les diverses catégories de constructions nouvelles, reconstructions et additions de construction, exposées dans la documentation de base (DB 6 C 1322).

Selon une jurisprudence constante du Conseil d'État, un logement est considéré comme achevé lorsque l'état d'avancement des travaux en permet une utilisation effective, c'est-à-dire lorsque les locaux sont habitables.

Tel est le cas, notamment, lorsque le gros œuvre, la maçonnerie, la couverture, les sols et les plâtres intérieurs sont terminés et les portes extérieures et fenêtres posées, alors même que certains aménagements d'importance secondaire et ne faisant pas obstacle à l'installation de l'occupant resteraient à effectuer (exemple : pose de papiers peints ou de moquette). Dans les immeubles collectifs, l'état d'avancement des travaux s'apprécie distinctement pour chaque appartement et non globalement à la date d'achèvement des parties communes.

(...)

Taux (Section 3)

20. Le taux de la réduction d'impôt diffère selon l'année de réalisation de l'investissement. Il est fixé à 25 %, pour les investissements réalisés en 2009 et 2010 et à 20 %, pour les investissements réalisés en 2011 et 2012.

21. Événement à retenir pour apprécier le taux applicable. La date de réalisation de l'investissement à retenir pour l'appréciation du taux applicable correspond à la date d'acquisition du logement, quelle que soit la nature de l'investissement. La date d'acquisition s'entend de celle correspondant à la date de signature de l'acte authentique (voir tableau ci-dessus).

Nature de l'investissement	Date de réalisation de l'investissement à retenir pour l'appréciation du taux applicable
Acquisition d'un logement neuf achevé	Année d'acquisition du logement. La date d'acquisition s'entend de celle de la signature de l'acte authentique d'achat.
Acquisition d'un logement achevé depuis au moins quinze ans ayant fait l'objet d'une réhabilitation	
Acquisition d'un logement en l'état futur d'achèvement	
Acquisition d'un logement achevé depuis au moins quinze ans ayant fait l'objet de travaux de réhabilitation	

La date d'acquisition s'entend de celle de la signature de l'acte authentique d'achat.

La date du fait générateur de la réduction d'impôt (voir n°s 16. et 17. de la présente instruction), c'est-à-dire celle à partir de laquelle le contribuable pourra effectivement bénéficier de la réduction d'impôt, diffère, dans certains cas, de la date à retenir pour l'appréciation du taux applicable. Ces deux dates ne coïncident en effet qu'en cas d'acquisition d'un logement neuf achevé ou d'un logement achevé depuis au moins quinze ans ayant fait l'objet d'une réhabilitation.

Ainsi, un contribuable qui acquiert en 2009 un logement en l'état futur d'achèvement dans une résidence avec services pour étudiants pourra bénéficier, toutes autres conditions étant par ailleurs remplies, de la réduction d'impôt au taux de 25 %, y compris si l'achèvement de ce logement n'intervient qu'à compter de 2011.

Extraits de l'instruction du 3 avril 2012 – *BOI* 5 B-16-12

(...)

Prorogation sous conditions de la réduction d'impôt pour les logements acquis avant le 1er janvier 2015

22. (...) La réduction d'impôt s'applique, toutes conditions étant par ailleurs remplies, aux acquisitions de logements éligibles réalisées du 1er janvier 2009 au 31 décembre 2012.

Par exception, le II de l'article 76 de la loi de finances pour 2012 (...), proroge, sous conditions, le bénéfice de cette réduction d'impôt pour les acquisitions réalisées avant le 1er janvier 2015.

Section 1 : Champ d'application de la prorogation de la réduction d'impôt

A. DISPOSITIONS COMMUNES

23. Nature des acquisitions. La prorogation s'applique à l'ensemble des types d'opérations éligibles à la réduction d'impôt « LMNP », c'est-à-dire aux acquisitions, réalisées avant le 1er janvier 2015, de logements :
- neufs achevés ;
- en l'état futur d'achèvement ;
- achevés depuis au moins quinze ans, ayant fait l'objet d'une réhabilitation ;
- achevés depuis au moins quinze ans, qui font l'objet de travaux de réhabilitation.

24. Acquisition au sein d'un ensemble immobilier entrant dans le champ d'application de la prorogation. Seuls les logements acquis au sein d'un ensemble immobilier entrant dans le champ d'application de la prorogation peuvent ouvrir droit au bénéfice de la réduction d'impôt sur la période prorogée.

L'ensemble immobilier se définit comme un ensemble d'immeubles soumis à un unique et même permis de construire ou situés sur un même ensemble foncier géré par une seule et même entité (copropriété, association foncière, ...).

Dans le cas de logements achevés depuis au moins quinze ans, l'ensemble immobilier peut également s'entendre comme un ensemble d'immeubles dont les travaux sont soumis à un unique et même permis de construire ou à une unique et même déclaration préalable.

Ainsi, et toutes conditions étant par ailleurs remplies (voir sur ce point n° 25. à 30. de la présente instruction), dès lors qu'au moins un logement a été acquis dans un ensemble immobilier avant, selon le type de logements concernés, le 30 juin 2012 (cf. nos 25. à 27.) ou le 1er janvier 2012 (cf. nos 28. à 30.), tous les autres logements du même ensemble immobilier sont éligibles à la réduction d'impôt.

B. LOGEMENTS ACQUIS NEUFS OU EN L'ÉTAT FUTUR D'ACHÈVEMENT

25. Logements acquis neufs ou en l'état futur d'achèvement. (...) La réduction d'impôt « Censi-Bouvard » est prorogée au titre des logements neufs ou en l'état futur d'achèvement acquis avant le 1er janvier 2015, ayant fait l'objet d'une demande de permis de construire avant le 1er janvier 2012 et faisant partie d'un ensemble immobilier dont un logement au moins a été acquis neuf ou en l'état futur d'achèvement au plus tard le 30 juin 2012.

26. Conditions d'éligibilité des logements à la prorogation du dispositif. La prorogation du bénéfice de la réduction d'impôt est réservée aux acquisitions de logements neufs ou en l'état futur d'achèvement réalisées du 1er janvier 2013 au 31 décembre 2014, pour lesquels :

– d'une part, une demande de permis de construire a été déposée avant le 1er janvier 2012. Toutefois, le dépôt ultérieur d'une demande de permis de construire modificatif ne remet pas en cause l'éligibilité des logements concernés ;

– d'autre part, au moins un logement a été acquis, au plus tard le 30 juin 2012, au sein du même ensemble immobilier. Cette condition s'apprécie à la date d'acquisition du premier logement au sein du même ensemble immobilier, soit à la date de signature de l'acte authentique d'achat dudit logement.

27. Modalités de justification. En complément des obligations déclaratives de droit commun relatives au bénéfice de la réduction d'impôt « Censi-Bouvard » (voir sur ce point, fiche n° 8 du *BOI* 5 B-2-10), dès lors que les logements ont été acquis neufs ou en l'état futur d'achèvement du 1er janvier 2013 au 31 décembre 2014, le contribuable doit justifier à la fois de la date du dépôt de la demande de permis de construire et qu'un premier logement a été acquis au plus tard le 30 juin 2012 au sein du même ensemble immobilier concerné. La preuve du respect de cette condition est apportée par tous moyens, notamment par la production d'une copie du récépissé du dépôt de la demande du permis de construire et d'un extrait du fichier immobilier tenu à la conservation des hypothèques attestant de l'acquisition d'un logement au plus tard le 30 juin 2012 ou d'une attestation du notaire ayant procédé à la vente d'un logement dans l'ensemble immobilier au plus tard à cette même date.

C. LOGEMENTS ACHEVÉS DEPUIS AU MOINS QUINZE ANS AYANT FAIT OU FAISANT L'OBJET DE TRAVAUX DE RÉHABILITATION

28. Logements achevés depuis au moins quinze ans ayant fait ou faisant l'objet de travaux de réhabilitation. (...) La prorogation de la réduction d'impôt « LMNP » s'applique aux logements achevés depuis au moins quinze ans, ayant fait l'objet ou faisant l'objet de travaux de réhabilitation et faisant partie d'un ensemble immobilier dont un logement au moins a été acquis avant le 1er janvier 2012 et qui a fait ou qui fait l'objet des mêmes travaux.

29. Conditions d'éligibilité des logements à la prorogation du dispositif. La prorogation du bénéfice de la réduction d'impôt est réservée aux acquisitions du 1er janvier 2013 au 31 décembre 2014 de logements achevés depuis au moins quinze ans, ayant fait l'objet ou faisant l'objet de travaux de réhabilitation, dès lors qu'au moins un logement a été acquis, avant le 1er janvier 2012, au sein du même ensemble immobilier et que ce logement a fait l'objet ou qu'il fait l'objet de ces mêmes travaux. Cette condition s'apprécie à la date d'acquisition du premier logement au sein du même ensemble immobilier concerné, soit à la date de signature de l'acte authentique d'achat de ce logement.

30. Modalités de justification. En complément des obligations déclaratives de droit commun relatives au bénéfice de la réduction d'impôt (voir sur ce point, fiche n° 8 du *BOI* 5 B-2-10), dès lors que les logements achevés depuis au moins quinze ans ont été acquis du 1er janvier 2013 au 31 décembre 2014 et qu'ils ont fait l'objet ou qu'ils font l'objet des travaux de réhabilitation, le contribuable doit justifier qu'un premier logement a été acquis avant le 1er janvier 2012 au sein du même ensemble immobilier et qu'il a fait ou qu'il fait l'objet de tels travaux. La preuve du respect de cette condition est apportée par tous moyens, notamment par la production d'une copie du récépissé du dépôt de la demande du permis de construire et d'un extrait du fichier immobilier tenu à la conservation des hypothèques attestant de l'acquisition d'un logement au plus tard le 1er janvier 2012 ou d'une attestation du notaire ayant procédé à la vente dans l'ensemble immobilier au plus tard à cette même date.

Section 2 : Modalités d'application de la prorogation de la réduction d'impôt

31. Période de prorogation du dispositif. La prorogation de la réduction d'impôt, quelle que soit la nature de l'investissement, concerne les acquisitions de logements réalisées du 1er janvier 2013 au 31 décembre 2014. La date d'acquisition s'entend de celle de la signature de l'acte authentique d'achat du logement concerné.

32. Respect des autres conditions d'application de la réduction. En tout état de cause, les logements acquis du 1er janvier 2013 au 31 décembre 2014 dans le cadre de la prorogation du dispositif doivent respecter l'ensemble des dispositions de droit commun de l'article 199 *sexvicies* du CGI (pour plus de précisions sur les conditions et modalités d'application de la réduction d'impôt, il convient de se reporter au *BOI* 5 B-2-10).

33. Taux applicable aux logements acquis en 2013 et 2014. Le taux de la réduction d'impôt applicable aux acquisitions de logements réalisées du 1er janvier 2013 au 31 décembre 2014, dans le cadre de la prorogation du dispositif, est celui en vigueur au 1er janvier 2012, soit 11 %.

BOI lié : 5 B-2-10

RÉPONSES MINISTÉRIELLES

Conséquences fiscales de la transformation d'une société de personnes

Question N° 12096 de M. Christian Kert.

Publiée au *JO* le 4 décembre 2007, page 7585 ; Réponse publiée au *JO* le 3 juin 2008, page 4679.

Texte de la question

M. Christian Kert attire l'attention de Mme la ministre de l'Économie, des Finances et de l'Emploi sur les conséquences fiscales de la transformation d'une société de personnes. En effet, il résulte de l'article 202 *ter*, I du CGI, que le changement de régime fiscal ou le changement d'objet social ou d'activité réelle d'une entreprise relevant du régime des sociétés de personnes entraîne les conséquences fiscales de la cessation d'entreprises. Or, selon la doctrine administrative, les conséquences fiscales de la cessation d'activités ne s'appliquent que si les changements portent sur l'activité réelle et si ils sont profonds (Doc. adm. 4 A-6123, n°s 88, 28 et 30). Aussi, il lui demande, lorsque une SARL soumise à l'impôt sur le revenu (art. 8 et 8 *ter* du CGI), exerçant une activité de location meublée et aménagée, souhaite exercer une activité de location d'immeubles nus et se transformer en SCI tout en restant au même régime fiscal, si ce changement entraîne les conséquences fiscales d'une cessation d'entreprise. De même, la transformation de la SARL en SCI accompagnant ce changement d'activité entraîne-t-elle également la création d'une personne morale nouvelle. La même question est posée dans la situation inverse.

Texte de la réponse

En application de l'article 202 *ter* du Code général des impôts (CGI), lorsqu'une société soumise au régime des sociétés de personnes défini aux articles 8 à 8 *ter* du même code cesse d'être soumise à ce régime, les conséquences fiscales de la cessation d'entreprise lui sont applicables. À cet égard, il convient de préciser que la transformation d'une société en une forme différente de celle sous laquelle elle avait été constituée n'emporte aucune conséquence fiscale dès lors qu'elle n'entraîne pas la création d'une personne morale nouvelle et ne se traduit pas par un changement de régime fiscal. En effet, la transformation régulière d'une société en société d'une autre forme, qu'elle soit civile ou commerciale, n'emporte pas création d'une personne morale nouvelle (art. 1844-3 du Code civil). En l'occurrence, la transformation d'une SARL de famille soumise à l'impôt sur le revenu en une SCI soumise au même régime n'entraîne pas la création d'une personne morale nouvelle et n'emporte pas les conséquences fiscales de la cessation d'entreprise. Il en va de même de la transformation d'une SCI soumise à l'impôt sur le revenu en une SARL de famille soumise au même régime. Par ailleurs, le passage d'une activité de location meublée et aménagée à une activité de location nue n'emporte les conséquences de la cessation d'entreprise que si ce passage est assimilé à un changement d'activité réelle au sens du I de l'article 202 *ter* du CGI. Cette assimilation repose sur l'analyse d'éléments de fait, permettant de déterminer l'importance des changements apportés. Il n'est par conséquent pas possible d'apporter une réponse d'ordre général sur les conséquences fiscales d'un tel changement d'activité. Il est en revanche précisé que le passage d'une activité de location nue exercée par une SCI à une activité de location meublée et aménagée exercée par une SARL de famille ayant opté pour le régime des sociétés de personnes n'emporte pas en tant que telles conséquences de la cessation d'entreprise. Ces conséquences ne sont en effet encourues par une société exerçant une activité de nature civile et patrimoniale que dans les cas visés au II de l'article 202 *ter* du CGI, qui n'incluent pas la notion de changement d'activité réelle.

Exonération des loueurs en meublé professionnels à l'impôt de solidarité sur la fortune

Question N° 93820 de M. Bobe Jacques.

Publiée au *JO* le 9 mai 2006, page 4838 ; Réponse publiée au *JO* le 1er août 2006, page 8095.

Texte de la question

M. Jacques Bobe attire l'attention de M. le ministre de l'Économie, des Finances et de l'Industrie sur les modalités d'application de l'article 885 R du CGI lorsque dans un couple marié chacun des époux exerce l'activité de loueur en meublé professionnel pour les immeubles dont il est propriétaire. Même si chaque époux est immatriculé au Registre du Commerce et des Sociétés et réalise plus de 23 000 € de recettes annuelles, il semble qu'un seul peut en réalité prétendre au bénéfice de l'exonération d'impôt de solidarité sur la fortune au titre des biens professionnels ; en effet seul celui dont les recettes sont les plus importantes retire plus de 50 % des revenus du foyer fiscal lorsque ces revenus ne sont alimentés que par ces recettes. Il lui demande de lui confirmer que telle est bien l'application de l'article précité. Dans l'affirmative, soulignant le caractère pénalisant de cette mesure, il souhaite savoir quelles modifications sont envisagées pour permettre de conférer le caractère de bien professionnel à l'ensemble des locaux en application de l'article 885 N du CGI.

Texte de la réponse

Il résulte des dispositions de l'article 885 E du Code général des impôts (CGI) que l'assiette de l'impôt de solidarité sur la fortune (ISF) est constituée par la valeur nette, au 1er janvier de l'année d'imposition, de l'ensemble des biens, droits et valeurs imposables appartenant au foyer fiscal, soumis à cet impôt. Par exception, l'article 885 R du CGI qualifie de biens professionnels exonérés à ce titre d'ISF, les locaux d'habitation meublés ou destinés à être loués meublés par des personnes, qui, inscrites au registre du commerce et des sociétés en qualité de loueur professionnel, réalisent plus de 23 000 millions d'euros de recettes annuelles et retirent de cette activité plus de 50 % des revenus à raison desquels le foyer fiscal auquel elles appartiennent est soumis à l'impôt sur le revenu dans les catégories des traitements et salaires, bénéfices industriels et commerciaux, bénéfices agricoles, bénéfices non commerciaux, revenus des gérants et associés mentionnés à l'article 62 du CGI. Ce dispositif, institué en 1981 et modifié par la loi de finances de 1999, institue une différence de traitement fiscal entre les loueurs meublés professionnels et les loueurs de meublés qui exerceraient cette activité de façon adjacente, dans le seul but d'exonérer de l'ISF certains immeubles qu'ils détiennent. Par conséquent, seuls les locaux loués meublés, qui sont source de revenus pour le foyer au sens de l'article 885 R précité et non de déficits, sont éligibles au régime des biens professionnels. Ainsi, la condition de seuil de 50 % n'a de pertinence que par comparaison des revenus issus de la location meublée avec d'autres revenus catégoriels. En présence d'une activité de loueur en meublés générant des recettes annuelles supérieures à 23 000 millions d'euros mais dont le résultat est déficitaire, la condition de seuil de 50 % du revenu ne peut être considérée comme remplie. Cependant, cette lecture peut paraître stricte pour un redevable bénéficiaire de l'exonération en tant que loueur en meublés professionnel qui perdrait son exonération, temporairement, à l'occasion de la réalisation de travaux sur les locaux les rendant indisponibles pour la location. Pour remédier à cet inconvénient, et éviter que ce dispositif destiné à lutter contre les abus ne se transforme en une mesure disproportionnée au regard de son objectif, une réflexion va être engagée sur l'aménagement des conditions d'éligibilité de l'article 885 R du CGI.

Exonération des loueurs en meublé professionnels à l'impôt de solidarité sur la fortune

Question N° 114639 de M. Kert Christian.

Publiée au *JO* le 26 décembre 2006, page 13466 ; Réponse publiée au *JO* le 6 mars 2007, page 2426.

Texte de la question

M. Christian Kert attire l'attention de M. le ministre de l'Économie, des Finances et de l'Industrie sur le statut de loueur en meublé professionnel au regard de l'impôt de solidarité sur la fortune. L'article 885 R du CGI cite trois conditions cumulatives pour que les locaux d'habitation loués meublés soient considérés comme des biens professionnels : le loueur doit être inscrit au Registre du Commerce et des Sociétés en qualité de loueur professionnel, il doit réaliser plus de 23 000 euros de recettes annuelles au titre de la location meublée, et il doit retirer de cette activité plus de 50 % des revenus professionnels du foyer fiscal. Or, la doctrine administrative relative à l'ISF ne semble pas suffisamment précise quant au calcul du revenu tiré de la location meublée. S'agit-il du revenu net tiré de la location meublée ? La définition du revenu net est la suivante : « excédent du produit brut sur les dépenses effectuées (charges décaissées) en vue de l'acquisition ou de la conservation du revenu ». Étant donné que l'amortissement n'est pas une charge effectivement décaissée, doit-on le prendre en considération pour déterminer le résultat issu de ce type de location (revenu qui sera ensuite comparé aux autres revenus professionnels du contribuable pour déterminer s'il représente plus de

50 % des revenus professionnels) ? La réponse à cette interrogation entre revenu net ou revenu prenant en compte les amortissements permettra aux assujettis de s'assurer de la situation de leurs immeubles loués meublés au regard de l'ISF.

Texte de la réponse

Il résulte des dispositions de l'article 885 E du Code général des impôts (CGI) que l'assiette de l'impôt de solidarité sur la fortune (ISF) est constituée par la valeur nette, au 1er janvier de l'année d'imposition, de l'ensemble des biens, droits et valeurs imposables appartenant au foyer fiscal, soumis à cet impôt. Par exception, l'article 885 R du CGI qualifie de biens professionnels exonérés à ce titre d'ISF, les locaux d'habitation meublés ou destinés à être loués meublés par des personnes, qui, inscrites au registre du commerce et des sociétés en qualité de loueur professionnel, réalisent plus de 23 000 euros de recettes annuelles et retirent de cette activité plus de 50 % des revenus à raison desquels le foyer fiscal auquel elles appartiennent, est soumis à l'impôt sur le revenu dans les catégories des traitements et salaires, bénéfices industriels et commerciaux, bénéfices agricoles, bénéfices non commerciaux, revenus des gérants et associés mentionnés à l'article 62 du CGI. Ce dispositif institue une différence de traitement fiscal entre les loueurs de meublés professionnels et les loueurs de meublés qui exerceraient cette activité de façon adjacente, pour exonérer de l'ISF certains immeubles qu'ils détiennent. Par conséquent, seuls les locaux loués meublés, qui sont source de revenus pour le foyer au sens de l'article 885 R du CGI, sont éligibles au régime des biens professionnels. Pour apprécier la condition de seuil de 50 % des revenus à raison desquels le foyer fiscal est soumis à l'impôt sur le revenu dans les catégories des traitements et salaires, bénéfices industriels et commerciaux, bénéfices agricoles, bénéfices non commerciaux, revenus des gérants et associés mentionnés à l'article 62 du CGI, il convient de retenir le bénéfice industriel et commercial net annuel dégagé par l'activité de location meublée, afin de permettre la comparaison avec l'ensemble des revenus professionnels du foyer fiscal, y compris le bénéfice tiré de la location. Le bénéfice imposable au titre des bénéfices industriels et commerciaux, à retenir pour l'établissement de l'impôt sur le revenu, est le bénéfice net déterminé dans les conditions prévues au 2 de l'article 38 du CGI. Par conséquent, ce bénéfice, conformément aux règles comptables et fiscales de droit commun, s'entend de l'excédent des valeurs d'actif sur le total formé au passif par les créances des tiers, les amortissements et les provisions justifiés.

Exonération des loueurs en meublé professionnels à l'impôt de solidarité sur la fortune

Question écrite N° 00991 de M. François Zocchetto.

Publiée dans le *JO* Sénat du 25 juillet 2002, page 1679.

M. François Zocchetto attire l'attention de M. le ministre délégué au budget et à la réforme budgétaire sur le régime fiscal de l'ISF applicable aux loueurs de meublé professionnels. Pourrait-il en effet lui préciser si, dans le cadre de l'exploitation par une SARL de famille de logements loués en meublés professionnels, les parts détenues par les associés, autres que le (la) gérant(e) sont soumises à l'impôt sur la fortune.

Réponse du Ministère délégué au budget et à la réforme budgétaire

Publiée dans le *JO* Sénat du 24 octobre 2002, page 2467.

Il résulte des dispositions de l'article 885 E du Code général des impôts que l'assiette de l'impôt de solidarité sur la fortune est constituée par la valeur nette, au 1er janvier de l'année d'imposition, de l'ensemble des biens, droits et valeurs imposables appartenant au foyer fiscal, soumis à cet impôt. Par exception, l'article 885 R du Code général des impôts qualifie de biens professionnels exonérés à ce titre d'impôt de solidarité sur la fortune les locaux d'habitation loués meublés ou destinés à être loués meublés par des personnes qui, inscrites au Registre du Commerce et des Sociétés en qualité de loueur professionnel, réalisent plus de 23 000 euros de recettes annuelles et retirent de cette activité plus de 50 % des revenus à raison desquels le foyer fiscal auquel elles appartiennent est soumis à l'impôt sur le revenu dans les catégories des traitements et salaires, bénéfices industriels et commerciaux, bénéfices agricoles, bénéfices non commerciaux, revenus des gérants et associés mentionnés à l'article 62. Ce dispositif d'exception s'applique aux seuls locaux d'habitation loués meublés détenus directement par le redevable. Par suite, dans l'hypothèse envisagée de la détention et de l'exploitation des locaux loués meublés par une SARL de famille, la participation des associés dans cette société est imposable à l'impôt de solidarité sur la fortune dans les conditions de droit commun à l'exception effectivement des parts détenues par la gérante dès lors que les conditions prévues aux articles 885 O ou 885 O *bis* du Code général des impôts sont remplies.

Adresses utiles

L'ANIL
Agence Nationale pour l'Information sur le Logement
http://www.anil.org
Informations et documentations gratuites sur le logement
ADIL PARIS : *contact@adil75.org*
46 *bis*, boulevard Edgar Quinet, 75014 PARIS
Tél. : 01 42 79 50 50

Legifrance.gouv.fr
Service public de diffusion du droit par l'Internet ; donne accès au droit français : textes publiés au *Journal officiel*, aux conventions collectives et à la jurisprudence des cours et tribunaux. Il donne également accès aux normes émises par les institutions européennes, aux traités et accords internationaux liant la France. Pour le droit français, trois modes de recherche sont proposés : thématique (dès la page d'accueil), simple et expert (après sélection du type de norme recherché).
http://www.legifrance.gouv.fr/

L'ANAH
Agence Nationale de l'habitat du parc privé
http://www.anah.fr
L'ANAH est un établissement public d'État créé en 1971. Elle a pour mission de mettre en œuvre la politique nationale de développement et d'amélioration du parc de logements privés existants.
Pour atteindre cet objectif, elle encourage l'exécution de travaux en accordant des subventions aux propriétaires occupants, aux propriétaires bailleurs de logements locatifs et aux copropriétaires. Sa vocation sociale l'amène à se concentrer sur les publics les plus modestes.
Contact : 8, avenue de l'Opéra, 75001 – PARIS
Numéro indigo : 0820 15 15 15 (0,15 €/mn)

Chambre des notaires
Paris : *http://www.paris.notaires.fr/*
Province : *http://www.immobilier.notaires.fr*
Informations générales, calcul des frais immobiliers…
Contact : 12, avenue Victoria – 75001 PARIS
Tél. : 01 44 82 24 00

UNPI
Union Nationale de la Propriété Immobilière
http://www.unpi.org
Créée en 1893, l'Union Nationale de la Propriété Immobilière est une association loi 1901 qui regroupe 120 chambres syndicales réparties sur l'ensemble du territoire et rassemble près de 250 000 adhérents (bailleurs, propriétaires occupants d'immeubles bâtis ou propriétaires fonciers, copropriétaires, logements et commerces…).
Coordonnées : 11, quai Anatole France, 75007 PARIS
Tél. : 01 44 11 32 42 / Fax : 01 45 56 03 17

Labels touristiques
Fédération Nationale des Gîtes de France
http://www.gites-de-france.com
info@gites-de-france.fr
56, rue Saint-Lazare, 75439 PARIS cedex 9
Tél. : +33 (0)1 49 70 75 75

Fédération Nationale des Locations de France Clévacances
http://www.clevacances.com
54, boulevard de l'Embouchure, BP 22361, 31022 TOULOUSE cedex 2
Tél. : 05 32 10 82 30 / Fax : 05 32 10 82 39

Fédération Nationale de l'Accueil Paysan
http://accueil-paysan.com
9, avenue Paul Verlaine – 38100 GRENOBLE
Tél. : 04 76 43 44 83

Bienvenue à la ferme
http://www.bienvenue-a-la-ferme.com
9, avenue George V, 75008 PARIS
Tél. : 01 53 57 11 50 / Fax : 01 53 57 10 04

Rando-accueil
http://www.rando-accueil.com
info@rando-accueil.com

Index alphabétique

(Les numéros renvoient aux paragraphes)

A

Amortissement, 152 à 159, 161, 184, 194, 195, 225.
Auto-entrepreneur, 219, 231.

B

Bail commercial, 13, 21, 28, 105, 107, 124 à 126, 128 à 130, 132, 207.
Bail de location meublée, 128.
Biens professionnels (ISF), 195, 199.

C

Caravanes, 11, 20, 215.
Censi-Bouvard, 194.
Centre de gestion agrée, 144
CET, 218, 221.
CFE, 218 et 219, 238, 249.
Chambres d'hôte, 143.
Charges locatives, 120.
CMU, 254.
Code de la construction et de l'habitation, 107, 110.
Cotisations sociales, 230, 232, 234 et 235, 240, 244, 246, 250, 253.
Contribution sur les Revenus Locatifs (CRL), 226.
Contribution exceptionnelle sur les hauts revenus, 228.
CVAE, 218.

D

Décence, 9, 109, 111, 133.
Déficits, 41, 50, 55, 58, 136, 138, 140 et 141, 150, 161, 175, 183 à 187, 192 et 193.
Démembrement, 34, 39, 55.
Dépôt de garantie, 24, 116, 121, 129.
Donation, 33, 34, 36, 163 à 165.
Droits de succession, 163 à 165.
Droits de vote, 53, 54, 58.

E

Éviction, 29, 130 et 131.
EURL, 43, 137.

F

Frais d'acquisition, 152, 159 à 161, 184.
Frais d'établissement, 162.

G

Gérant, 140, 175, 195, 197, 230, 238, 253.
Gites ruraux, 19, 139, 145, 146, 182, 212, 225, 232, 249.

H

Habitations légères de loisirs, 20.

I

ISF, 170, 195 à 197, 199 et 200.

L

La loi SRU, 111.
Linge, 11, 17, 18, 28, 140, 172, 202, 206.
LMNP, 136, 145, 161, 174, 180, 186, 187 à 189, 192 et 193.
LMP, 136, 145, 172, 174 à 178, 180 à 186, 188 et 189, 192 et 193, 195, 197.

M

Madelin, 251.
MAPAD, 14.
Meublés de tourisme, 17, 145, 146, 182, 212, 223, 249.
Micro-entreprises, 143, 145 à 147, 149, 182.
Mobilier, 112 et 113, 117, 132, 42, 51, 58, 159, 184, Ann. 2.
Mobil-homes, 11, 20.

O

Obligations comptables et déclaratives, 146, 148, 150.

P

Petit déjeuner, 140, 143, 202, 206, 215.
Plus-values, 33, 152, 170, 175 et 176, 179 à 182, 187, 189, 191, 235.
Préavis, 105, 116, 118, 123.
Prélèvements sociaux, 141, 189 et 190, 253.
Prestations de services, 140, 145, 146 à 149, 182, 249.
Professions réglementées, 106.

R

RCS, 171 et 172, 174, 178, 188, 196, 200, 230 et 231.
Règlement de copropriété, 12, 108, 132.
Renouvellement du bail, 131.
Résidence de tourisme, 12, 29, 126, 194, 204, 205.
Résidence principale, 105, 107, 115, 118, 122 et 123, 142, 207, 219, 230, Ann. 1.1.
RSI, 147, 149, 230 et 231, 238 à 242, 247, 250.

S

SARL de famille, 44, 49, 51 et 52, 55, 57 et 58, 141, 183, 190, 192, 199, 250.
Société Anonyme (SA), 41, 58.
Société Civile Immobilière (SCI), 42 à 45, 141.
Société en Nom Collectif (SNC), 45, 46, 141, 191, 230.
Société par Actions Simplifiée (SAS), 41, 58.

T

Taxe d'habitation, 222 à 224.
Taxe foncière, 225.
Taxe sur les loyers élevés, 227.
Terrain, 5, 6, 66, 89, 158, 195.
Transmission, 52, 53, 163, 164, 166, 167.
Translucidité, 44, 50, 51, 141, 144, 159.
TVA, 13, 21, 145, 152, 201, 201 à 205, 207 à 210, 215 et 216, 226.

U

Usufruit, 33 et 34, 39, 53, 56.

V

Villages résidentiels de tourisme, 208.

Table des matières

Liste des abréviations VII
Préface IX

Première partie

PROPOS INTRODUCTIFS

Chapitre 1 : L'opportunité d'un investissement immobilier 3

§ 1. – La question de l'opportunité d'un investissement dans l'immobilier de rapport 3
§ 2. – Les critères de sélection de l'investissement immobilier 4
A. – La situation géographique du bien 4
B. – Les facteurs physiques de la valeur 5
C. – Les facteurs juridiques de la valeur 5
D. – Les facteurs économiques et sociologiques de la valeur 6
§ 3. – Le choix du cadre fiscal 7

Chapitre 2 : L'opportunité d'un investissement en location meublée 9

§ 1. – Définition 9
§ 2. – Les principaux avantages de la location meublée 10
§ 3. – L'offre de location en meublé 10
A. – Des offres variées 10
B. – Spécificités des résidences de tourisme classées 11
C. – Spécificités des Établissements d'hébergement pour personnes âgées dépendantes (EHPAD) 12
D. – Spécificités des activités de location saisonnière 12
§ 4. – Louer « en direct » ou à un exploitant de résidence 17
A. – L'investissement « en direct » 18
B. – Opter pour un investissement « clés en main » en louant à un exploitant de résidence 21

Deuxième partie

CARACTÉRISTIQUES JURIDIQUES DE LA LOCATION MEUBLÉE

Chapitre 1 : L'organisation de la détention du bien immobilier 27

§ 1. – Les différents modes légaux d'appropriation collective des biens 27
A. – Le régime légal de l'indivision 27
B. – Le régime du démembrement de propriété 29
C. – Acquisition/détention de l'immeuble par un couple marié ou pacsé 30
§ 2. – Les aménagements conventionnels 31
A. – L'indivision conventionnelle 32
B. – La convention de démembrement 32
C. – L'adaptation de la convention matrimoniale 33
§ 3. – Le recours à une société 33
A. – L'exclusion de la société civile 34
B. – La SARL de famille, hypothèse de l'investissement familial 39
C. – Formes de sociétés retenues en cas de co-investissement non familial 43

Chapitre 2 : L'acte d'acquisition et les facteurs juridiques de la valeur 45

§ 1. – L'assurance d'une propriété efficace 46
A. – Le mode de détention du bien par le vendeur – l'organisation de l'ensemble immobilier 46
B. – Le droit de propriété 47
C. – Les servitudes de droit privé 48
D. – La situation hypothécaire 49
E. – La règlementation d'urbanisme – servitudes d'utilité publique 49
§ 2. – La vérification de la conformité administrative de l'immeuble 50
A. – Les autorisations administratives liées à l'utilisation et à l'affectation de l'immeuble 50
B. – Les autorisations administratives liées à la construction 51
C. – Les règlementations particulières liées à la nature de l'actif immobilier 56
§ 3. – La situation sanitaire et technique du bien immobilier 60
A. – Amiante 60
B. – Plomb 61
C. – Termites 61
D. – Diagnostic de l'état de l'installation intérieure de gaz 62
E. – Diagnostic de l'état de l'installation intérieure d'électricité 62
F. – Diagnostic de performance énergétique (DPE) 62
G. – État de prévention des risques naturels et technologiques (ERNT) 62
H. – Assainissement 63
I. – Dossier d'intervention ultérieure sur l'ouvrage (DIUO) 64
J. – Lutte contre la légionellose 65
K. – Indication et garantie de la superficie du lot 65

Chapitre 3 : Conditions juridiques du régime de la location en meublé 67

§ 1. – Location en meublé et résidence principale 67
§ 2. – Les professions réglementées 68
§ 3. – L'autorisation de louer un logement en meublé 68
A. – L'usage du bien 68
B. – Le règlement de copropriété 69

§ 4. – Les caractéristiques du logement 70
A. – Qualification d'un local d'habitation 70
B. – Critère de décence 70
§ 5. – Caractéristiques du mobilier 72

Chapitre 4 : Le contrat de bail en matière de location meublée 75

§ 1. – Qualification du contrat 75
A. – Le bail de location meublé 75
B. – Le bail commercial 78
§ 2. – Obligations réciproques des parties 81
A. – Les obligations du propriétaire bailleur 81
B. – Les obligations du locataire, preneur à bail 82

Troisième partie
CARACTÉRISTIQUES FISCALES DE LA LOCATION MEUBLÉE

Chapitre 1 : Règles communes à tous les loueurs en meublé 87

§ 1. – Définition et règles générales applicables aux bénéfices industriels et commerciaux 87
§ 2. – La qualification de location en meublé 88
A. – Une location à caractère habituel avec un minimum d'habitabilité 88
B. – Incidences de la présence de prestations de services 89
§ 3. – L'imposition des revenus 91
A. – Impôt sur le revenu ou impôt sur les sociétés ? 91
B. – Certaines locations sont exonérées d'impôt sur le revenu 92
C. – Les différents régimes d'imposition 93
D. – Règles spécifiques des locations saisonnières 97
§ 4. – L'amortissement de l'immeuble face aux nouvelles normes comptables 98
A. – L'amortissement des biens immobiliers et du mobilier 98
B. – Nouveauté du plan comptable général 99
C. – L'approche par composants 99
D. – L'amortissement au plan fiscal 100
E. – Valeur et durée d'utilité des composants des immeubles 101
F. – Le report des amortissements et leur limitation 104
§ 5. – Les frais et droits d'acquisition 105
§ 6. – Les frais d'établissement 106
§ 7. – Location meublée et droits de mutation à titre gratuit 106
A. – Paiement fractionné et différé des droits de succession ou donation 106
B. – Réduire le coût fiscal de sa transmission avec un engagement de conservation 107
§ 8. – Les obligations fiscales déclaratives des loueurs en meublé 109
A. – La déclaration préalable d'existence 108
B. – Les autres obligations déclaratives 109

Chapitre 2 : Règles spécifiques à la Location en Meublé Professionnelle (LMP) 111

§ 1. – Une définition profondément remaniée 111
A. – Un membre du foyer fiscal au moins est inscrit au registre du commerce et des sociétés (RCS) en qualité de loueur professionnel 112
B. – Les recettes annuelles retirées de cette activité par l'ensemble des membres du foyer fiscal excèdent 23 000 € (« montant minimal de recettes ») 112
C. – Ces mêmes recettes excèdent les revenus d'activité et de remplacement du foyer fiscal (« prépondérance des recettes de location ») 113
§ 2. – Régime de droit commun et cas d'exonération des plus-values de cession 115
A. – Condition de durée d'activité 116
B. – Condition de recettes 117
§ 3. – Le traitement avantageux des déficits 118
A. – Possibilité d'imputer les déficits sur le revenu global 118
B. – Les charges engagées avant le début d'activité sont déductibles 119

Chapitre 3 : Règles spécifiques à la Location en Meublé Non Professionnelle (LMNP) 121

§ 1. – Une définition liée au non-respect des conditions de la LMP 121
§ 2. – Le régime fiscal de la LMNP 122
A. – Régime des plus-values immobilières des particuliers 122
B. – L'imputation des déficits en LMNP 124
C. – Possibilité d'opter pour une réduction d'impôt inspirée du dispositif Scellier (loi Censi-Bouvard) 125

Chapitre 4 : Les autres taxes applicables aux loueurs en meublé 129

§ 1. – L'impôt de solidarité sur la fortune (ISF) et les possibilités d'exonération 129
A. – Condition d'inscription au RCS et seuil de 23 000 € de recettes annuelles 130
B. – Seuil de 50 % des revenus du foyer 130
C. – Que dire en cas de location indirecte (société) ? 131
D. – Les loueurs en meublé non professionnels et l'ISF 132
§ 2. – La question de la TVA 132
A. – Locations imposables à la TVA 132
B. – Règle d'imposition et taux de TVA applicable 137
C. – Locations exonérées de TVA 139
D. – Taxe de séjour et TVA 139
§ 3. – La contribution économique territoriale (CET) 140
A. – La cotisation foncière des entreprises 140
B. – La cotisation sur la valeur ajoutée des entreprises 141
C. – Plafonnement de la CET 142
§ 4. – La question de la taxe d'habitation 142
A. – La taxe d'habitation du point de vue du bailleur 142
B. – La taxe d'habitation du point de vue du locataire 143
§ 5. – La question de la taxe foncière et des taxes annexes 143
§ 6. – La question de la contribution sur les revenus locatifs (CRL) 145
§ 7. – La taxe sur les loyers élevés des logements de petite surface 145
§ 8. – La contribution exceptionnelle sur les hauts revenus 146

Quatrième partie

RÉGIME SOCIAL DU LOUEUR EN MEUBLÉ

Chapitre 1 : Les conditions d'affiliation au Régime Social des Indépendants (RSI) 151

§ 1. – Principes d'affiliation avant et après le 1er janvier 2012 151
§ 2. – Statut de l'auto-entrepreneur et affiliation au RSI 153
§ 3. – Spécificités des chambres d'hôtes et gîtes ruraux 153
§ 4. – Modalités de calcul et assiettes des cotisations 154
A. – Modalité de calcul des cotisations 154
B. – Assiette des cotisations sociales 154
§ 5. – Les taux de cotisations obligatoires de Sécurité sociale pour 2012 155
§ 6. – Cotisations sociales minimales pour l'année 2012 156
§ 7. – Comment s'affilier ? 156
§ 8. – Les modalités de paiement 156
A. – Détails du mode de paiement 157
B. – Le changement de mode de paiement 158
§ 9. – Exercice de plusieurs activités 158

Chapitre 2 : Le prélèvement forfaitaire libératoire des charges sociales 161

§ 1. – Principe du régime micro-social 161
§ 2. – Entreprises concernées 161
§ 3. – Cotisations concernées 162
§ 4. – Couverture sociale 162
§ 5. – Taux normal du régime micro-social appliqué selon la nature de l'activité 162

Chapitre 3 : Contributions sociales 163

§ 1. – Principe d'assujettissement aux contributions sociales des loueurs en meublé 163
§ 2. – Personnes imposées 163
§ 3. – Le calcul des contributions sociales 164

Chapitre 4 : Prévoyance et couverture complémentaire 165

§ 1. – Les contrats Madelin 165
§ 2. – L'éligibilité à la CMU sous conditions 166

Annexes 171

Adresses utiles 223

Photocomposition Nord Compo Multimédia
59650 Villeneuve-d'Ascq

Cet ouvrage a été achevé d'imprimer en août 2012
dans les ateliers de Normandie Roto Impression s.a.s.
61250 Lonrai
N° d'imprimeur : 123052
Dépôt légal : septembre 2012

Imprimé en France